民事诉讼能力训练

MINSHI SUSONG NENGLI XUNLIAN

主 编 韩 艳 唐长国

浙江工商大学出版社

图书在版编目(CIP)数据

民事诉讼能力训练 / 韩艳,唐长国主编. —杭州:浙江工商大学出版社,2010.9(2016.6重印)

ISBN 978-7-81140-191-2

Ⅰ.①民… Ⅱ.①韩… ②唐… Ⅲ.①民事诉讼法—中国—高等学校—教学参考资料 Ⅳ.①D925.1

中国版本图书馆CIP数据核字(2010)第171099号

民事诉讼能力训练

主　编 韩　艳　唐长国

责任编辑　郑　建
封面设计　刘　韵
责任印制　包建辉
出版发行　浙江工商大学出版社
(杭州市教工路198号　邮政编码310012)
(Email: zjgsupress@163.com)
(网址:http://www.zjgsupress.com)
电话:0571-88904980,88831806(传真)
排　　版　杭州兴邦电子印务有限公司
印　　刷　杭州恒力通印务有限公司
开　　本　787mm×960mm　1/16
印　　张　16.75
字　　数　280千
版 印 次　2010年9月第1版　2016年6月第3次印刷
书　　号　ISBN 978-7-81140-191-2
定　　价　28.00元

编写说明

为了适应高职法律职业教育的要求,根据高职教育的宗旨和高职法律人才培养的目标,遵循高职民事诉讼法教学的要求及其特点,通过对民事诉讼各环节所应掌握的诉讼能力进行了分析梳理,选择了较为重要的部分民事诉讼能力作为训练项目,据此编写《民事诉讼能力训练》教材,突出学习内容的实践性、针对性和职业性。

通过对这些民事诉讼能力项目的训练,使学习者在了解和掌握必要的民事诉讼法基本知识的基础上,能够进一步提升实践操作与运用能力,并在精练的基础上获取举一反三和触类旁通的能力。

本教材所选择的训练项目包括如何起诉、如何应诉、如何反诉、如何提起管辖权异议、如何进行举证质证、如何提起上诉、如何申请再审、如何申请执行、如何申请财产保全等。各训练项目的教学内容安排分为训练引例、训练路径、训练实例、评价标准等方面。

各项目撰稿人为(以撰写学习单元先后为序):

唐长国:训练项目一如何起诉,训练项目五如何进行举证质证;

韩　艳:训练项目二如何应诉,训练项目三如何反诉,训练项目四如何提起管辖权异议;

宗会霞:训练项目六如何提起上诉;

陈　岚:训练项目七如何申请再审;

李　科:训练项目八如何申请执行;

黄素萍:训练项目九如何申请财产保全。

由韩艳整理编排附录。

全书由主编韩艳、唐长国负责修改定稿。

在本教材的编写过程中,编者参考引用了部分学者文中的案例和有关法院的判例，根据编写的需要，我们对案例的部分信息作了适当修改，故未一一列举，恳请学者和有关法院予以谅解，在此我们表示衷心的感谢；本教材系浙江省教育厅2009年度立项的省高校重点教材，得到了教育厅的出版资助；同时本教材的出版得到了浙江工商大学出版社的重视和鼎力支持，有关工作人员付出了辛勤的劳动，在此谨致诚挚的谢意。

由于编者水平和经验有限，加之作为一种新的尝试，教材中的疏漏在所难免，敬请读者在使用过程中提出批评指正。

编　者

2010年7月

目　录

训练项目一　如何起诉

训练项目二　如何应诉

训练项目三　如何反诉

训练项目四　如何提起管辖权异议

训练项目五　如何进行举证质证

训练项目六　如何提起上诉

训练项目七　如何申请再审

训练项目八　如何申请执行

训练项目九　如何申请财产保全

附录:部分民事诉讼法规和诉讼文书

训练项目一

如何起诉

【训练目的】

通过训练,能够处理起诉前需准备的事项、整理证据材料、编写起诉状、到法院办理起诉手续等诉讼事务。

【训练条件】

1. 场所条件:校内实训室、校外实训基地。

2. 师资配备:专任教师和兼职教师各1名。

3. 辅助资料:实训案例材料、相关证据材料、起诉状参考文本、证据目录参考文本、装订工具、教学影视资料等。

4. 组织方式:分组实施,每组3～4名。

【训练引例】

陈莉的基本情况,女,1951年10月24日出生,汉族,住××县××镇。

陈莉陈述,孙琴于2005年8月30日向其借款30000元,并约定月息一分八厘,借期半年。至借款期限届满,孙琴未予归还。经过多次催讨,孙琴仍未归还。陈莉于2008年2月底准备诉至法院。

1. 陈莉还提供以下情况:

(1) 该借款发生在孙琴与姚红夫妻关系存续期间,且用于家庭共同生活,认为姚红应对该借款承担连带责任。要求孙琴、姚红连带归还借款30000元及支付利息16200元,承担诉讼费。

(2) 有关孙琴和姚红的情况:

孙琴,女,1970年12月30日出生,汉族,住××市A区。

姚红,男,1967年2月16日出生,汉族,上海铁路局××市运转车间工人,住××

市B区。双方于1998年8月6日登记结婚,2006年1月13日双方协议离婚。

2. 陈莉提供了如下证据材料:

(1) 借条,记载了孙琴向陈莉借款30000元及关于利率约定的内容;

(2) 发函给孙琴的邮政特快详情单,陈莉向孙琴催讨借款的时间,诉讼未超过诉讼时效;

(3) 孙琴和姚红的结婚登记审查办理表、离婚登记审查办理表,该借款发生在孙琴和姚红夫妻关系的存续期间。

【训练路径】

任务一:了解当事人及案件的基本情况

步骤1:询问当事人的基本情况和案件基本事实

1. 根据当事人的不同类型,应当了解清楚的基本情况主要分为两类。

一是当事人为自然人的,了解的基本情况包括当事人的姓名、性别、年龄、民族、工作单位、通信地址、联系方式、身份证号等;如果是外国公民还应注明国籍、护照类型及证号。

结合引例提供的案件信息,对当事人基本情况的了解,既包括原告方,也包括被告方,且应全面、具体、明确,这对确定对方当事人和管辖法院具有重要意义。

二是当事人为法人或其他组织的,了解的基本情况包括名称、住所地,法定代表人或负责人的姓名、职务、通信地址、联系方式等。

2. 了解案件基本事实情况及当事人的诉讼请求。

如当事人提供相关材料的,可以先仔细查看材料,对案件的情况有个初步的了解,并把握案件中的关键事实。需了解的基本事实包括:案件发生的经过情况、争议的权益、争议的事实,以及请求法院依法解决的有关民事权益争议的具体事项。

3. 做好询问记录。

询问是就与案件有关的问题,直接对当事人等所做的提问式调查,是在接待当事人时,了解当事人、案件事实和当事人的诉求等情况的重要方式。询问记录是对上述提问式调查所做的文字记录。

询问记录的基本要求:

(1) 记清当事人的基本情况。一般情况下都应当查验、复制被询问人的居民身份证;是单位的,要搞清单位的基本情况及被询问人的职务等情况。

(2) 固定有关案件事实,记清案件情况的来龙去脉。将有关案件事实用询问记录的方式固定下来。一是通过陈述和提问,让当事人口头描述案件事实和诉求的情况;二是以提问的方式了解案件的证据及其用途情况。

(3) 理清涉及案件的其他人员的情况。根据具体案情,记录清楚案件涉及的对方当事人、证人等其他人员的基本情况以及联络方式。

(4) 记录应当完整、清楚、真实。

首先,如实记录,正确综合,要尽量记录对方陈述的原话,对土语可采用括号作说明,或追问之后,让对方作出解释,以保持其真实意思表示。正确综合概括被询问人的陈述,应准确反映被询问人陈述的原意,否则可能出现错误或者对当事人产生误导,而影响对案件情况的判断。

其次,略记提问,详记陈述。进行询问的目的主要是听取被询问人的陈述,故对被询问人的陈述,应当作详细记录。

再次,笔录应字迹清楚。笔录应使用钢笔或其他不褪色笔书写,避免错字、别字,字迹不得过分潦草,尽量避免删、增、涂改。整个记录应文字清楚、书面清洁、简明扼要。

【注意事项】

对事实方面,一定要问清是否有相关证据,诸如书证、物证、证人等情况,并初步审查这些证据的可靠性和证据效力。

参考格式 1–1:

询问笔录

时　间:______________　地　点:______________________________

询 问 人:______________　记录人:______________________________

被询问人:______________　性　别:______　出生年月:________　民族:____

工作单位:______________　现住址及联系电话:______________________

询问内容:____

被询问人:×××(签名或盖章)

询问人:×××、×××(签名)

××年××月××日

结合引例提供的案件信息，了解案件情况的一般思路：通过对陈莉提供的借条、结婚登记审查办理表、离婚登记审查办理表、邮政特快详情单进行仔细研读，然后对案件发生的整个经过情况向陈莉进行询问，明确案件事实情况、争议焦点、证据所要证明的事实和诉讼请求，并对陈莉陈述的事实和所提供的证据进行有利与不利的分析判断。

步骤2：审查案件是否符合起诉条件

是否符合起诉的基本条件，根据《民事诉讼法》第一百零八条规定，主要审查以下方面：原告是与本案有直接利害关系的公民、法人和其他组织，有明确的被告，有具体的诉讼请求和事实、理由，属于人民法院受理民事诉讼的范围和受诉人民法院管辖。

【注意事项】

(1) 法院对原告的起诉不予受理有三种情形：一是原告起诉的事项不属于法院主管范围，或者虽属法院主管范围，但不属于本院管辖或者不属于民事案件的受案范围；二是原告起诉不符合起诉条件，又无法补正或者原告未在一定期限内按时补正；三是法律规定在一定期限内不得起诉，但原告在此期限内起诉。

(2) 在把握当事人的民事诉讼权利能力与诉讼行为能力时，一定要注意，取得当事人资格的前提条件是民事诉讼权利能力，而不是民事诉讼行为能力。因此，未成年人或者精神病患者这样的无民事诉讼行为能力人照样可以成为民事诉讼中的当事人，只是其不能独立进行诉讼，必须由其法定代理人代为诉讼。

(3) 起诉时，并不要求原告起诉的被告就是适格的被告，被告主体资格的审查一般在立案后，在审理环节中确认。

(4) 民事诉讼中，原、被告的诉讼地位是平等的又是相对的，两者彼此依存。我们应该明确，诉讼中的原告并不意味着其享有实体关系中的权利或是权利被侵害者，被告也并不隐含着其是实体义务的承担者或侵权者。他们之间的实体权利义务关系如何，取决于人民法院的审理结果。

(5) 必要的共同诉讼除了原、被告之间的外部关系外，还存在着各共同诉讼人之间的内部关系。《民事诉讼法》第五十三条第二款规定：共同诉讼的一方当事人对诉讼标的有共同权利义务的，其中一人的诉讼行为经其他共同诉讼人承认，对其他共同诉讼人发生效力，即采用协商一致原则处理共同诉讼人之间的内部关系。但是,协商一致原则并非适用于所有场合。如,共同诉讼人中一人或数人遵守诉讼期间、有中止诉讼的原因发生等情况下,无须其他共同诉讼人的同意,其效力就及于全体共同诉讼人。

(6) 有独立请求权的第三人法律地位的认定问题。①有独立请求权的第三人,在诉讼中对本诉的诉讼标的提出独立的请求,因而其实质上既反对本诉的原告,又反对本诉的被告。在第三人之诉中,其地位相当于原告;本诉的原告和被告,在第三人之诉中相当于被告。②有独立请求权的第三人是完全的、独立的诉讼当事人,在诉讼中享有与诉讼当事人(尤其是原告)完全平等的诉讼权利,并承担相应的诉讼义务。但是,完全平等不同于完全相同,其诉讼权利仍受身份地位的限制。例如,撤诉只能撤回其提起的第三人之诉,不能撤回本诉;不能对案件的管辖权提出异议,等等。

(7) 无独立请求权的第三人法律地位的认定。在我国民事诉讼制度中,无独立请求权的第三人的诉讼地位非常特殊。他不是原告,没有提出独立的诉讼请求,无权放弃、变更他人之间的诉讼请求,无权申请撤诉;他也不是被告,无权提出反诉,无权承认他人之间的诉讼请求。他只是通过辅助当事人以维护自己的民事权益,他与被辅助的当事人又不是共同诉讼人。在一审中也无权对管辖权提出异议。在诉讼中,他可以提供案件事实和证据、进行法庭辩论以支持所辅助的当事人的诉讼主张,以所辅助的当事人的胜诉来摆脱对己不利的法律后果。

结合引例提供的案件信息,陈莉借钱给孙琴,孙琴未还,因此两者之间有直接的利害关系;孙琴和姚红的基本情况清楚、明确;陈莉有要求孙琴夫妇归还借款及支付利息的诉讼请求,以及有借条为据等事实理由;根据有关规定,本案属于法院管辖。由此判断本案符合起诉条件。

步骤3:了解与案件有关的法律规定,审核诉讼时效

根据证据材料和相关法律规定,审查是否超过诉讼时效。无正当理由超过诉讼时效期间,起诉将丧失胜诉权。审查的内容包括:是否超过诉讼时效期间,有无诉讼时效中止、中断和延长的法定事由,以及与案件有关的法律规定。

结合引例提供的案件信息,陈莉要求归还欠款的期限已经超过两年,但陈莉提供的邮政特快详情单的时间和内容证明陈莉在诉讼时效期间内主张过权利,所以存在诉讼时效中断的情形,因此,此案未超过诉讼时效。

任务二:整理证据材料,编制民事证据清单,制作起诉状

步骤1:整理证据材料,理清证据与事实之间的内在关联性

根据案件的有关事实,审查和整理相关的证据材料。对案件的证据从以下几个方面进行审查:

1. 证据的来源;
2. 证据的形成和制作;
3. 证据形成的时间、地点和周围环境;
4. 证据的种类;
5. 证据的内容和形式;
6. 证据要证明的事实及其与本案的关联性;
7. 证据间的关系;
8. 证据提供者的基本情况;
9. 证据提供者与本案或本案当事人的关系;
10. 证据的合法性和客观性;
11. 证据的证明力。

通过审查与整理证据材料,明确证据与案件事实之间的联系,证据是否符合客观性、关联性和合法性的要求,以及证据所要证明的事实。

结合引例提供的案件信息,审查与整理证据主要包括:

(1) 借条的来源和内容(如陈莉所陈述的情况和借条的内容)、所要证明的事实(借条所证明的是孙琴向陈莉借款30000元及关于利率约定的事实);

(2) 结婚登记审查办理表和离婚登记审查办理表的来源和内容、所要证明的事实(所要证明的是本案借款发生在孙琴夫妻关系存续期间,属于夫妻共同债务的事实);

(3) 邮政特快详情单的来源和内容、所要证明的事实(所要证明的是陈莉起诉的时间,本案陈莉提起诉讼未超过诉讼时效的事实)。

步骤2:编制民事证据清单

在审查收集和整理证据同时,对证据进行编号,编制证据清单,及是否为原件或复印件,并说明要证明的事实。

如有证人需要出庭作证，应编制证人名单，并说明拟证明的事实，在法律规定的时间内将证人名单递交人民法院。每一证人应附上相关材料，包括证人的姓名、年龄、性别、文化程度、职业、工作单位、详细地址、证明事项、证明目的、联系电话等。

参考格式 1–2：

民事诉讼证据清单

编号	证据名称	证据来源	份数	是否原件	证明对象
1					
2					
3					

案由： 提交人(签名)： 提交日期： 年 月 日

结合引例提供的情况，证据清单(参考)可以表示如下：

编号	证据名称	证据来源	份数	是否原件	证明对象
1	借条	原告提供	1	原件	被告孙琴向原告借款 30000 元及关于利率的约定
2	邮政特快详情单	原告提供	1	原件	本案诉讼未超过诉讼时效
3	结婚登记审查办理表、离婚登记审查办理表	原告提供	2	复印件	本案借款发生在两被告夫妻关系存续期间，属于夫妻共同债务

案由：民间借贷纠纷 提交人(签名)：陈莉 提交日期：2008 年 3 月 4 日

步骤 3：按照起诉状的要求制作民事起诉状

起诉状应当阐明以下内容。

1. 当事人一方是公民，应记明姓名、性别、年龄、民族、职业、工作单位和住所、邮编和联系电话等；当事人一方是法人，应记明法人或其他组织的名称、住所和法定代表人或者主要负责人姓名、职务、邮编和联系电话等。

2. 诉讼请求和所根据的事实和理由。

诉讼请求是原告对有关民事权益的基本主张，反映原告诉讼的目的。如请求履行合同、离婚、损害赔偿、抚养、产权纠纷、追索劳动报酬、遗产，等等。如果属于申请给付权益的，要写明具体的数额。

事实与理由这一部分是起诉状的关键部分，事实要写清楚，理由要表述充分，叙述要有条理，层次要清楚。事实应该清楚地陈述纠纷产生的时间、地点、原因及给原告造成的损失。着重论述双方争执的焦点、双方对民事权益争执的具体内容、被告行为造成的后果以及应当承担的法律责任,说明自己应否承担责任以及应当承担什么样的责任,并列出能证明事实的有关证据。理由主要分析被告行为是合法还是违法,分析被告行为造成的后果,证明其应当承担的民事责任,分析权利义务关系,论证诉讼请求的合理性和合法性,并准确引用有关法律条款,为其诉讼确立法律依据。

3. 证据和证据来源,证人姓名和住所。

4. 当事人的住所地与实际居住地不一致的,应当分别写明。

5. 尾部须署名或盖公章。

【注意事项】

(1) 关于民事起诉状的格式中,有几点需要注意的事项。

①第三人并非在所有的民事诉讼案件中都存在,但是对于案件中有第三人的,其身份介绍与原告和被告的介绍内容是相同的。

②被告的姓名或名称一定要写准确,不能将被告单位名称简写或者将个人姓名用同音字代替,这会产生不利于原告的结果。因为名称或姓名是法人或公民在法律上的人格符号,如果表达不准确,会使被诉主体应诉资格的有效性发生问题,严重的甚至会影响诉讼的有效受理。

③原告的署名,一般可以称作"起诉人",但在现实中,也有很多原告在署名时称自己为具状人,起诉人和具状人作为民事诉讼原告署名的自称具有相同的含义,原告可以选用。起诉状如果是代书的,也可以写明代书人的姓名。

④关于证据、证据种类、证据来源和证明对象,一般作为起诉状的重要附件附在起诉状后,而不是直接写进起诉状。

⑤原告在起诉时已经委托了代理人的,可以在原告情况介绍后写明委托代理人的情况。委托代理人是公民的,一般要写明代理人的姓名、性别、年龄、工作和住址;代理人是律师的,只需写明姓名和所在律师事务所。原告也可以不在起诉状中写明委托代理人的聘请情况,直接向法院提交授权委托书。

(2) 起诉材料应符合诉讼材料的规格要求。

①规格:诉讼材料的纸张大小为A4(210毫米×297毫米),左侧应留边2.5厘米作装订线。

②证据材料应按清单顺序装订成册。

③书写要求:必须用墨水笔(黑色、蓝黑色)书写或打印。

参考格式 1-3：

民事起诉状

（公民用民事起诉状格式）

原告(写明基本情况)：

被告(写明基本情况)：

诉讼请求：

事实和理由：

证据和证据来源,证人姓名和住址

此致

××××人民法院

具状人：

年 月 日

附：本状副本×份

证据材料×份

证人名单×份

说明：

1. 本诉状供公民提起民事、行政诉讼用,用钢笔或毛笔书写。

2. "原告"、"被告"栏,均应写明姓名、性别、出生年月日(对民事被告的出生年月日确实不知的,可写其年龄)、民族、籍贯、职业或工作单位和职务、住址等。被告是法人组织或行政机关的,应写明其名称和所在地址。

3. "事实与理由"部分的空格不够用时,可增加中页。

4. 起诉状副本份数应按被告的人数提交。

参考格式 1-4：

民事起诉状

（法人或其他组织用民事起诉状格式）

原告名称：

所在地址：

法定代表人姓名： 职务： 电话：

企业性质： 工商登记号：

经营范围和方式：

开户银行： 账号：

被告名称：

所在地址： 电话：

法定代表人姓名： 职务： 电话：

诉讼请求：

事实与理由：

证据和证据来源，证人姓名和住址

此致

××××人民法院

具状人：

年 月 日

附：本状副本×份

证据材料×份

证人名单×份

说明：

1. 本诉状供法人或其他组织提起民事、行政诉讼用，用钢笔或毛笔书写。

2. 被告是法人组织或行政机关的，应写明其名称和所在地址；民事诉讼的被告是公民的，应写明姓名、性别、出生年月日（对民事被告的出生年月日确实不知的，可写其年龄）、民族、籍贯、职业或工作单位和职务、住址等。

3. “事实与理由”部分的空格不够用时，可增加中页。

4. “起诉人”署名栏应写明法人或其他组织全称，加盖单位公章。

结合引例提供的情况，民事起诉状（参考）如下：

民事起诉状

原告陈莉，女，1951年10月24日出生，汉族，住××县××镇××小区××号。

被告孙琴，女，1970年12月30日出生，汉族，住××市A区××号。

被告姚红，男，1967年2月16日出生，汉族，上海铁路局××市运转车间工人，住××市B区××号。

诉讼请求：

1. 判令被告孙琴、姚红连带归还借款30000元及支付利息16200元；

2. 由被告承担诉讼费。

事实与理由：

被告孙琴于2005年8月30日向原告借款30000元，并约定月息一分八厘，借期半年。至借款期限届满，被告孙琴未予归还（附证据1、2）。另该借款发生在孙琴与姚红夫妻关系存续期间，且用于家庭共同生活，故被告姚红应对该借款承担连带责任。（附证据3）

为了维护原告的合法权益，根据我国有关民事法律规定，特向贵院提起诉讼。敬请贵院依法判令被告孙琴、姚红连带归还借款30000元及支付利息16200元，并由被告承担诉讼费。

此致

××市A区人民法院

具状人（签名）：陈莉

2008年3月4日

附：本诉状副本2份。

证据材料4份：

（1）借条原件1份；

（2）邮政特快详情单原件1份；

（3）结婚登记审查办理表、离婚登记审查办理表的复印件各1份。

任务三：办理起诉手续

步骤1：整理材料，办理起诉相关手续

将制作好的民事起诉状和证据清单，根据被告的人数，复制数套副本，交与管辖的人民法院。一般情况下，民商事案件起诉需提交以下材料。

1. 起诉状及其副本。

2. 身份证明。

（1）原告是公民的，应出示身份证，并提交身份证复印件。离婚案件还应提交结婚证，遗失结婚证的，必须由有关机关出具婚姻情况证明。

（2）原告是法人或其他组织的，应提交营业执照或登记证书等复印件和法定代表人或负责人身份证明。

（3）委托代理人代为起诉的，还应提交授权委托书。

3. 证明材料。

（1）提交与案件有关的票据、信函、文件、证书、证明、合同、鉴定结论、借据、字据等。

（2）必须出示证据原件，同时提交证据复印件。常见案件的基本证据材料有以下几种。

①借款合同及民间借贷纠纷案件：借款合同、借款借据、担保合同、付款凭证、还款凭证、欠条、催款通知书等。

②买卖合同纠纷案件：买卖合同及有关合同变更、解除的协议、传真件，送货单或提货单，付款凭证、证明拖欠货款的结算单、对账单、欠条、还款计划，收货人提出质量异议的信函及文件，发生违约和造成损失的证据材料等。

③建设工程施工合同纠纷案件：工程承包合同、施工图纸、工程进度表、工程量发生变化的签证单和图纸、工程款预结算审核文件、工程款拨付凭证、施工许可

证和规划许可证、竣工验收报告、施工单位的资质级别证明等。

④离婚纠纷案件:结婚证或民政局出具的婚姻关系证明、证明婚姻关系破裂或双方发生矛盾的证明材料、夫妻共同财产清单、购房合同、房屋产权证、夫妻双方对外债权债务的证明材料等。

⑤交通事故损害赔偿纠纷案件:事故责任认定书,交警部门出具的调解终结书,医药费、交通费等发票,财产损失方面的其他证明材料,伤残评定的证明材料等。

⑥劳动争议案件:劳动争议仲裁委员会的仲裁书或不予受理通知书、双方当事人签收劳动争议仲裁委员会的仲裁书或不予受理通知书的送达回证、劳动合同或解除劳动关系的证明材料、工资及福利待遇的证明材料、工伤认定书、伤残评定的证明材料等。

⑦继承纠纷案件:被继承人死亡的证明材料、遗嘱、诉讼当事人与被继承人关系的证明材料、被继承人财产状况的证明材料等。

步骤 2:了解人民法院立案受理情况

1. 了解法院审查受理情况。人民法院在收到起诉状或者口头起诉后,经审查,认为符合起诉条件的,会在七日内立案,并通知当事人交纳诉讼费用。当事人在收到受理通知书后,应在规定的时间内交纳诉讼费用,否则视为放弃诉权。

人民法院认为不符合起诉条件的,会在七日内裁定不予受理,对于不予受理的裁定不服的,当事人可以向受诉法院的上一级人民法院提起上诉。

2. 签收并明确相关诉讼文书的内容,做好相应准备事项。法院决定立案受理的,一般会让原告同时签收案件受理通知书及举证通知书;如果当时法院没有让原告签收,那么法院会在七日内寄达案件受理通知及举证通知书;也可以及时与受诉法院沟通。

举证通知书有法院指定的举证期限及举证要求,应当认真阅读并积极准备和按时提交相关证据。

【训练实例】

1. 实例一

(1) 案情简介

孙慈,男,1961 年 2 月 21 日出生,汉族,住××市××村。

孙刚,男,1962 年 8 月 22 日出生,汉族,住××市××村。

孙慈、孙刚陈述,位于××市××弄×幢×单元×室房屋系两人通过继承方式合法取得,为两人共同共有,两人并于2007年9月取得该房屋的权属证书。斯桥、刘芝、斯明三人于1997年11月入住该房屋至今,其行为侵犯了孙慈、孙刚的合法权益。孙慈、孙刚准备起诉,要求法院判令斯桥、刘芝、斯明三人停止侵害,腾退位于××市××弄×幢×单元×室的房屋。

孙慈、孙刚提供了以下证据材料:

①房屋所有权证、房屋共有权证、契证及国有土地使用权证,该房屋系孙慈、孙刚共同共有;

②××弄社区居民委员会出具的证明,斯桥、刘芝、斯明三人居住在讼争房屋内,户口也落户在此;

③孙慈于2007年8月21日、10月17日两次发给斯桥的特快专递详情单,要求斯桥等人腾退住房。

另,孙慈、孙刚提供对方当事人的如下情况:

斯桥,男,1957年8月9日出生,汉族,住××市××弄×幢×单元×室;

刘芝,女,1955年3月7日出生,汉族,住××市××弄×幢×单元×室;

斯明,男,1986年1月23日出生,汉族,住××市××弄×幢×单元×室。

(2) 训练目的

能够根据案情的基本情况,归纳整理案件争议的事实焦点,会确定具体的诉讼请求,能制作民事起诉状和民事证据目录,会办理有关起诉的诉讼事项。

(3) 训练提示

分析孙慈、孙刚与斯桥、刘芝、斯明之间侵权事实是否存在,主体资格是否符合起诉条件,孙慈、孙刚提供的证据有无缺陷,诉讼时效情况,以及受理法院的确定。

2. 实例二

(1) 案情简介

翁贵,男,1936年12月9日出生,汉族,住××市××区×号A室。

翁贵陈述,翁贵、翁萍系邻居,翁贵于2004年7月经逐级呈报审批,获准在××区×号原附属房位置翻建农居房,并于2006年3月31日领取了建设工程规划许可证。但自翁贵于2007年10月动工以来,翁萍百般阻挠,并将翁贵建造的墙砖、墙体推倒,导致翁贵无法进行施工,并给翁贵造成损失。现准备起诉到法院要求判令翁萍赔偿原告经济损失3000元,承担诉讼费。

翁贵提供如下证据材料：

①农村居民建房呈报表，翁贵于2004年7月经逐级呈报，经××市××区同意在××市××区×号原附属位置翻建农居房，用地45平方米×2层；

②2006年×规建证×××号《建设工程规划许可证》，翁贵于2006年3月31日领取××市规划局颁发的建设工程规划许可证，依法可建造涉案房屋；

③××市规划局图纸两份，翁贵的正屋与现经合法审批建造的涉案房屋之间本无任何通道；

④××派出所于2007年11月24日对翁贵儿媳翁妹所做的询问笔录、对翁萍之兄翁平所做的询问笔录及2007年11月26日的治安案件调解笔录，翁萍阻挠翁贵建房，翁贵多次报警及经××派出所处理的情况；

⑤照片4张，有关涉案房屋的现状。

另翁贵提供了对方当事人的基本情况如下：翁萍，女，1965年3月20日出生，汉族，住××市××区×号B室。

(2) 训练目的

能够根据案情的基本情况，归纳整理案件争议的事实焦点，会确定具体的诉讼请求，能制作民事起诉状和民事证据目录，会办理有关起诉的诉讼事项。

(3) 训练提示

分析翁贵与翁萍之间的损害事实是否存在，翁贵提供的证据有无缺陷，诉讼时效情况，以及受理法院的确定。

3. 实例三

(1) 案情简介

吴玉，男，1954年1月9日出生，汉族，住A市B区Y路100号。

吴玉陈述，他和张培均系再婚，于1989年3月20日登记结婚，婚后感情尚可。后双方因生活琐事产生矛盾，不久即感情不和。2000年3月，双方由所在的红星居委会进行调解未成，2001年5月20日，被告曾提出离婚并留下一封信后离家出走，至今杳无音信，双方间的婚姻关系已名存实亡，感情确已破裂。欲起诉要求离婚。

吴玉提供的证据有：

①A市B区红星居民委员会于2008年2月13日出具的证明，说明吴玉、张培的夫妻关系不和，曾于2000年3月经居委会调解未果，张培一直未在社区居住。

②常住人口登记表、结婚证,说明原、被告系夫妻关系。

③张培于2001年5月20日书写的信件,说明张培曾于2001年5月20日准备向法院起诉离婚,之后离家出走。

张培,女,1955年2月8日出生,汉族,住A市B区Y路100号。

(2) 训练目的

能够根据案情的基本情况,归纳整理案件争议的事实焦点,会确定具体的诉讼请求,能制作民事起诉状和民事证据目录,会办理有关起诉的诉讼事项。

(3) 训练提示

分析吴玉、张培之间感情是否破裂,吴玉提供的证据有无缺陷,诉讼时效情况,以及受理法院的确定。

【考核标准】

1. 考核等级:民事诉讼能力训练考核分为两个等级,即合格和不合格。项目考核达到85分以上的为合格,不满85分的为不合格。

2. 考核方式:采取边训练、边操作、边考核的动态考核方式。其中实际操作技能考核占80%,职业态度方面的考核占20%。根据训练情况,对学生是否达到能力培养要求,采取学生互评、指导教师考评的方式确定考核等级。

3. 考核内容:

n1:民事诉讼·起诉能力项目考核表

学生姓名		区队		学号		日期	
序号	测试内容及要求			分值	作业文本	得分	指导教师
1	向当事人询问的案件事实全面、准确(5分) 询问笔录完整,关键事实记录清晰(10分) 对案件起诉条件和诉讼时效的把握明确(5分)			20	1.询问笔录		

续 表

2	证据客观性、合法性、关联性分析判断准确(5分) 对证据所要证明事实的把握准确清楚(5分)	10	2.证据分析意见		
3	制作的起诉状符合形式要求,陈述事实清楚,诉讼请求明确(20分) 行文通顺、流畅(10分)	30	3.民事起诉状		
4	整理的证据材料、编号、编制的证据清单准确(15分) 需提交法院的材料完整、齐全、准确(5分)	20	4.证据清单 5.提交材料目录及资料		
5	语言表达清楚、思路清晰、认真细致、仪表仪态庄重	10			
6	学习态度严谨、认真、负责、守纪	10			
合 计		100			

训练项目二

如何应诉

【训练目的】

通过训练，能够针对起诉的事实理由和诉讼请求，组织答辩的事实理由，会制作民事答辩状、整理相应证据材料、办理应诉的相关法律事务。

【训练条件】

1. 场所条件：校内实训室、校外实训基地。

2. 师资配备：专任教师和兼职教师各1名。

3. 辅助资料：实训案例材料、相关证据材料、答辩状参考文本、证据目录参考文本、装订工具、教学影视资料等。

4. 组织方式：分组实施，每组3～4名。

【训练引例】

原告：××广告公司

住所：杭州市×区×弄33号

法定代表人：高××　职务：经理

被告：××酒店(普通合伙)

经营场所：杭州市××区××路43号

负责人：傅××，女，汉族，××酒店合伙人

被告：傅××，女，汉族，××酒店合伙人

被告：唐××，男，汉族，××酒店合伙人

案由：房屋租赁合同纠纷

原告起诉称，2008年11月20日，原、被告双方签订房屋租赁合同。合同约定，房屋租赁期三年，房屋租金每年188000元，三个月一付，先付后用。被告应提前十

五日向原告交纳租金等。同时约定,在合同履行期间,因一方违反合同造成另一方损失的,由违约方赔偿对方年租金的30%。根据该约定,被告应于2009年9月15日以前交清2009年第四季度的租金。可原告催讨多次,被告至今未支付该季度租金。遂诉至法院,提出如下诉讼请求:(1)解除该房屋租赁合同;(2)判令被告支付租金人民币47000元及利息666.23元;(3)判令被告支付违约金人民币56400元;(4)诉讼费由被告承担。

原告提供如下证据:(1)房屋租赁合同一份,证明原、被告之间存在房屋租赁合同关系;(2)被告致原告的信函一份,证明原、被告之间存在房屋租赁合同关系;(3)被告合伙企业基本情况,证明被告是普通合伙企业,傅××、唐××为该企业合伙人;(4)国内特快专递邮件详情单和房租催讨通知书备份各一份,证明原告向被告催讨过房租。

现被告收到××法院的应诉通知书、传票等法律文书。

被告提供的信息:被告一向按约定及时履行合同,本案所涉房屋租金,不是被告不愿支付,只是因为原告擅自变更经营场所而找不到原告导致无法交纳;并且由于原告未开具发票,导致被告不能将房租计入成本而受到损失。目前被告所提供的证据材料有:(1)5份已交纳房租共计人民币162632元的收据;(2)被告于2009年9月1日写给原告的信(信中提出要原告先开发票后付款的要求),以及该信于9月2日因原告迁移新址而退回被告的改退批条。

【训练路径】

任务一:听取被告陈述,审阅法院送达的法律文书

步骤1:听取被告陈述,了解案件的基本情况

听取被告陈述,了解被告方所掌握的案件的基本情况。主要为寻求与原告所述事实的争议所在。

结合引例提供的案件信息,本案被告与原告的主要争议在于被告认为自己之所以未按期支付涉诉房租是由于原告擅自变更经营场所,故无须承担违约责任;同时原告无权解除合同。

步骤 2：审查起诉状(副本)的内容和原告提供的证据材料

重点查阅以下事项：

1. 该案人民法院是否已受理审结,该案是否已由其他法院立案受理。

2. 原、被告双方是否具有诉讼主体资格。即对方是否有资格作为原告,己方是否为适格的被告。判断的标准一般就是看双方是否为与案件争议具有直接利害关系的双方主体。

起诉书中载明的当事人姓名、名称必须一字不差。原、被告的姓名或者公司等组织名称应以法定文件为准,而不能以其自己书写的名字、简称为准。公民个人姓名一般以身份证、户口本为准,公司法人或者其他组织名称以营业执照、组织机构代码证等文件为准。被告如果发现起诉状中载明的被告姓名或名称与自己的姓名、公司名称不完全相符,可以反驳对方,提出自己不是起诉状中载明的被告。

【注意事项】

(1) 法人非依法设立的分支机构,或者虽依法设立,但未领取营业执照的分支机构,涉诉过程中,设立该分支机构的法人为原告或被告。

(2) 法人或者其他组织的工作人员因职务行为或者授权行为发生的诉讼,该法人或其他组织为原告或被告。

(3) 法人或者其他组织应当登记而未登记,却以法人或其他组织的名义从事民事诉讼活动的;或者他人冒用法人、其他组织的名义进行民事活动的;或者法人或其他组织依法终止后仍以其名义进行民事活动的,涉诉过程中,直接责任人为原告或被告。

(4) 企业法人未经清算即被撤销,有清算组织的,涉诉过程中,该清算组织为原告或被告;没有清算组织的,作出撤销决定的机构为原告或被告。

(5) 个体工商户、农村承包经营户、合作组织雇佣的人员在进行雇佣合同规定的生产经营活动中造成他人伤害的,涉诉过程中,雇主为被告。

(6) 因新闻报道或者其他作品发生的名誉权纠纷中,如果作者与新闻出版单位有隶属关系,该作品系履行职务所形成的,被告应为单位。

3. 考虑是否追加共同诉讼人或第三人。

如果该诉讼属于必要的共同诉讼,而原告起诉时没有起诉其他的必要的共同诉讼人,可考虑追加;该诉讼中如果有第三人,并且追加第三人有利于查清事实、维护自身的合法权益,也可以考虑申请追加第三人。

4. 原告起诉的证据是否充分、确凿。主要针对原告所提供证据的真实性、合法性、关联性作出判断。

5. 有无管辖权异议的问题。

审查受案法院是否有管辖权。被告可以在提交答辩状期间提出管辖权异议申请。[①]

6. 原告的诉讼请求是否妥当,以及是否超过诉讼时效期间。

根据《最高人民法院关于审理民事案件适用诉讼时效制度若干问题的规定》第三条规定,当事人未提出诉讼时效抗辩,人民法院不应对诉讼时效问题进行释明及主动适用诉讼时效的规定进行裁判。因此被告方一定要主动查明该案件是否超过诉讼时效,若超过应向法院提出。

结合引例提供的案件信息,被告方对本案是否存在重复诉讼、双方当事人具有的诉讼主体资格、受案法院的管辖权以及诉讼时效等均无异议;同时对原告提供的证据1、2、3的真实性、合法性、关联性予以认可,对证据4的真实性、合法性予以认可,但对其的关联性不予认可。

步骤3:查阅人民法院送达的其他法律文书

被告方除收到人民法院送达的起诉状副本及原告提供证据的复印件外,还会收到传票、当事人送达地址确认书、应诉通知书、举证通知书等法律文书。应仔细阅读,并告知被告的权利、义务以及应注意的问题。

1. 传票。人民法院传票主要告知当事人开庭的时间、地点。明确开庭时间、地点后,必须携带本传票准时到达应到处所。

2. 当事人送达地址确认书。为了便于当事人及时收到人民法院诉讼文书,保证诉讼程序的顺利进行,人民法院会让当事人确定送达地址,并填写当事人送达地址确认书。当事人可自己填写也可由代理人填写;确认的送达地址适用于各个诉讼阶段,包括一审、二审、再审、执行;诉讼期间如果送达地址有变更,应当及时告知人民法院变更后的送达地址;如果提供的地址不确切,使诉讼文书无法送达或未及时送达,当事人将自行承担由此可能产生的法律后果。

---

①具体参见训练项目四:如何提起管辖权异议。

【注意事项】

(1) 当事人提供的送达地址可以为:①本人确认的送达地址(包括地址、邮编、收件人、电话);②本人指定的代收人的送达地址(包括代收人、代收人与本人关系、地址、邮编);③本人指定的现代通信方式(包括手机短信、传真、电子邮件、其他方式及码址);④其他联系方式。

(2) 当事人拒绝提供自己的送达地址,经人民法院告知后仍不提供的,人民法院会以自然人户籍登记中的住所地或者经常居住地为送达地址,以法人或其他组织的工商登记地或者其他依法登记、备案中的住所地为送达地址。

(3) 因受送达人自己提供或者确认的送达地址不准确、拒不提供送达地址、送达地址变更未及时告知人民法院、受送达人本人或受送达人指定的代收人拒绝签收,导致诉讼文书未能被受送达人实际接受的,法律规定文书退回之日视为送达之日。

(4) 当事人要求对《当事人送达地址确认书》中的内容保密的,应当在备注栏中注明。

3. 应诉通知书。应诉通知书主要告知被告在诉讼过程中享有的诉讼权利和应履行的义务,提交答辩状的时间以及其他应注意的问题。

4. 举证通知书。举证通知书主要告知当事人举证责任的分担原则、证据提供的要求以及举证责任期限等事项。被告此时应明确己方向法院提交证据的期限,超过该期限提交的,人民法院可能会视其放弃了举证的权利。

任务二:制作证据清单和答辩状

步骤1:收集、整理证据材料

1. 收集现有证据。

根据被告所陈述事实,向被告要求其提供现有证据,或提供证据线索以便调查取证。

结合引例提供的案件信息,被告方现有的证据有:

(1) 5份已交纳房租共计人民币162632元的收据;

(2) 被告于2009年9月1日写给原告的信(信中提出要原告先开发票后付

款的要求),以及该信于9月2日因原告迁移新址而退回被告的改退批条。

2. 申请证人出庭作证,制作证人出庭申请书。

若被告方有证人作证的,应当在举证期限届满的十日之前(适用简易程序的不受此限)向人民法院提交证人出庭申请书,申请证人出庭作证。

参考格式2-1:

证人出庭作证申请书

__________人民法院:

贵院受理__________与__________纠纷一案,为查明案件事实,现________根据《最高人民法院关于民事诉讼证据的若干规定》第五十四条第一款之规定,申请证人出庭作证(附证人名单),请予准许。

此致

申请人:________

________年____月____日

附:证人名单(要写清楚证人基本情况)

3. 制作证据清单。

整理已有的证据材料,根据答辩的思路及要点梳理证据并制作证据清单,明确证明对象及证据来源。

结合引例提供的情况,证据清单(参考)可以表示如下:

民事诉讼证据清单

编号	证据名称	证据来源	份/页数	是否原件	证明对象
1	收据	由原告出具给被告	5/2	复印件	欲证明三被告在合同签订后已按期支付了162632元的房屋租金及原告未开发票的事实
2	信封及信	被告及邮政局	1/2	复印件	欲证明三被告在2009年9月1日向原告写信提出先开发票后付款的要求、因原告迁移新址遭退信而无法联系的事实

案由:房屋租赁合同纠纷　提交人(签名):傅××　提交日期:2010年3月×日

【注意事项】

(1) 可以申请法院调查取证,制作法院调查申请书。

若被告方符合《最高人民法院关于民事诉讼证据的若干规定》第十七条之规定,可以在举证期限届满的七日前向人民法院提交法院调查申请书,申请法院调查取证。

参考格式 2-2:

法院调查收集证据申请书

申请人(申请人是自然人,写明姓名、性别、年龄、民族、职业、工作单位和住所;申请人是法人或者其他组织,写明法人或者其他组织的名称、住所、法定代表人或者负责人的姓名、职务)

申请事项

1. (此部分明确说明申请人民法院调查收集的证据的内容,多项申请的,分项列出)

2.

3.

申请事实与理由

(此部分依据民事诉讼证据规定,明确说明向人民法院申请调查收集证据的原因及其要证明的事实)

此致

××××人民法院

申请人:

××××年××月××日

附:申请调查的证据的名称,证据的来源,证人姓名、现住址。

(2) 可以申请延长举证期限,制作延期举证申请书。

若被告方在举证期限内提交证据材料确有困难的,可以依照《最高人民法院关于民事诉讼证据的若干规定》第三十六条之规定,制作延期举证申请书,申请人民法院延长举证期限。

参考格式 2-3：

延期举证申请书
__________人民法院： 贵院受理申请人与______________________纠纷一案，因________________________，申请人无法在举证期限内提交证据材料，根据《最高人民法院关于民事诉讼证据的若干规定》，特申请延长举证期限。请予批准。 此致 申请人：________ ________年____月____日

步骤 2：制作答辩状

答辩是被告针对原告的起诉提起的，其主要目的是通过事实和法律对原告不正确、不适当或不合法的诉讼请求进行答复和反驳，从而表明被告的主张，以维护被告的合法权益。

答辩状应针对原告的诉讼请求、事实与理由，陈述答辩事实、提出明确的主张，并阐明相应的理由。答辩状应当阐明以下内容。

1. 首部，包括标题、当事人基本信息、案由部分。

2. 答辩的理由和请求，这是答辩状的主体关键部分。主要为就事实部分进行答辩、就法律适用方面进行答辩，并引出自己的答辩主张。

3. 证据和证据来源，证人姓名和住所。

4. 尾部须署名或盖公章，并注明年、月、日。

参考格式 2-4：

民事答辩状 (公民用民事答辩状格式) 答辩人：(姓名、性别、民族、出生年月、住址) 答辩人因××××一案，提出答辩如下： ________________________________ ________________________________ 此致 ××××人民法院 答辩人： ××××年××月××日 附：本答辩状副本　份

参考格式 2-5：

民事答辩状 (法人或其他组织用民事答辩状格式) 答辩人名称： 所在地址： 法定代表人(或负责人)姓名：　　职务：　　电话： 企业性质：　　工商登记号： 经营范围和方式： 开户银行：　　账号： 答辩人因××××一案，提出答辩如下： ________________________________ ________________________________

此致

××××人民法院

答辩人：

××××年××月××日

附：本答辩状副本　份

【注意事项】

答辩状篇幅不必冗长，但要抓住要害，特别要抓住起诉状中那些与事实不符、证据不足、缺少法律依据的内容，进行辩驳。

结合引例提供的情况，民事答辩状(参考)如下：

民事答辩状

答辩人：××酒店(普通合伙)

住所地：杭州市××区××路43号　　负责人：傅××

答辩人：傅××，女，汉族，出生年月，家庭住址

答辩人：唐××，男，汉族，出生年月，家庭住址

三答辩人因原告杭州××广告公司诉三答辩人房屋租赁合同纠纷一案，现共同提出答辩如下：

一、对于本案所涉的房屋租金，原告并没有向答辩人催讨。答辩人交纳房租的行为，一向按照合同约定很及时地履行。三答辩人愿意支付本案所涉房屋租金，但是首先原告得告之答辩人真实的经营场所及开具以往所交纳租金相应的发票。

二、因原告的行为，而导致答辩人无法按期交纳租金。该责任在于原告自身，由此答辩人无须承担违约金，也不需要承担银行同期贷款利率；原告也无权解除租赁合同。

三、租赁合同是合法有效的，答辩人没有违约。租赁合同应当继续履行。

四、答辩人为杭州××酒店的开业投入了巨额资金。如原告一定要解除租

赁合同,则在原告承担答辩人损失(该损失包括答辩人开办杭州××酒店的一切损失)后答辩人同意解除合同。

此致

××人民法院

答辩人:

2009年3月××日

附:本答辩状副本一份

任务三:办理应诉手续

1. 将制作好的答辩状和证据目录,根据原告的人数制作副本,在规定的时间内(答辩期 15 天)递交给受理法院。

2. 开庭之前,及时向法院递交授权委托书及其他手续,如律师事务所公函、公民代理人的亲属关系证明、法定代表人身份证明等。

参考格式 2-6:

授权委托书

委托人姓名(或名称):

受委托人姓名:

工作单位:

住址: 电话:

现委托: 在我与 一案中作为我方参加诉讼的委托代理人。委托权限如下:

委托人:

年 月 日

注：

1. 本委托书供公民当事人使用时，需写明当事人的姓名、性别、年龄、工作单位、住址等基本信息；供法人或其他组织当事人使用时，需写明单位名称、地址、法定代表人(或负责人)姓名及职务等基本信息。

2. 委托人应按有关法律规定，写明委托权限。委托权限为一般代理；代理人代为承认、放弃或者变更诉讼请求，进行和解，提起反诉，则必须有被代理人的特别授权。

3. 授权委托书需由委托人签名或盖章后递交人民法院。

【注意事项】

逾期不提交答辩状，虽不丧失在法庭上的辩论机会，但有可能造成不良影响，如影响法院全面了解案情、让法官对你方产生态度不端正或不尊重法庭等不良印象。

【训练实例】

1. 实例一

(1) 案情简介

原告：杭州××科技开发有限公司，住所地杭州市××路××小区翔龙阁×室。

法定代表人：胡××，执行董事。

被告：胡××，男，1970年×月×日出生，汉族，浙江省××县人，住杭州市××新城×幢×单元×室。

原告起诉称，自2001年4月至2007年11月，原告为被告垫付291384元有关杭州市××路××小区翔龙阁×室房屋(以下简称×室房屋)的按揭款。原告多次要求被告返还未果。诉请判令被告返还给原告人民币291384元，支付利息66777元，并由被告负担本案诉讼费。

原告提供下列证据：

①借条及支票存根。证明被告向原告借款147330元。

②按揭款存折、领据及现金支票存根。证明原告分55次为被告垫付按揭款，共计233107.20元。

③《证明》一份。证明被告自愿将×室房屋无偿提供给原告使用。

④函及快递单。证明原告要求被告归还财产及资金。

⑤律师见证书及个人购房借款合同。证明被告因购买×室房屋向银行借款，每月需归还本息 3642.30 元。

⑥浙××审字〔20××〕×号审计报告。证明由原告出资、以被告名义购买×室房屋及车位的事实。

⑦(20××)×民一初第×号民事判决书。证明法院确认由原告出资、以被告名义购买车位的事实。

⑧浙汇会审〔20××〕×号审计报告。证明由原告支付按揭款，由原告出资、以被告名义购买×室房屋及车位的事实。

⑨证人王×、楼×、邬××、吴×的证言。证明×室房屋的按揭款由原告支付的事实。

现被告收到杭州××区人民法院的传票、应诉通知书等法律文书。

被告认为，1995 年 3 月，卢×与被告成立了原告公司。被告取得×室房屋后，该房屋自 2002 年 3 月始作为原告的办公场所。所有按揭款均是以被告的合法收入支付，被告不存在不当得利。原告主张的款项，其中 2006 年 2 月 12 日前的款项已过诉讼时效。要求驳回原告的诉讼请求。

被告目前的证据有：

①×室房屋所有权存根；

②企业开业(变更)实地调查表，上记载×室房屋自 2002 年 3 月起作为原告的办公场所；

③公司变更登记审核表，上记载被告自 2004 年 3 月起任原告公司的法定代表人；

④银行按揭还款清单；

⑤原告公司章程，上记载楼×、邬××系原告公司股东。

(2) 训练目的

能够根据原告起诉和提供证据的情况，归纳整理答辩的事实理由，能制作民事答辩状和民事证据目录，会办理有关应诉的诉讼事项。

(3) 训练提示

分析原、被告之间不当得利之债是否存在，原告提供的证据有无缺陷，是否超过诉讼时效等。

2. 实例二

(1) 案情简介

原告:李××,男,1949年×月×日出生,汉族,住杭州市××区×村三组。

原告:高××,女,1949年×月×日出生,汉族,住杭州市××区×村三组。

被告:杭州××运输有限公司,住所地杭州市××区××镇××村××工业小区。

法定代表人:陈××,经理。

被告:刘××,男,1970年×月×日出生,汉族,住江苏省×县××庄乡吴宅子

两原告起诉称,2008年7月27日,被告刘××驾驶被告××运输公司所有的浙A××号重型货车,在××区××路由东向西行驶至××路路口时,与由北向南的原告之女李×骑行的电动自行车相撞,造成李×当场死亡、电动自行车乘坐人李××受伤及车辆损坏的交通事故。经交警部门认定,被告刘××负事故的主要责任,李×负事故次要责任。后双方对赔偿事宜未能达成一致,原告诉请判令两被告赔偿死亡赔偿金、丧葬费、被扶养人生活费、交通住宿费以及后续治疗费等共计448747元。

原告提供如下证据:

①户口簿,证明原告的诉讼主体资格以及扶养费的计算;

②事故认定书,证明事故的经过以及责任的认定;

③工作证明、暂住证,证明李×适用城镇标准计算死亡赔偿金;

④交通费发票,证明因原告交通费的支出。

现被告××运输公司接到法院传票、应诉通知书等法律文书。

被告××运输公司认为:①对事故的发生、经过以及事故责任的认定无异议;在本案中被告最多承担70%的责任,两原告应自担30%的责任;②肇事车辆实际车主是被告刘××,该车挂靠在××运输公司经营,故本案应由被告刘××承担赔偿责任,由××运输公司承担连带责任;③李×系农村户口,虽有暂住证,但无固定的工作,应按农村居民的标准计算死亡赔偿金;两原告不符合扶养条件,即使符合扶养条件,因原告有四个子女,应由四个子女分担;交通费是客观发生的,可考虑1000~1500元。

××运输公司现有证据:被告刘××的逮捕证、挂靠协议。

(2) 训练目的

能够根据原告起诉和提供证据的情况,归纳整理答辩的事实理由,能制作民

事答辩状和民事证据目录，会办理有关应诉的诉讼事项。

(3) 训练提示

被告对于自己的答辩理由应积极寻求证据，如死者应按农村居民的标准计算死亡赔偿金、原告有四个子女应分担扶养费等。

3. 实例三

(1) 案情简介

原告：陆××，男，1963年×月×日出生，汉族，无业，住杭州市××区××庄居委会九组×区×号。

被告：陈××，女，1965年×月×日出生，汉族，住址同上。

原告起诉称：原、被告于1993年登记结婚，婚后感情尚可，并生有一子。为养家，原告忙碌工作，但被告整天以照顾所开的不正当的理发店为由日夜不归，不好好照看孩子，导致儿子三岁时不幸溺水身亡。但儿子的死并没有改变被告，1995年因理发店涉嫌犯罪被告被法院判处有期徒刑一年六个月。1998年双方又生育一女，名陆陈×。被告仍不务正业，每天打牌并有不良生活作风。2000年起双方开始分居，被告对原告不闻不问，也不赡养公婆，还将公公赶出他们自己建造的房屋。双方夫妻感情确已破裂，故起诉要求离婚，女儿归原告抚养，被告每月支付抚养费200元。

原告提供的证据有：结婚证、户口簿，证明原、被告系夫妻关系及女儿陆陈×的身份情况。

现被告收到人民法院的传票、应诉通知书等法律文书。

被告认为：原告诉称不符合事实。原告自己无工作，整天游手好闲，靠房租和被告开理发店收入维持家庭开支、建造房屋。其陈述被告于1995年被西湖法院判刑也不属实，是诬蔑被告。原告既不工作也不照管孩子，女儿出生后一直是被告在抚养照顾。现双方所居住房屋系原告父母及原、被告共同辛勤劳动的成果，有父母的一份，但主要是属于原、被告夫妻共同所有的财产。双方感情很好，没有破裂，故不同意离婚。

被告现有证据如下：

①女儿陆陈×书写的愿意由被告陈××抚养的书面材料；

②两份原、被告曾就房屋使用问题达成一致意见的协议书；

③原、被告曾经人民调解组织调解，就房屋使用、女儿的日常生活及教育、父

母赡养等方面达成调解意见的人民调解协议书；

④房屋拆迁补偿协议书、拆迁调查表；

⑤两份陈××向姐姐借钱装修房屋的借条。

(2) 训练目的

能够根据原告起诉和提供证据的情况，归纳整理答辩的事实理由，能制作民事答辩状和民事证据目录，会办理有关应诉的诉讼事项。

(3) 训练提示

离婚纠纷中，被告方不同意离婚的情况下，如何运用证据以及答辩状中措辞等的合理使用。

【考核标准】

1. 考核等级：民事诉讼能力训练考核分为两个等级，即合格和不合格。每个子项目考核达到85分以上的为合格，不满85分的为不合格。

2. 考核方式：采取边训练、边操作、边考核的动态考核方式。其中实际操作技能考核占80%，职业态度方面的考核占20%。根据训练情况，对学生是否达到能力培养要求，采取学生互评、指导教师考评的方式确定考核等级。

3. 考核内容：

n2：民事诉讼·应诉能力项目考核表

学生姓名		区队		学号		日期	
序号	测试内容及要求			分值	作业文本	得分	指导教师
1	向当事人询问的案件事实全面、准确(5分) 询问笔录完整，关键事实记录清晰(10分) 对案件起诉条件和诉讼时效的把握明确(5分)			20	1.询问笔录		
2	证据客观性、合法性、关联性分析判断准确(5分) 对证据所要证明事实的把握准确清楚(5分)			10	2.证据分析意见		

续 表

3	制作的答辩状符合形式要求,答辩主张明确、陈述事实清楚、理由充分(20分) 行文通顺、流畅(10分)	30	3.民事答辩状		
4	整理的证据材料、编号、编制的证据清单准确(15分) 需提交法院的材料完整、齐全、准确(5分)	20	4.证据清单 5.提交材料目录及资料		
5	语言表达清楚、思路清晰、认真细致、仪表仪态庄重	10			
6	学习态度严谨、认真、负责、守纪	10			
合 计		100			

训练项目三

如何反诉

【训练目的】

通过训练,能够组织整理反诉的事实理由、诉讼请求,会制作反诉状、整理相应证据材料、办理反诉的相关法律事务。

【训练条件】

1. 场所条件:校内实训室、校外实训基地。

2. 师资配备:专任教师和兼职教师各1名。

3. 辅助资料:实训案例材料、相关证据材料、反诉状参考文本、教学影视材料、装订工具等。

4. 组织方式:分组实施,每组3～4名。

【训练引例】

原告:××广告公司

住所:杭州市×区×弄33号

法定代表人:高×× 职务:经理

被告:××酒店(普通合伙)

经营场所:杭州市××区××路43号

负责人:傅××,女,汉族,××酒店合伙人

被告:傅××,女,汉族,××酒店合伙人

被告:唐××,男,汉族,××酒店合伙人

案由:房屋租赁合同纠纷

原告起诉称,2008年11月20日,原、被告双方签订房屋租赁合同。合同约定,房屋租赁期三年,房屋租金每年188000元,三个月一付,先付后用。被告应提前15

日向原告交纳租金等。同时约定,在合同履行期间,因一方违反合同造成另一方损失的,由违约方赔偿对方年租金的30%。根据该约定,被告应于2009年9月15日以前交清2009年第四季度的租金。可原告催讨多次,被告至今未支付该季度租金。遂诉至法院,提出如下诉讼请求:(1)解除该房屋租赁合同;(2)判令被告支付租金人民币47000元及利息666.23元;(3)判令被告支付违约金人民币56400元;(4)诉讼费由被告承担。

原告提供如下证据:

(1) 房屋租赁合同一份,证明原、被告之间存在房屋租赁合同关系;

(2) 被告致原告的信函一份,证明原、被告之间存在房屋租赁合同关系;

(3) 被告合伙企业基本情况,证明被告是普通合伙企业,傅××、唐××为该企业合伙人;

(4) 国内特快专递邮件详情单和房租催讨通知书备份各一份,证明原告向被告催讨过房租。

现被告收到××法院的应诉通知书、传票等法律文书。

被告提供的信息:被告一向按约定及时履行合同,本案所涉房屋租金,不是被告不愿支付,只是因为原告擅自变更经营场所而找不到原告导致无法交纳;并且由于原告未开具发票,导致被告不能将房租计入成本而受到损失。

目前被告所提供的证据材料有:

(1) 5份已交纳房租共计人民币162632元的收据;

(2) 被告于2009年9月1日写给原告的信(信中提出要原告先开发票后付款的要求),以及该信于9月2日因原告迁移新址而退回被告的改退批条。

现被告在举证期限内向××法院提起反诉。

【训练路径】

任务一:审查本诉中被告方是否符合反诉的条件

步骤1:通过审核本诉的基本情况,审查反诉能否成立

反诉是指在本诉的诉讼程序中,本诉的被告以本诉的原告为被告,提起的与本诉相关的诉讼。本诉被告被称为“反诉原告”,本诉原告被称为“反诉被告”。

反诉与本诉实际上是两个不同的诉。由于反诉是一个诉,所以提起反诉首先

必须具备起诉条件(和前述如何起诉的内容要求一样)。同时,审查反诉主要把握以下方面。

1. 通常情况下,反诉是本诉被告对本诉原告提起的。

2. 应在举证期限届满前提起反诉。

另根据《最高人民法院关于适用〈中华人民共和国民事诉讼法〉若干问题的意见》第一百八十四条的规定,允许原审被告在二审程序中提起反诉,二审法院可以根据当事人自愿的原则就反诉进行调解。若调解不成立则告知当事人另行起诉。

3. 反诉与本诉必须适用相同的诉讼程序。

4. 反诉与本诉在诉讼标的、诉讼请求或案件事实方面存在着法律上的牵连关系。

5. 反诉只能向审理本诉的同一人民法院提出。

6. 反诉不因本诉撤回或终结而失去效力。

结合引例提供的案件信息,反诉人是本诉被告,被反诉人是本诉原告,并向同一人民法院提起,适用相同的诉讼程序,反诉与本诉都是基于同一房屋租赁合同发生的,故符合反诉提起条件。

步骤2:整理反诉的事实理由及确定反诉请求

由于反诉是针对本诉提起的,因此,审查整理反诉的事实理由重点在于:(1)与本诉的诉讼标的有着法律上牵连关系的事实理由以及法律依据;(2)与本诉的诉讼请求有着法律上牵连关系的事实理由以及法律依据;(3)与本诉案件事实有着法律上牵连关系的事实理由。

结合引例提供的案件信息,反诉原告主要诉请为反诉被告开具已交房租发票。

任务二:制作证据清单和反诉状

步骤1:收集、整理证据材料

1. 收集现有证据。

根据被告所陈述事实,向被告要求其提供现有证据,或提供证据线索以便调查取证。

结合引例提供的案件信息,被告方现有的证据有:

(1) 5份已交纳房租共计人民币162632元的收据;

(2) 被告于2009年9月1日写给原告的信(信中提出要原告先开发票后付款的要求),以及该信于2009年9月2日因原告迁移新址而退回被告的改退批条。

2. 申请证人出庭作证,制作证人出庭申请书。

若被告方有证人作证的,应当在举证期限届满的十日之前(适用简易程序的不受此限制)向人民法院提交证人出庭申请书,申请证人出庭作证。

3. 制作证据清单。

整理已有的证据材料,根据反诉的事实理由及诉讼请求,收集、整理证据并制作证据清单,明确证明对象及证据来源。

结合引例提供的情况,证据清单(参考)可以表示如下:

民事诉讼证据清单

编号	证据名称	证据来源	份/页数	是否原件	证明对象
1	收据	由原告出具给被告	5/2	复印件	欲证明三被告在合同签订后已按期支付了162632元的房屋租金及原告未开发票的事实
2	信封及信	被告及邮政局	1/2	复印件	欲证明三被告在2009年9月1日向原告写信提出先开发票后付款要求、因原告迁移新址遭退信而无法联系的事实

案由:房屋租赁合同纠纷　提交人(签名):傅××　提交日期:2010年3月×日

步骤2:制作反诉状

民事反诉状是民事诉讼的被告就原告起诉的同一事实,向人民法院提交的请求适用同一诉讼程序与原告的起诉合并审理,并追究原告相应民事责任的法律文书。民事反诉状是被告指控原告的书面依据,也是人民法院对原告的本诉、被告的反诉适用同一诉讼程序合并审理的基础。

民事反诉状的格式和写作内容与民事起诉状相似。但是由于反诉状属于"后起诉"的诉状,在写作时,应当注意以下几个问题。

1. 应写明反诉缘由。为了体现"反诉"的程序特点,应当在首部的当事人信息之后,另起一段概括说明反诉状的起因,例:被反诉人(本诉原告)起诉反诉人(或采用第一人称"我")……(案由名称)一案,因其……,现提出反诉如下……

2. 反诉请求明确、具体,并且必须与原告的本诉具有关联性,即应基于同一事实和同一争议内容。与此同时,应以证据证明反诉请求的合理性、合法性,以对抗本诉中的诉讼请求。

3. 先摆争议事实后论理由。不必全面叙述案情,而应当突出争议的事实,说明真相,并注意与法律、法规相适应;叙述案情,不妨夹叙夹议,边叙边举证,加强驳辩性。论证反诉理由,重在分析案情性质、分清是非曲直,明确造成损害后果的责任在谁,强调是被反诉人首先违反了义务事项。

参考格式 3-1:

反诉状

反诉人(本诉被告):
被反诉人(本诉原告):

反诉请求

____

____

事实与理由

____

____

证据和证据来源,证人姓名和住址

此致
××××人民法院

反诉人:
年 月 日

附:本状副本 份

结合引例提供的情况,民事反诉状(参考)如下:

民事反诉状

反诉人(本诉被告):××酒店

经营场所:杭州市××区××路43号

负责人:傅××,女,汉族,××酒店合伙人

被反诉人(本诉原告):××广告公司

法定代表人:高×× 职务:经理

反诉人就被反诉人房屋租赁合同纠纷一案,现提起反诉。

反诉请求:

1. 请求判令被反诉人开具金额162632元的房屋租赁发票;

2. 请求判令被反诉人承担反诉费用。

事实和理由:

2008年11月20日,本诉被告唐××与被反诉人法定代表人高××就杭州市××区××路43号房屋签订《房屋租赁合同》。合同约定该房屋的租赁期为三年,自2008年11月20日起至2011年12月31日止;每年的年租金为188000元整;付款方式三个月一付,先付后用;甲方有义务提供给乙方房产证明等相关资料,以协助乙方办理营业执照等相关手续。

合同签订后,本诉被告唐××和傅××二人一起在××路43号开办了××酒店(即反诉人),并在被反诉人协助下于2009年6月10日取得合伙企业营业执照。至2009年6月18日止,唐××和反诉人一共支付了162632元的租金。但被反诉人一直未能给反诉人开具发票,致使162632元的租金一直未能进入反诉人的成本,给反诉人造成4万多元的经济损失。

综上,被反诉人的行为已经给反诉人造成了经济损失。为维护自己合法权益,特根据《民事诉讼法》之规定,向贵院提起反诉。恳请贵院明断!

此致

××人民法院

反诉人:××酒店

2010年3月×日

附:本反诉状副本一份

任务三:办理反诉手续

1. 将制作好的反诉状和证据目录,根据反诉被告的人数制作副本,在规定的时间内(举证期限届满前)递交给受理法院,并自提起反诉次日起七日内预交案件受理费。

2. 开庭之前,及时向法院递交授权委托书及其他手续,如律师事务所公函、公民代理人的亲属关系证明、法定代表人身份证明等。

【训练实例】

1. 实例一

(1) 案情简介

2003 年 11 月 5 日,A 公司与 B、C 三方签订一份联营协议,约定由 B、C 投入 800 万元作为经营成品油的流动资金,并在联合经营有关业务中使用 A 公司第一分公司(以下简称 a 公司)的名称及账户,为此,a 公司的财务专用章也由 B 保管。并同时约定若一方违约,需支付另一方违约金 50 万元。三方于联营期间出现纠纷。B、C 认为 A 公司为了达到独吞利润的目的,拒不将销售资金汇入 a 公司账户,使原告对经营状况无法行使管理权,遂起诉 A 公司违约。B、C 认为在 2003 年 12 月以前已获得利润至少 2348077 元,但未提供明确充分的证据。

A 公司认为是 B、C 二人在合作过程中的众多违约行为导致合作无法继续。首先,B、C 利用 A 公司因经营需要委托其办理贴现 600 万元银行承兑汇票事宜之机(B、C 称其有办法贴现),在未经 A 公司同意、双方也未签订任何书面协议的情况下,将该笔资金占为己有。其次,A 公司于 2004 年 3 月将 200 万元的支票交于 B、C,明确告知其此款系部分销售回笼资金,由其按照约定负责汇入 a 公司账户(该财务专用章由 B 保管),但事实上 B、C 却将该笔资金擅自汇往他处。再次,2004 年 3 月 2 日,B、C 还擅自在 a 公司账户的购油款中支取了 105909.54 元挪作他用。

本案中作为 A 公司应如何反诉。

(2) 训练目的

能够根据案情的基本情况,归纳整理案件争议的事实焦点,会确定反诉的诉讼请求,能制作民事反诉状和民事证据目录,会办理有关反诉的诉讼事项。

(3) 训练提示

A 公司反诉是否符合反诉条件，反诉诉讼请求能否得到人民法院的支持。

2. 实例二

(1) 案情简介

贵州某集团公司因生产的需要向上海某集团公司购买了一批水泵，按照合同的约定先向对方支付了首期货款，但该批水泵在投入生产后发现有质量问题，于是贵州公司去函向上海公司说明了情况，尾款也就一直未予支付。现上海公司以拖欠货款纠纷为由将贵州公司诉至法院。

贵州某集团公司提供信息：原告提供的证据之一——售后意见征询表上被告方签署的其产品没有质量问题的字样，是上海公司派员到贵州公司的生产车间，以售后服务的名义骗取车间主任签署的。贵州某集团公司拟提起反诉。

(2) 训练目的

能够根据案情的基本情况，归纳整理案件争议的事实焦点，会确定反诉的诉讼请求，能制作民事反诉状和民事证据目录，会办理有关反诉的诉讼事项。

(3) 训练提示

在原告方证据确凿的情况下，如果仅从本诉的角度与对方对簿公堂，将面临极大的败诉风险，此时是否可以选择以产品质量不合格为由提起反诉。

3. 实例三

(1) 案情简介

原告：赵×

被告：刘×

当事人刘×原是水产养殖户，四年前，他通过赵×购买一批海水养殖台筏，开始从事水产养殖，而该台筏所在水域的使用权仍在原出卖人名下，水域使用费通过原出卖人交纳(无证据)。经营一年后，刘×认为利益不大，经过协商将该批台筏及生产物资作价 60 万元转让给赵×。赵×当时支付转让款 20 万元后，因水产养殖进入低潮期，40 万元一直没有支付。现赵×将刘×告上法庭，以刘×没有取得转让台筏所占海域的使用权为由，要求确认合同无效，返还 20 万元已交付款项。

被告认为：原、被告之间的转让标的只是台筏及相关生产物资，而不涉及海域使用权的转让，且该台筏所在海域为行政部门批准已取得使用权，只不过其权利登记在原出卖人名下，赵×对此事实清楚，现在提起诉讼，只是其转嫁经营风险的一种手段。现被告拟提起反诉,要求赵×支付余款40万元。

(2) 训练目的

能够根据案情的基本情况,归纳整理案件争议的事实焦点,会确定反诉的诉讼请求,能制作民事反诉状和民事证据目录,会办理有关反诉的诉讼事项。

(3) 训练提示

反诉与反驳的区别,刘×提出独立的反请求,应归纳出反诉的事实和理由,并收集相关证据。

【考核标准】

1. 考核等级:民事诉讼能力训练考核分为两个等级,即合格和不合格。每个子项目考核达到85分以上的为合格,不满85分的为不合格。

2. 考核方式:采取边训练、边操作、边考核的动态考核方式。其中实际操作技能考核占80%,职业态度方面的考核占20%。根据训练情况,对学生是否达到能力培养要求,采取学生互评、指导教师考评的方式确定考核等级。

3. 考核内容:

n3:民事诉讼·反诉能力项目考核表

学生姓名		区队		学号		日期	
序号	测试内容及要求			分值	作业文本	得分	指导教师
1	向当事人询问的案件事实全面、准确(5分) 询问笔录完整,关键事实记录清晰(10分) 对案件反诉条件的把握明确(5分)			20	1.询问笔录		
2	对反诉与原诉之间关联性的判断准确(5分) 对证据所要证明事实的把握准确清楚(10分)			15	2.证据或事实分析意见		

续 表

3	制作的反诉符合形式要求，陈述事实清楚，证据的运用足以证明反诉的事实和诉讼请求	30	3.民事反诉状		
4	整理的证据材料、编号、编制的证据清单准确(10分) 需提交法院的材料完整、齐全、准确(5分)	15	4.证据清单 5.提交材料目录及资料		
5	语言表达清楚、思路清晰、认真细致、仪表仪态庄重	10			
6	学习态度严谨、认真、负责、守纪	10			
合　计		100			

训练项目四

如何提起管辖权异议

【训练目的】

通过训练,能够识别受案法院是否有管辖权,整理相关证据材料,制作管辖权异议申请书,到法院办理管辖权异议申请事务。

【训练条件】

1. 场所条件:校内实训室、校外实训基地。

2. 师资配备:专任教师和兼职教师各1名。

3. 辅助资料:实训案例材料、相关证据材料、管辖权异议申请书参考文本、装订工具、教学影视资料等。

4. 组织方式:分组实施,每组3~4名。

【训练引例】

原告:俞××,女,1984年2月18日出生,汉族,住浙江省嵊州市××镇×村新区×号。

被告:刘×,男,1987年6月8日出生,汉族,住浙江省温岭市××镇××路×号。

案由:不当得利纠纷。

案情介绍:2009年6月15日原告因疏忽将15000元人民币存入被告账号(此账号的开户行为:农业银行杭州××支行)中。原告即与被告联系,而被告告之此卡在6月份遗失,已向银行挂失。双方协商未果,原告于2009年7月31日向被告账号开户行所在地法院杭州市××区人民法院起诉。

现杭州市××区人民法院立案后向被告送达了应诉通知书、传票等法律文书。

另被告刘×大学毕业，于 2009 年 7 月 21 日将户籍从浙江省杭州市××区××路×号迁回老家浙江省温岭市。

【训练路径】

任务一：审查起诉状(副本)和证据目录，判定是否属于受案法院管辖

步骤 1：通过审阅起诉材料、询问被告，判明是否属于法院主管

了解、掌握案情后，应结合《民事诉讼法》对事的效力，判明该案是否属于法院受理范围。

我国《民事诉讼法》第三条规定："人民法院受理公民之间、法人之间、其他组织之间以及他们相互之间因财产关系和人身关系提起民事诉讼，适用本法的规定。"具体包括：

(1) 由民法调整的平等主体之间的财产关系和人身关系产生的案件；

(2) 由婚姻法调整的婚姻家庭关系产生的案件；

(3) 由经济法调整的平等主体之间基于经济关系产生的案件；

(4) 由劳动法调整的劳动合同关系和劳资关系产生的案件；

(5) 由其他法律调整的社会关系产生的特殊类型案件，如选民资格案件、宣告失踪案件等。

结合引例提供的案件信息，该纠纷为不当得利纠纷，属于由民法调整的平等主体之间的财产关系案件，故属法院受案范围。

步骤 2：理清案件管辖权确定的因素，判断受案法院有无管辖权

审查案件事实，依据《民事诉讼法》及司法解释中关于管辖的相关规定，确定案件的管辖法院。

根据一般地域管辖、特殊地域管辖、专属管辖、有无协议管辖条款及其效力等规定，判断受案法院是否享有管辖权。

【注意事项】

分析已受理法院管辖或提出管辖异议对己方有无不利因素。如果没有不利因素，也可以选择不提出管辖权异议。

任务二:制作管辖权异议申请书

步骤 1:整理申请的事实理由,制作管辖权异议申请书

1. 当事人提出管辖权异议应符合下列要求:(1)只能由被告提起管辖权异议,原告不能提出管辖权异议,第三人也无权提出管辖权异议;(2)只能对第一审民事案件的管辖权提出异议,对第二审民事案件不得提出管辖权异议;(3)提出管辖权异议的时间须在提交答辩状期间。

2. 申请内容包括申请异议人的姓名、性别、年龄、住址、联系电话,管辖异议案件的案号,提出受理法院没有管辖权的理由,特别是法律依据,以及应该移送的法院。

参考格式 4-1:

管辖权异议申请书

申请人:

申请人就××××一案,向贵院提出管辖权异议。

申请事项:

____

____

事实理由:

____

____

此致

××××人民法院

申请人:

年　月　日

结合引例提供的案件信息，管辖权异议申请书(参考)如下：

管辖权异议申请书

申请人：刘×，男，汉族，1987年6月8日出生，住浙江省温岭市××镇××路×号。联系电话：1377768××××

申请事项：

裁定贵院对本案没有管辖权，将本案移送至温岭市人民法院审理。

事实理由：

贵院受理的(2009)杭×民初字第×号案件，申请人于2009年8月15日收到起诉状副本。申请人认为贵院对本案立案审理，不符合法律规定的条件，理由如下：

一、不当得利纠纷不适用侵权行为管辖的特别法律规定

按照《民法通则》的规定，不当得利和侵权都是债的发生方式，都可形成一个新的债权。因此，不当得利与侵权行为并不等同。因此，不当得利纠纷的管辖不适用侵权行为管辖的特别法律规定。

二、不当得利案件依法只能由被告住所地人民法院管辖

我国《民事诉讼法》及相关司法解释没有对不当得利案件的管辖权作出相关的特别规定，因此对不当得利案件只能适用《民事诉讼法》第二十二条之规定，即对公民提起的民事诉讼，由被告住所地人民法院管辖。

三、申请人住所地是浙江省温岭市，而不是杭州市××区

申请人大学毕业，于2009年7月21日将户籍从浙江省杭州市××区××路×号迁回老家浙江省温岭市。也就是说，在原告于2009年7月31日起诉之前，申请人的户籍所在地已经变更为浙江省温岭市。

综上，杭州市××区人民法院受理本案，属于管辖错误，应当予以纠正，否则势必出现实体审理后，贵院却无管辖权的情形。据此，恳请贵院依法将本案移送至有管辖权的浙江省温岭市人民法院审理。

此致

杭州市××区人民法院

申请人：刘×

2009年8月21日

附：被告常住人口登记卡复印件

步骤2:整理、收集证据材料

提起管辖权异议,同样需要相关证据加以证明。有时可在原告提供的证据中作出说明,有时则需另外提供证据。

结合引例提供的案件情况,需提供申请人户籍所在地变更信息。

任务三:办理相关申请程序

步骤1:在法律规定的时间内,向法院办理申请程序

1.《民事诉讼法》第三十八条规定:人民法院受理案件后,当事人对管辖权有异议的,应当在提交答辩状期间提出。即在被告收到起诉状副本之日起十五日内提出,按期提出的,法院才审查;逾期提出的,法院便不予审查。

管辖权异议申请书应在法律规定时间内交给承办法官。

2. 开庭之前,及时向法院递交授权委托书及其他手续,如律师事务所公函、公民代理人的亲属关系证明、法定代表人身份证明等。

步骤2:关注管辖权异议裁定,采取不同法律措施

被告提出的管辖权异议申请符合条件的,受诉人民法院会在十五日内作出异议是否成立的书面裁定。异议成立的,法院会裁定将案件移送有管辖权的法院。如遇有两个以上法院都有管辖权的案件,法院在裁定移送时会征求原告的意见。异议不成立的,裁定驳回;并交纳50~100元案件受理费。

当事人对此裁定如果不服,可以在裁定书送达后十日内向上一级人民法院提出上诉。第二审人民法院经过审查后如果认为上诉成立的,裁定撤销一审裁定,裁决将案件移送给有管辖权的法院。如果上诉不能成立的,裁定驳回上诉,维持原裁定。

一审、二审人民法院驳回管辖权异议的裁定发生法律效力后,当事人对管辖权问题申诉的,不影响受诉法院对案件进行审理。

【训练实例】

1. 实例一

(1) 案情简介

1990年4月，甲与乙在他们的户籍所在地A区a镇登记结婚，1996年双方共同去B市打工，并长期租B地一房屋共同居住，甲、乙的儿子丙则在a镇随奶奶生活，甲偶尔回来看望丙及进行计划生育检查，乙则多年未归。2004年初，甲以夫妻感情破裂为由回a镇向A区人民法院提起诉讼要求与乙离婚。A区人民法院经电话与乙联系，但乙拒不到庭参加诉讼。分析本案中乙能否提出管辖权异议以及如何办理。

(2) 训练目的

能够根据案件的基本情况，判断受案法院是否有管辖权，能制作管辖权异议申请书，会办理有关异议申请的诉讼事务。

(3) 训练提示

根据夫妻双方离开住所地1年以上，一方提起离婚，如何确定管辖法院的相关法律规定，判定受案法院有无管辖权及提出管辖权异议申请。

2. 实例二

(1) 案情简介

1998年5月，济南某化工厂(以下简称济南厂，位于济南市A区)与南京某化学制品公司(以下简称南京公司，位于南京市B区)在无锡签订了一份化工原料买卖合同，双方约定在1998年7月至12月之间由济南厂用罐装车分三批向南京公司发运化工原料共30吨，货到汇款。同年7月，济南厂向南京公司发运原料首批10吨，并在货到后第三天收到该批货款30万元。8月初，市场上该化工厂原料价格上扬，济南厂便不再发货。南京公司因缺乏生产原料，几近停产。几经催促未果，无奈南京公司只得向上海某化工厂以高于市场价5%的价格购买此种化工原料20吨。同年9月底，由于生产厂家太多，此种化工原料价格下跌，济南厂马上一次性发货20吨，并在装车待运前通知南京公司接货。南京公司立即通知济南厂，要求不要发货并解除双方签订的买卖合同。济南厂不同意，理由是合同中并无履约的具体期限，于是强行发货。货到南京后，因无处贮存，南京公司只得将此批化工原料转让给武汉某化学品公司，谁知承运此批货物的南京某运输公司的货轮在安庆江面撞上重庆轮船公司正常行驶的客轮，货轮上部分化工原料泄漏到江面，污染了沿江的贝类养殖场。同年10月初，济南厂向南京公司催要货款，双方产生争议。为此，济南厂于1998年11月向济南市A区人民法院提起诉讼，要求南京公司承担违约责任。济南市A区人民法院受理后，将应诉通知书和起诉状副本发送被告南京公司。被告对济南市 A 区人民法院管辖本案提出异议,认为本案应由南京市 B 区人民法院管辖。

(2) 训练目的

能够根据案件的基本情况,判断受案法院是否有管辖权,能制作管辖权异议申请书,会办理有关异议申请的诉讼事务。

(3) 训练提示

根据合同纠纷管辖法院确定的有关法律规定、结合案情,分析确定案件管辖的联系点、相关事实与证据材料,由此判定受案法院有无管辖权及提出管辖权异议申请。

3. 实例三

(1) 案情简介

2006 年 2 月 14 日,安徽 B 公司收到湖北 W 市 H 区人民法院送达的 W 市 J公司的民事诉状, 安徽 B 公司于 2006 年 2 月 18 日向 W 市 H 区法院提出管辖权异议。2006 年 2 月 23 日,W 市 H 区法院打电话通知安徽 B 公司,称本案是 W 市中级法院指定管辖的案件,H 区法院无权作出裁定,原通知的 2003 年 3 月 2 日开庭照常进行,要求安徽 B 公司到庭参加诉讼。安徽 B 公司要求 H 区法院用裁定或书面方式发通知,但 H 区法院“开庭不商量”,拒绝发任何书面通知。

(2) 训练目的

对由上级人民法院指定管辖的案件,能确定提起管辖权异议的法院,会办理有关异议申请的诉讼事务。

(3) 训练提示

仍向 H 区法院提出, 如果安徽 B 公司对 H 区法院对其管辖权异议作出的裁定不服,可以上诉到 W 市中级法院。

【考核标准】

1. 考核等级:民事诉讼能力训练考核分为两个等级,即合格和不合格。每个子项目考核达到 85 分以上的为合格,不满 85 分的为不合格。

2. 考核方式:采取边训练、边操作、边考核的动态考核方式。其中实际操作技能考核占 80%,职业态度方面的考核占 20%。根据训练情况,对学生是否达到能力培养要求,采取学生互评、指导教师考评的方式确定考核等级。

3. 考核内容：

n4：民事诉讼·提起管辖权异议能力项目考核表

学生姓名		区队		学号		日期	
序号	测试内容及要求			分值	作业文本	得分	指导教师
1	向当事人询问的案件事实全面、准确(5分) 询问笔录完整，关键事实记录清晰(10分) 对管辖权异议适用条件和时效的把握明确(5分)			20	1.询问笔录		
2	对异议事实的分析判断准确(10分) 对证据所要证明事实的把握准确清楚(10分)			20	2.证据分析意见		
3	制作的管辖权异议申请书符合形式要求、陈述事实清楚、理由充分(20分) 行文通顺、流畅(10分)			30	3.管辖异议申请		
4	需提交法院的材料完整、齐全、准确			10	4.证据材料 5.提交材料目录及资料		
5	语言表达清楚、思路清晰、认真细致、仪表仪态庄重			10			
6	学习态度严谨、认真、负责、守纪			10			
合　计				100			

训练项目五

如何进行举证质证

【训练目的】

通过训练，能够较熟练地在庭审中进行举证；能够针对对方的证据提出反驳意见，以实现己方主张被法庭采纳的目的。

【训练条件】

1. 场所条件：校内实训室、校外实训基地。
2. 师资配备：专任教师和兼职教师各1名。
3. 辅助资料：实训案例材料、相关证据材料、装订工具、教学影视材料等。
4. 组织方式：分组实施，每组3～4名。

【训练引例】

原告：李×庆，女，1955年10月8日出生，汉族，住×市×区×新村505室。

委托代理人：徐×，××律师事务所律师。

被告：吴×兰，女，1950年6月10日出生，汉族，住×县×乡×村。

委托代理人：刘×安(系吴×兰之子)，男，1975年9月7日出生，汉族，×实业有限公司职员，住×市×路。

被告：李×晓，女，1954年10月1日出生，汉族，住×市×区×新村104室。

原告李×庆与被告吴×兰、李×晓遗嘱继承纠纷一案，于2008年6月5日诉至法院，于2008年7月7日公开开庭进行了审理。

原告诉称：1948年李×军与任×香结婚，生育被告吴×兰，后双方离婚。1953年李×军与曹×宇结婚，生育原告以及被告李×晓。2003年2月25日，李×军与曹×宇立下公证遗嘱，本市×路房屋在"百年"后由原告继承。2004年4月2日，曹×宇去世。2006年7月4日，李×军去世。按照遗嘱规定原告享有×路房屋的合法继承权，但被告吴×兰及其子女住在该房内，拒绝腾退，故诉至法院要求判令：×路房屋归原告继承。

原告为证明自己主张的事实提供了下列证据材料：

(1) (2003)×证(民)字第155号、第156号公证书，(2004)×证第1223号公证书，证明曹×宇和李×军将涉案房屋立遗嘱由原告继承及李×军对其存款所作的安排；

(2) 亲属关系证明，证明两被告与李×军的关系；

(3) 户籍证明，证明李×军与曹×宇已去世；

(4) ×医院的死亡记录，证明李×军患有老年痴呆，李×军在患病期间与被告吴×兰签订赠与协议无效。

(5) 房产三证，证明房产证已经交付给原告。

被告吴×兰辩称：原告李×庆在李×军尚健在的情况下，设计将银行保管箱内的遗产取走，使李×军生气、痛心，从而改变了遗产的原分配方案，已将涉案房屋赠与吴×兰。李×军、曹×宇夫妇与吴×兰关系融洽，看到吴×兰家境贫寒，主动让吴×兰之子刘×安来×市工作发展，刘×安来×市后即住在讼争房屋至今。李×军的本意很明确，是给外孙在×市的一个落脚点。

被告吴×兰为证明自己主张的事实提供了下列证据材料：

(1) 2006年6月13日签订的赠与协议复印件；

(2) (2008)×民一初字第904号判决书。

这两项证据证明2006年6月，李×军将涉案房屋赠与吴×兰，李×庆对此没有异议。

被告李×晓未提交证据，且未到庭参加诉讼。

【训练路径】

任务一：举证

步骤1：认真梳理己方证据材料情况及其证明目的

提起民事诉讼，必须注意举证问题，包括举证责任分配和举证期限、提供证据的要求以及证据调取和保全、对证据的对质辨认和核实。

1. 了解举证的形式和方式。

对于举证的形式，当事人应当对其提交的证据材料逐一分类编号，签名盖章，注明提交日期,并依照对方当事人人数提交副本。关于举证的方式,依证据的不同类型,举证方式可分为以下三种。

(1) 当事人陈述,以诉状的方式向法庭提出或者当庭陈述。其具体内容可不列入《证据材料清单》。

(2) 书证、物证、视听资料、证人书面证言、鉴定结论、勘验笔录和检查笔录等,应当提供原物、原件、原始载体。不能提供原物、原件、原始载体的,应当注明理由,并提交复印件、抄录件、照片等复制品。

(3) 有证人、鉴定人、勘验人、检查人和具有专门知识的人员出庭作证的,应提供其名单、基本情况以及说明其证明的对象,并提出传唤申请。

【提示】

法院实行签收制度。人民法院负责接收证据材料的工作人员经核对证据材料后,出具《证据材料清单》并签名确认。《证据材料清单》一式两份,一份存卷,一份交给当事人存执。当事人提交其他诉讼材料的,也应给当事人出具签收单。

【注意事项】

(1) 对当事人提供的书证、书面证言、鉴定结论、勘验和检查笔录的原件、物证的原物和视听资料的原始载体,应当依照以下规则处置。

①除了专为人民法院提供的证据和人民法院调取的证据外,证据的原件、原物和原始载体一律由当事人存执。

②原件、原物和原始载体可以在起诉和交换证据时出示。在正式开庭时应当向法庭出示。经核对和辨认后,原件、原物和原始载体应立即退还当事人。

③因鉴定或者检验、检查需要而留置原件、原物和原始载体的,法院应向当事人说明并出具收据。不开具收据的,当事人有权拒绝提交,并向监督部门反映。

④如原件、原物和原始载体不便或者不能当庭出示的,可以提供勘验或者检查笔录、照片、复印件、抄录件、复制品等;或者申请法院勘验、调查或者检查。

(2) 当事人向人民法院提供的证据系在中华人民共和国领域外形成的,该证据应当经所在国公证机关予以证明,并经中华人民共和国驻该国使领馆予以认证,或者履行中华人民共和国与该所在国订立的有关条约中规定的证明手续。

(3) 当事人向人民法院提供的证据是在香港、澳门、台湾地区形成的,应当履行相关的证明手续。当事人向人民法院提供外文书证或者外文说明资料,应当附有中文译本。

2. 明确举证的目的及其法律后果。

(1) 民事诉讼庭审过程是双方当事人为主张自己陈述的事实存在,依据“谁主张,谁举证”的原则,提出证据,并对该事实加以证明的一个过程。因此,在举证时应当充分熟悉己方所提供的证据及其证明目的、证据效力、证据来源等情况。同时应理清证据与所证明事实、诉讼请求之间的关系,积极、全面、正确、诚实地做好举证事项。

(2) 当事人对自己提出的诉讼请求所依据的事实或者反驳对方诉讼请求所依据的事实有责任提供证据加以证明。没有证据或者证据不足以证明当事人的事实主张的,由负有举证责任的当事人承担不利后果。

结合引例提供的案件信息,原、被告双方的证据及其证明目的如下。

(1) 原告证明自己主张的证据及证明目的参考如下:

第一组证据:(2003)×证(民)字第155号、第156号公证书,(2004)×证第1223号公证书。证明目的:曹×宇和李×军将涉案房屋立遗嘱由原告继承及李×军对其存款所作的安排。

第二组证据:亲属关系证明。证明目的:两被告与李×军的关系。

第三组证据:户籍证明。证明目的:李×军与曹×宇已去世。

第四组证据:×医院的死亡记录。证明目的:李×军患有老年痴呆,李×军在患病期间与被告吴×兰签订赠与协议无效。

第五组证据:房产三证。证明目的:房产证已经交付给原告。

(2) 被告吴×兰证明自己主张的证据及证明目的参考如下:

证据1:赠与协议复印件;

证据2:(2008)×民一初字第904号判决书。

证据1和证据2的证明目的:2006年6月,李×军将涉案房屋赠与吴×兰,李×庆对此没有异议。

(3) 由于被告李×晓未提交证据,且未到庭参加诉讼,故无法进行举证。

步骤2:明确法庭调查顺序,按序进行举证

1. 明确法庭调查顺序。

法庭调查的顺序为:当事人陈述,证人作证或宣读未到庭的证人证言,出示书证、物证和视听资料，宣读鉴定结论，宣读勘验笔录。同时，依据法律规定，当事人经法庭许可，可以向证人、鉴定人、勘验人发问，并事先做好提问的提纲。

2. 精心策划举证顺序。

根据民事诉讼举证责任的要求，举证顺序安排是否得当，也非常关键。举证顺序安排是针对案件的具体情况，在出庭前拟定的在法庭上举证时出示证据的打算和安排。它包括策略、举证步骤、出示证据的种类以及顺序。

就其具体案情而言，一般是一事实一举证，但也需因案而异，不应固定于一种模式，而且要脉络清晰、逻辑严密。

3. 按序及时举证。

法庭调查的举证顺序是：原告举证、被告举证、第三人举证。

举证时，应当简要说明该证据事实的种类，证据来源，取证时间、地点，提交人及所要证明的事实等。

【注意事项】

(1) 举证应当实事求是、客观全面，目的明确、讲究谋略、突出重点、有的放矢。实事求是是必须遵守的举证原则；客观全面是证据客观性的必然要求，并应根据具体案情，全方位、多角度地运用证据，以达到良好的举证效果。

(2) 证人在人民法院组织双方当事人交换证据时出席陈述证言的，可视为出庭作证。

(3) 诉讼过程中，一方当事人对另一方当事人陈述的案件事实明确表示承认的，另一方当事人无须举证。但涉及身份关系的案件除外。

(4) 根据《最高人民法院关于民事诉讼证据的若干规定》，下列事实，当事人无须举证证明：①众所周知的事实；②自然规律及定理；③根据法律规定或者已知事实和日常生活经验法则，能推定出另一事实；④已为人民法院发生法律效力的裁判所确认的事实；⑤已为仲裁机构的生效裁决所确认的事实；⑥已为有效公证文书所证明的事实。但其中①、③、④、⑤、⑥项，当事人有相反证据足以推翻的除外。

(5) 例如，继承案件举证主要包括：

①被继承人死亡的证明；

②提供其他继承人的姓名、性别、年龄、职业、住所地点；

③不动产(如房屋)、动产等中需鉴定及估价的应有鉴定估价书；

④遗产的范围和数额(遗产应包括动产、不动产)，另外应注明被继承人在外

地是否有遗产，被继承人生前的债权、债务情况，继承开始后遗产由谁占有、使用、收益和保管；

⑤其他相关证据：继承人与被继承人生前是否形成扶养关系（包括提供金钱、物质和劳务情况、亲疏情况、继承人是否与被继承人共同生活），认为其他继承人具有丧失继承权情形的证据，继承人中如有放弃继承权的证据（如弃权声明书等）。

结合引例提供的案件信息，以原告提供的×医院的死亡记录证据为例，说明举证的基本技巧：

现原告方出示的第四份证据是书证×医院的死亡记录，该证据来自于2006年7月×日，在×医院档案室复制的治疗档案资料，该复印件有该院档案资料部门的签章，此份记录中对×月×日至×月×日期间，记载了被继承人患有老年痴呆症的病情以及治疗等情况。这份证据主要证明被继承人患有老年痴呆症，且病情严重，说明被继承人已丧失辨别是非和判断能力，已不具有民事行为能力，因此他在患病期间与被告吴×兰签订赠与协议是无效的。

任务二：质证

步骤1：认真分析和审核对方当事人的证据材料

分析对方当事人所提交证据材料与案件之间是否具有客观性、关联性、合法性，以及证据存在的瑕疵。审核证据与本案事实是否相关，证据的形式、来源是否符合法律规定，证据的内容是否真实，证据之间是否存在矛盾，能否形成合理的证据链。

审核的具体方法主要有以下几种。

1. 书证是否为原件，或者是否经核对无误的副本或者复制件；对副本或者复制件的，有无来源和取证情况说明；当事人提供的证据系在中华人民共和国领域外形成的，该证据是否经所在国公证机关予以证明，并经中华人民共和国驻该国使领馆予以认证，或者履行中华人民共和国与该所在国订立的有关条约中规定的证明手续；当事人提供的证据是在香港、澳门、台湾地区形成的，是否履行相关的证明手续；当事人提供的外文书证或者外文说明资料，是否附有中文译本。

2. 物证是否为原物；提供复制品或者照片的是否属于提供原物确有困难的，

是否有相关来源的说明。

3. 计算机数据与视听资料，提供的是否为有关资料的原始载体；对提供复制件的是否属于提供原始载体确有困难的，以及是否有相关说明其来源和制作经过的证明材料。

4. 摘录有关单位制作的与案件事实相关的文件、材料是否注明出处并加盖制作单位或者保管单位的印章；摘录人是否在摘录件上签名或者盖章；摘录文件、材料是否保持内容相应的完整性，是否存在断章取义。

5. 对鉴定人出具的鉴定书，主要审查是否具有下列内容：委托人姓名或者名称，委托鉴定的内容，委托鉴定的材料，鉴定的依据及使用的科学技术手段，对鉴定过程的说明，明确的鉴定结论，对鉴定人鉴定资格的说明，鉴定人员及鉴定机构签名盖章，鉴定程序是否合法，鉴定结论依据是否充分。

6. 对证人证言的审核。对证人的智力状况、品德、知识、经验、法律意识和专业技能等进行审核，证人与对方当事人是否有亲属或者其他密切利害关系，未成年人所作的证言是否与其年龄和智力状况相当。

步骤 2：明确质证的目的与质证顺序

1. 质证是指在法庭的主持下，诉讼双方针对对方提出的证据就其真实性、合法性、关联性以及证明力有无、证明力大小予以说明和质辩的活动或过程。质证不仅表现为诉讼的一方对另一方所提出的不利于自己的证据进行质疑和责问，也包括提出证据的一方对该质疑进行的反驳和辩解。民事诉讼中质证的主体是原、被告双方当事人以及第三人。

依照《最高人民法院关于民事诉讼证据的若干规定》，证据应当在法庭上出示，由当事人质证。未经质证的证据，不能作为认定案件事实的依据。对书证、物证、视听资料进行质证时，当事人有权要求出示证据的原件或者原物。但有下列情况之一的除外：出示原件或者原物确有困难并经人民法院准许出示复制件或者复制品的；原件或者原物已不存在，但有证据证明复制件、复制品与原件或原物一致的。

人民法院依照当事人申请调查收集的证据，作为提出申请的一方当事人提供的证据。人民法院依照职权调查收集的证据应当在庭审时出示，听取当事人意见，并可就调查收集该证据的情况予以说明。

2. 法庭调查中质证的顺序。

(1) 原告出示证据，被告、第三人与原告进行质证。

原告可以申请法庭传唤证人、鉴定人或专家辅助人,或宣读未到庭的证人证言、鉴定结论,宣读勘验笔录;出示书证、物证、视听资料,由被告或第三人对证人、鉴定人、勘验人进行发问,或对书证、物证、视听资料以及书面的证人证言、鉴定结论和勘验笔录进行辨认并陈述意见。

(2) 被告出示自己收集的或申请法院收集的上述证据。经法庭许可,原告、第三人与被告进行质证。

(3) 第三人出示自己收集的或申请法院收集的上述证据,经法庭许可,原告、被告与第三人进行质证。

(4) 原告、被告和第三人可以相互发问、辩论。

步骤3:针对对方提交的证据材料提出异议与反驳

1. 质证的基本策略。

(1) 对于对方出示的书证、物证、鉴定结论等证据一定要仔细查看、核对,书证必须查看原件,并与复印件进行比较;物证要核查原物并结合其他证据,辨别其可靠性、真实性和有效性,发现疑点立即提出异议或要求对方继续举证印证;对鉴定结论一定要注意其真实性和权威性,有异议的,应当及时提出重新鉴定申请。

(2) 针对对方当事人及其代理人出示的证据,找出其破绽,提出异议。

(3) 仔细听取对方的陈述,对方说得不对的要点,要做好记录,并提出异议。

(4) 抓住要害,明确焦点,论点集中,言简意明,善于使用第一手材料进行反驳。

(5) 善于引用法律规定,明了其中的具体内涵及与案件事实的关系,并据此对对方当事人的证据和理由提出异议。

2. 质证的基本内容。

(1) 对物证可以但不限于从以下方面质证:①物证的真伪;②物证与本案的联系;③物证与其他证据的联系;④取得该物证的程序是否合法。

(2) 对书证可以但不限于从以下方面质证:①书证是否为原件;②书证的真伪;③书证的合法性;④书证所要证明的事实;⑤书证与其他证据的矛盾;⑥书证的来源。

(3) 对证人证言可以但不限于从以下方面质证:①证人与双方当事人的关系,特别是与对方当事人有无关系,与本案有无利害关系;②证人证言的来源及合法性;③证人证言的内容及要证明的事实;④证人年龄、智力状况、行为能力等自然情况;⑤证人的证言前后是否矛盾;⑥证人证言与其他证据的矛盾。

【提示】

应结合有关背景材料进行综合分析，发表该证人证言能否采信的看法，并阐明具体理由；如证人无正当理由不出庭接受质证，可建议法庭对该证人证言不予采信。

(4) 对视听资料可以但不限于从以下方面质证：①取得和形成的时间、地点和周围的环境；②有无剪补；③收集的过程及其合法性；④所要证明的事实与案件的联系。

(5) 对鉴定人和鉴定结论可以但不限于从以下方面质证：①鉴定人的资格；②鉴定人与双方当事人的关系；③鉴定的依据和材料；④鉴定的设备和方法；⑤鉴定结论是否具有科学性。

【提示】

(1) 应对该鉴定结论发表看法，认为鉴定结论不能成立或者不完整的，可以申请重新鉴定或者补充鉴定。

(2) 经审判长许可，可以向证人、鉴定人及其他当事人发问，并应就与本案有关的问题发问，发问受到审判长制止时，应尊重法庭的决定，改变问题或者发问方式，或表明发问的重要性和关联性。

(3) 针对其他当事人或诉讼代理人威逼性、诱导性的发问，带前提的发问和与本案无关的发问，有权提出反对意见；反对意见被法庭驳回后，可提请法庭将反对意见记录在案。

(4) 在法庭调查过程中，有权申请重新鉴定、勘验，要求补充证据，必要时可以申请延期审理。

【注意事项】

(1) 证据应当在法庭审理中予以质证，未经质证的证据，不能作为认定案件事实的依据。因此，质证也是开庭审理中法庭调查的一项重要事项，而且是法庭调查阶段的中心任务。

(2)《最高人民法院关于未经对方当事人同意私自录制其谈话取得的资料不能作为证据使用的批复》中规定，“证据的取得必须合法，只有经过合法途径取得的证据才能作为定案的依据。未经对方当事人同意私自录制其谈话，系不合法行为，以这种手段取得的录音资料，不能作为证据使用”。而根据《最高人民法院关于民事诉讼证据的若干规定》第六十八条，未经对方当事人同意私自录制其谈话取得的资料，只要未以侵害他人合法权益(如侵害隐私)或者违反法律禁止性规定的方法(如窃听)取得，可以作为证据使用。由此可见，法律关于证据的规定是变化的。

(3)《民事诉讼法》第六十八条规定，书证应当提交原件。提交原件确有困难的，可以提交复制件、照片、副本和节录本。《最高人民法院关于民事诉讼证据的若干规定》进一步规定，提交复印件，应当与原件核对无误，必要时须经有关部门认证。提交节录本的，应当注明文件的名称和出处，并由有关单位盖章证明。提交外文书证的，必须附有中文译本。

(4) 证人应当在法庭上口头陈述(或“动作陈述”，如聋哑人所用的“哑语”)，证言应接受当事人的质询。根据《民事诉讼法》第七十条和《最高人民法院关于民事诉讼证据的若干规定》第五十六条的规定，证人确有困难不能出庭的下列情况，经人民法院许可，证人可以提交书面证言或者视听资料或者通过双向视听传输技术手段作证：①年迈体弱或行动不便无法出庭的；②特殊岗位确实无法离开的；③路途特别遥远，交通不便难以出庭的；④因自然灾害等不可抗力的原因无法出庭的；⑤其他无法出庭的特殊情况。

(5) 依据《民事诉讼法》第七十条第一款的规定，单位法人也可以作为证人。《最高人民法院关于适用〈中华人民共和国民事诉讼法〉若干问题的意见》第七十七条规定，单位向人民法院提出的证明文书，应由单位负责人签名或盖章，并加盖单位印章。但理论界对单位是否可以作证存有争议。我们认为，证人只能限于自然人，因为只有自然人才有感觉器官去认知表达案件事实，出庭作证接受质证并承担相应的法律后果。

(6) 理解证明责任分配倒置的规定时，应当注意以下几点。第一，证明责任分配的倒置主要是侵权行为法中适用无过错规则或推定过错的一些案件，也并非将原告主张的事实的证明责任全部转给被告，而是将加害人的过错或者行为和结果之间的因果关系等要件事实的证明责任予以倒置。未被倒置的事实仍然由受害人加以证明。第二，证明责任倒置要求被告证明自己无过错的，对应于实体法中的过错推定；证明责任倒置要求被告证明其加害行为与损害后果之间不存在因果关系的，对应于实体法中的因果关系推定。在过错推定和因果关系推定的情况下，如加害人不能证明自己无过错或者证明因果关系不存在的，就要承担损害赔偿责任。

(7) 民事诉讼的证明标准是高度盖然性或者“盖然性占优势”，而刑事诉讼的证明标准更严格，一般要求达到一种使法官确信的状态或者能够排除一切合理怀疑,两者有所不同。

结合引例提供的案件信息，以原告所提供的×医院的死亡记录证据为例,说明被告进行质证的基本技巧。

针对原告方所出示的第四份证据×医院的死亡记录,提出以下异议。

(1) 这份记录虽然记载了被继承人患有老年痴呆症的病情以及治疗等情况,但并不必然得出被继承人已不具有民事行为能力的结论,因此,被告方对该证据所要证明的事实和证明力有异议。

(2) 对于被继承人有无民事行为能力,应当由有关机构按照相应的程序和要求进行鉴定来加以确定。

【训练实例】

1. 实例一

(1) 案情简介

原告:郑晓林,女,2004年8月21日出生,汉族,住A市B区新新村二组。

法定代理人:洪小花,女,1981年2月9日出生,汉族,住址同上。

委托代理人:沈强,××××律师事务所律师。

被告:A市B区新新居民委员会,住所地A市B区新新社区。

法定代表人:林宝,主任。

被告:A市B区新新村经济合作社,住所地A市B区新新社区。

法定代表人:洪海,董事长。

两被告共同委托代理人:盛成,A市新新法律服务所法律工作者。

原告郑晓林(以下称原告)为与被告A市B区新新居民委员会(以下称社区居委会)、A市B区新新村经济合作社（以下称村经合社）土地补偿款纠纷一案,于2008年3月10日向A市B区法院起诉。

原告诉称,原告自出生即为新新村村民委员会的集体经济组织成员。因土地开发土地征用,新新村村民委员会、新新村经合社所在土地被A市国土资源局征用。新新村村民委员会撤村建居,成为新新社区居委会。原告作为两被告集体经济组织成员,应享有与其他成员相同的成员资格,被告曾分配给与原告情况相同的其他同村人员土地补偿款45630元,但未分配给原告。故诉请判令新新社区居委会、新新村经合社支付原告征地补偿款45630元并承担本案诉讼费。

原告为证明其主张,提供如下证据:

①居民户口簿,证明原告系被告的集体经济组织成员;

②新新社区居委会于2008年3月6日出具的二组土地款项预增分配人员明细表,证明原告在预增的分配人员范围内,分配份额为每人45630元;

③二组分配名单,邓家圩和新新二期征用款分配明细表,证明两次分配款具体分配情况,原告未获得该分配款份额;

④征地补偿协议,证明原告出生时土地并未被征用;

⑤洪奕的户口簿,证明与原告具备同样条件的集体经济组织成员已享受了相应的土地补偿款份额;

⑥二组补偿分配村民代表协议,证明该协议明确征用款分配以该协议为期,被告二组的征用款分配方案确定时间为2005年4月18日;

⑦(2006)×民三初字第965号民事判决书,证明法院曾判决确认过界定是否属于集体组织成员、是否享有集体组织分配额,不一定以户口为农业或非农业为唯一的标准。

被告新新社区居委会、新新村经合社共同辩称,原告是2004年8月21日出生的,属于非农业人口。根据A市人民政府《A市征用集体所有土地实施办法》的规定,征地安置人员必须是征地冻结通告发布之日被征地单位在籍的常住农业人员,而2004年1月9日是新新村村民委员会撤村建居的日期,是村民是否有权获得土地补偿款的日期分界,因此,出生于2004年8月21日的原告不属于分配范畴,不能获得征地补偿款。故应驳回原告的诉讼请求。

被告新新社区居委会、新新村经合社共同提供如下证据:

①A市B区人民政府〔2004〕1号《关于撤销C乡新新村等10个行政村建制设立C乡新新社区等10个社区的批复》,证明C乡下属的10个村包括新新村从2004年1月9日已撤村建居,集体土地变成国有土地;

②(2007)×民三初字第613号民事判决书、(2007)×民三初字第634号民事判决书,证明与本案同样情形的案件起诉法院后,法院判决驳回了当事人的诉讼请求。

(2)训练目的

①根据本案提供的事实和证据材料,分别对当事人的证据材料进行整理归类,制作证据材料清单。

②对当事人所提供证据的证明能力进行分析,能初步判断其对相关事实的证明力。

③能初步分析对方证据所存在的缺陷,并能有效地提出具有针对性的意见。

(3) 训练提示

无论作为原告方还是被告方,一是着重分析己方所提供的证据能否支持己方的主张以及可能存在的缺陷;二是对对方所提供的证据着重关注存在问题的证据以及提出异议的理由。

2. 实例二

(1) 案情简介

原告:朱×华,男,1975年9月28日出生,汉族,住×市×区×新村2幢432室。

被告:周×英,女,1981年12月10日出生,汉族,住×市×区×新村2幢432室,现下落不明。

原告朱×华(以下称原告)诉被告周×英(以下称被告)离婚纠纷一案,于2008年5月19日立案受理后,因被告周×英下落不明,法院公告送达起诉状副本和开庭传票,于2008年10月27日公开开庭进行了审理。原告朱×华到庭参加诉讼。被告周×英经本院公告传唤未到庭。

原告诉称,2000年5月与被告相识恋爱,双方于2003年5月7日登记结婚,婚后感情尚好,生有一子朱×,现年5岁,在上幼儿园。因被告不愿在×市与原告共同生活,双方为此经常发生争吵,严重影响了夫妻感情。被告自2007年12月离开×市回老家后至今未归,且在外刷卡透支消费。经原告多次寻找仍无下落,夫妻感情已完全破裂。故起诉要求离婚;儿子朱×归被告抚养,原告每月支付生活费300元,教育费和医疗费各半负担;被告所欠信用卡透支款近20000元由被告承担。

原告提供的证据有:

①结婚证,证明原、被告之间的夫妻关系;

②户口簿,证明原、被告及儿子朱×的身份情况;

③离婚协议、关于离婚的个人债务问题,证明原、被告就离婚事宜达成协议并一致同意个人债务由自己承担;

④×市×区×街道×社区居民委员会及邻居出具的证明,证明被告自2007年12月回老家后一直不在×市居住。

注:2008年3月10日,原、被告签订一份《离婚协议》,双方就离婚事宜作了约

定,且被告承诺其所欠债务由其自己承担。

(2) 训练目的

①根据本案提供的事实和证据材料,分别对当事人的证据材料进行整理归类,制作证据材料清单。

②对当事人所提供证据的证明能力进行分析,能初步判断其对相关事实的证明力。

③能初步分析对方证据所存在的缺陷,并能有效地提出具有针对性的意见。

(3) 训练提示

无论作为原告方还是被告方,一是着重分析己方所提供的证据能否支持己方的主张以及可能存在的缺陷;二是对对方所提供的证据着重关注存在问题的证据以及提出异议的理由。

3. 实例三

(1) 案情简介

原告:蒋××(系死者吴×之夫)、吴××(系死者吴×之父)。

被告:金××、加××、薛××、××部队、中国人民财产保险股份有限公司××分公司、××公路建设管理局、马××。

原告诉称,2004年11月15日7时许,黎××无证驾驶××号"金杯"牌客车(限载客8人)经××高速公路由西向东行驶,与个体驾驶员加××驾驶的因前方路面有障碍而停在公路上的××"东风" 牌重型普通货车尾随相撞,随后驾驶人薛××驾驶的××"长城"牌小客车又与××"金杯"牌客车左侧面相撞。事故造成驾驶人黎××、乘车人王××和吴×三人死亡,乘车人徐×、郑××、陈××、杨××、肖××五人受伤。此事故造成原告蒋××之妻死亡,给原告造成重大经济损失和精神痛苦。2004年11月30日,经××交通警察总队高速公路支队交通事故认定书(第48号)认定,驾驶人黎××应负此事故的主要责任,驾驶人加××和薛××应负事故的次要责任。乘车人不负此事故责任。加××是××"东风"牌重型普通货车的所有权人,××"长城"牌小客车是××部队车辆,××号"金杯"牌客车所有权人是金××。××车已参加BF22保险险种,被告马××是驾驶员黎××(死亡)之妻,也是黎××的财产保管人。基于以上事实和理由,请求:①依法判令六被告承担连带责任,赔偿原告死亡赔偿金134637.60元,丧葬费7678元,停尸费2995元,尸体鉴定费300元,吴×父亲的赡养费24000元,精神损害赔偿金20000元,误工费500元,交通费500元,共计191610.60元;②本案诉讼费和其他费用由六被告承担。原告方为支持自己的诉讼请求,向法庭提交了以下证据材料:交通事故责任认定书,注销证明、尸体处理通知书,身份证复印件,现场拉尸、料理、停尸、整容收款收据,原告工资证明,交通费发票。

2005年1月13日原告申请追加××公路建设管理局为被告,与上述六被告共同承担连带赔偿责任。

被告金××辩称:我的身份证已于几年前丢失,事故车辆不是我的,不承担赔偿责任。

被告加××辩称:事发当天,××高速公路71KM+48M路段有一辆由东向西行驶的运输车载着大煤而翻车,车内的大煤通过路中间的防护栏散落在答辩人行驶的右车道内(路面有障碍物的事实责任认定书已确认)。右车道内行驶的车辆完全受阻无法通行。答辩人在临时停车道内不能停车的情况下,便下车去捡路面上的大煤,其间后面来车与答辩人车尾随相撞。据答辩人知悉,装有大煤的车翻车至答辩人的车发生事故时已停留长达两小时之久,但××公路建设管理局对此没有过问。路面上的障碍物不能及时清除,车辆无法正常通行,是致使发生此次事故的重要原因。因此,造成的损失应由××公路建设管理局承担责任。且当日是雪天,高速公路已形成冰雪路面(责任认定书已认定这一事实),冰雪路面对车辆安全行驶形成隐患,当答辩人发现前方路面有障碍物时立即采取停车措施,并向临时停车道内行驶,但由于冰雪路面,车辆打滑而没有将车开进停车道。未开进临时停车道不是答辩人的主观原因造成的,而是客观原因冰雪路面所致。为此,于2005年1月28日申请,以××公路建设管理局未履行自己的职责,没有及时清除辖区路面上的障碍物和在恶劣天气时没有采取管制措施为由,追加××公路建设管理局为被告,承担连带赔偿责任。

被告××部队口头答辩称:①部队车辆当时并未直接撞到××号面包车上,是后方卡车撞击部队车辆后才撞到××号面包车左侧面,但是依据证据的盖然性,在有相当证据证明部队车与面包车相撞的情况下,我们不坚持车辆未相撞的主张。但是部队车当时的车速很慢,且高交支队对我方车辆的检验结果证明我方车辆制动系统是合格的,采取刹车措施后,汽车的速度必然会减速,不可能高速撞击面包车,而且是在面包车与前方车辆尾随相撞后很长一段时间才撞上去的,不可能造成面包车上严重的伤害,更不可能造成对方的人员死伤;②本案各被告间应按各自的过错承担赔偿责任,各被告并没有共同的故意,是各自独立的行为,应当根据过失大小各自承担相应的赔偿责任；③本案原告蒋××所主张的停尸费应属于丧葬费，原告吴××是死者吴×的法定被扶养人，但其有固定收入未提供其他证据，故不应赔偿其生活费。被告××部队为支持自己的辩解，提交以下证据材料：高交支队交通事故现场勘察笔录，事故现场图，高交支队干警对××车驾驶人加××所做的询问笔录，高交支队干警对××号车驾驶人薛××的询问笔录，高交支队干警对服务区路政人员林××的询问笔录，高交支队干警对××号车乘车人杨××的询问笔录，高交支队交通事故案卷中薛××所写的事故详细经过，××市公安局城北分局25号、26号尸检报告，××号车被撞后的正面照片，面包车左侧面被撞后的照片，××号车技术鉴定书，证人曹存德出庭作证，证人周××的录音证词，乘车人肖××的询问笔录，高交支队对××车上乘坐人员蒲××的询问笔录。

中国人民财产保险股份有限公司××分公司答辩称：××号"金杯"面包车与我公司签订了机动车辆第三者责任保险条款。但：①保险合同中登记的是非营业用(不含家属自用)，但事实证明此车是在营业用车时发生事故的；②此车保的是第三者责任险，而死者是面包车上的乘坐者，不是第三者；③保险合同条款中约定的免除赔偿责任包括无证驾驶，面包车驾驶人黎××系无证驾驶，这点已被责任认定书所认定。因此，我公司不承担保险赔偿责任。被告××分公司为支持自己的辩解，向法庭提交了以下证据材料：中国人民财产保险股份有限公司××分公司0016868号保险单副本(复印件)，以此证明与××号车签订了机动车辆第三者责任险。

被告××公路建设管理局答辩称：①本案事故是因交通肇事造成的，应按事故发生的原因，因果关系来确定责任的承担，责任认定书中对造成交通事故的主、次责任是清楚的，我管理局不是造成原告人身损害的责任人，原告方的伤亡与我管理局没有任何因果关系；②原告申请追加我管理局为被告的理由是不成立的，我方在7点15分接到报案后，7点40分赶到现场，及时出现场，并采取了相应的措施；③原告请求被告间承担连带责任是没有法律依据的，我方在此案中不应承担任何责任。被告××公路建设管理局为支持自己的辩解，向法庭提交了以下证据材料：高速公路路政巡逻检查登记表，巡逻电话单，××路政大队工作人员向××号货车驾驶人王××的询问笔录，路政大队"11·15"××高速公路××纵向桥段重大交通事故调查终结报告，证人李×、曹××作证。

被告马××答辩称：我不在现场，不了解情况，我丈夫已死，我无法承担责任。

(2) 训练目的

①根据本案提供的事实和证据材料，分别对当事人的证据材料进行整理归

类，制作证据材料清单。

②对当事人所提供证据的证明能力进行分析，能初步判断其对相关事实的证明力。

③能初步分析对方证据所存在的缺陷，并能有效地提出具有针对性的意见。

(3) 训练提示

无论作为原告方还是被告方，一是着重分析己方所提供的证据能否支持己方的主张以及可能存在的缺陷；二是对对方所提供的证据着重关注存在问题的证据，以及提出异议的理由。

【考核标准】

1. 考核等级：民事诉讼能力训练考核分为两个等级，即合格和不合格。每个子项目考核达到85分以上的为合格，不满85分的为不合格。

2. 考核方式：采取边训练、边操作、边考核的动态考核方式。其中实际操作技能考核占80%，职业态度方面的考核占20%。根据训练情况，对学生是否达到能力培养要求，采取学生互评、指导教师考评的方式确定考核等级。

3. 考核内容：

n5：民事诉讼·举证质证能力项目考核表

<table>
<tr><td>学生姓名</td><td></td><td>区队</td><td></td><td>学号</td><td></td><td>日期</td><td></td></tr>
<tr><td>序号</td><td colspan="3">测试内容及要求</td><td>分值</td><td>作业文本</td><td>得分</td><td>指导教师</td></tr>
<tr><td>1</td><td colspan="3">对己方的证据材料内容清晰</td><td>10</td><td rowspan="3">1.证据材料
2.证据材料清单</td><td></td><td></td></tr>
<tr><td>2</td><td colspan="3">对己方证据所要证明的事实把握准确</td><td>20</td><td></td><td></td></tr>
<tr><td>3</td><td colspan="3">对己方证据及所证明事实的陈述清楚</td><td>10</td><td></td><td></td></tr>
<tr><td>4</td><td colspan="3">对对方的证据能从形式和内容上进行准确评判</td><td>20</td><td rowspan="2">3.证据分析意见
4.发问提纲</td><td></td><td></td></tr>
<tr><td>5</td><td colspan="3">对对方证据提出的反驳意见清晰、抓住要点，对对方当事人的发问有针对性</td><td>20</td><td></td><td></td></tr>
<tr><td>6</td><td colspan="3">语言表达清楚、思路清晰、认真细致、仪表仪态庄重</td><td>10</td><td></td><td></td><td></td></tr>
<tr><td>7</td><td colspan="3">学习态度严谨、认真、负责、守纪</td><td>10</td><td></td><td></td><td></td></tr>
<tr><td colspan="4">合　计</td><td>100</td><td></td><td></td><td></td></tr>
</table>

训练项目六

如何提起上诉

【训练目的】

通过训练，能够针对一审判决所认定的事实理由及法律适用，归纳出上诉的诉讼请求及事实理由，整理证据材料，编写上诉状，到法院办理上诉手续等诉讼事务。

【训练条件】

1. 场所条件：校内实训室、校外实训基地。

2. 师资配备：专任教师和兼职教师各1名。

3. 辅助资料：实训案例材料、相关证据材料、上诉状参考文本、证据材料清单参考文本、装订工具、教学影视资料等。

4. 组织方式：分组实施，每组3～4名。

【训练引例】

××市××区人民法院

民事判决书

(2007)×民初字第354号

原告：王大，男，1952年10月25日出生，汉族，住浙江省杭州市××区×号。

原告：王二，男，1958年12月30日出生，汉族，住浙江省宁波市××区××镇×号。

被告：王三，女，1967年2月16日出生，汉族，住浙江省杭州市××区×号。

原告王大、王二与被告王三遗产纠纷继承一案，于2007年3月14日向本院起诉，本院受理后，依法由审判员吴××、陪审员赵××、陪审员林××独任审判，于2007年4月25日公开开庭进行了审理。原告和被告到庭参加诉讼。本案现已审理终结。

原告王大、王二诉称，两原告与被告是同胞兄妹。母亲早逝，三兄妹由父亲抚养成人。由于被告在家中排行最小，又是唯一的女孩子，从小就深受父亲及两原告的宠爱。原告王大务农，一直和父亲生活在同一个村里，但不在一起居住。原告王二大学毕业后在宁波××公司上班，在宁波成家立业。被告王三务农，与同村一男青年成婚后一直住在本村。2005年3月父亲因病去世，留有住房一处，共两间。由于当时被告家刚建好，房子正要装修，经与两原告协商全家搬至父亲遗留的房产暂住。2006年5月装修完毕，两原告多次找到被告要求退出父亲遗留房屋，均遭到被告反对。根据当地风俗，出嫁的女儿没有遗产继承权，现请求依法判处两间住房分别归两原告继承。两原告提供同村人证言两份，分别证明房子为父亲生前所有及两原告与被告的兄妹关系；提供父亲的死亡证明一份；提供催促被告腾房时被告承认房屋为父亲所有的录音证据一份；提供被告房子装修合同复印件一份，证明房子已经装修完毕。

被告辩称，被告与两原告是兄妹关系，但他们父亲生前所住房子为被告出钱建造的，只是建房时被告已经出嫁，按当时村里规定不能享受集体土地上的宅基地使用权，故宅基地以父亲名义通过审批，并由被告出钱建房。故此房子不是遗产，两原告没有遗产继承权，请求法院依法驳回原告诉讼请求。被告提供丈夫证言一份，证明房子由自己出资建造。

经审理本院认定，原告与被告系同胞兄妹。2005年3月父亲死亡后遗留有房屋两间，由被告及家人居住至今。房子为父亲生前所有。

本院据以认定上述事实采信的证据有：原告提供的证人证言、催促被告腾房的录音资料、装修合同及当事人庭审陈述。被告提供的证人证言因证人与被告是夫妻关系，且该证据没有其他证据加以佐证，并与原告的录音证据相矛盾，本院不予采信。

本院认为，继承权男女平等。原告与被告系同胞兄妹，享有同等的法定继承权。被告独占父亲遗留房屋拒不退出的行为，侵犯了两原告的继承权。根据《中华人民共和国继承法》第十三条之规定，判决如下：

一、房屋两间分别归两原告所有，其中，原告王大继承东边间，原告王二继承西边间；

二、两原告分别支付被告人民币30000元；

案件受理费××元，其他诉讼费用××元，合计人民币××元，由被告王三负担。

如不服本判决，可在判决书送达之日起十五日内，向本院递交上诉状，并按对方当事人的人数提出副本,上诉于××省××市中级人民法院。

审判员　吴××
陪审员　赵××
陪审员　林××
二〇〇七年四月十一日
书记员　林××

王大不服一审判决,欲提起上诉,认为自己尽赡养义务较多,要求由王二给付40000元,其本人给付20000元。并提供了如下新的证据材料:

(1) 邻居关于自己在父亲生前尽了主要赡养义务的证言;

(2) 王二常年工作于宁波市某企业的单位证明;

(3) 王二位于宁波市的房产证复印件。

【训练路径】

任务一:接待咨询,了解当事人及案件的基本情况

步骤1:了解案件的基本情况

1. 根据当事人的不同类型,应当了解清楚的基本情况主要分为两类。

一是当事人为自然人的,了解的基本情况包括当事人的姓名、性别、年龄、民族、工作单位、通信地址、联系方式、身份证号等;如果是外国公民还应注明国籍、护照类型及证号。

结合引例提供的案件信息,对当事人基本情况的了解,既包括两原告,也包括被告,且应全面、具体、明确,这对确定二审当事人具有重要意义。

二是当事人为法人或其他组织的,了解的基本情况包括名称、住所地,法定代表人或负责人的姓名、职务,通信地址、联系方式等。

2. 了解案件基本事实情况。

结合一审判决认定的案件事实、当事人提供的证据材料和有关法律规定,分析对当事人在一审中已经提出的诉讼请求,原审法院是否进行审理及判决;事实认定、诉讼时效认定和适用法律法规等方面是否正确;上诉的提起是否在法定期间内。

结合引例提供的案件信息，了解案件情况的一般思路：通过对王大不服一审判决的理由陈述、相关证据材料分析，对王大提供的邻居证言、单位证明、房产证复印件进行仔细研读，然后对继承中的主要问题向王大进行询问，明确案件事实情况、争议焦点、证据所要证明的事实，并对王大陈述的事实和所提供的证据进行有利与不利的分析判断。

【注意事项】

对事实方面，一定要问清是否有相关证据，诸如书证、物证、证人等情况，并初步审查这些证据的证据效力和证明力。

步骤2：整理上诉的事实与理由，明确诉讼请求

1. 归纳上诉的理由。

上诉的事实与理由一般包括第一审判决认定的事实是否清楚、适用法律是否正确、程序是否合法、是否存在未审理和判决的诉讼请求、审判人员有无徇私舞弊行为等。

结合引例提供的案件信息，一审法院在处理王大、王二、王三三者之间的遗产纠纷案件中，对案件事实的查明存在一定的疏漏。即只查明了三者均享有继承权的事实，而没有查明三者在被继承人生前的赡养义务的履行情况，并结合《继承法》的相关规定予以划定继承权的范围，导致上诉人王大不服并提起上诉。故此，本案的上诉理由是原判事实未查清、适用法律不当。

2. 确定上诉请求。

上诉请求主要是针对一审判决的错误内容及其错因，提请上一级人民法院撤销原判、发回重审或者予以改判(全部改判或部分改判)。

结合引例提供的案件信息，上诉人王大的上诉请求是依法改变原审判决，即重新确定自己和王二之间对于王三的补偿责任划分。

3. 确定被上诉人和诉讼参与人。

二审当事人及诉讼参与人如何确定，是上诉时必须考虑的问题。以《民事诉讼法》之规定，在共同诉讼中，上诉仅对共同诉讼人之间权利义务的分担有意见，不涉及对方当事人利益的，未上诉的同一方当事人为被上诉人，对方当事人依原审诉讼地位列明。

结合引例提供的案件信息，上诉人王大仅对自己与共同诉讼人王二的义务分

担有意见,而不涉及原审被告王三的利益。故此,本案的被上诉人是王二,王三的诉讼地位是原审被告。

【注意事项】

在民事诉讼中,有权提起上诉而成为上诉人的应当是一审判决中的实体权利与义务承受人,具体包括一审中的原告、被告、共同诉讼人、有独立请求权的第三人和承担实体义务的无独立请求权的第三人,也就是说,当事人是否享有上诉权取决于依据一审判决是否享有实体权利或者承担实体义务。此外还需要注意两个问题的处理。

(1) 上诉人都上诉问题的处理。根据《最高人民法院关于适用〈中华人民共和国民事诉讼法〉若干问题的意见》第一百七十六条的规定,双方当事人和第三人都上诉的,均为上诉人。二审程序不同于一审程序,由于一审程序审理的是双方当事人之间的实体权利与义务争议,因此必须有双方当事人;而二审程序审理的是当事人对一审判决不服而提起上诉的内容,因此,二审程序中既可以存在双方当事人,即上诉人与被上诉人,也可以只有上诉人一方当事人,而没有被上诉人。

(2) 必要共同诉讼中部分共同诉讼人上诉问题的处理。在必要共同诉讼中,法院作出一审判决后,经常会出现必要共同诉讼人中只有一人或者部分人提出上诉。《最高人民法院关于适用〈中华人民共和国民事诉讼法〉若干问题的意见》第一百七十七条对这类情况作出了明确的规定,即必要共同诉讼人中的一人或者部分人提出上诉的,按照下列情况处理。

第一,该上诉是对与对方当事人之间权利与义务分担有意见,不涉及其他共同诉讼人利益的,对方当事人为被上诉人,未上诉的同一方当事人依原审诉讼地位列明。

第二,该上诉仅对共同诉讼人之间权利与义务分担有意见,不涉及对方当事人利益的,未上诉的同一方当事人为被上诉人,对方当事人依原审诉讼地位列明。

第三,该上诉对双方当事人之间以及共同诉讼人之间权利与义务分担有意见的,未提出上诉的其他当事人均为被上诉人。

步骤3:了解与案件有关的法律规定,审核上诉是否在法定期间内

根据相关法律规定,审查是否超过上诉期间,无正当理由超过上诉期间将丧失上诉权。审查的内容包括:是否超过上诉期间,有无期间耽误的事由,以及是否

提起了期间恢复的申请。根据《民事诉讼法》第六十七条的规定,当事人因不可抗拒的事由或者其他正当理由耽误期限的,在障碍消除后的十日内,可以申请顺延期限,是否准许,由人民法院决定。

结合王大所提供的事实情况,本案并未超过15天的上诉期,故可以提起上诉。

任务二:整理证据材料,编制民事证据清单,制作上诉状

步骤1:熟悉原审相关证据材料,确定、收集新证据

熟悉原审相关证据材料。在整体了解原审诉讼材料的基础上,重点熟悉与上诉请求相关的证据材料,同时提出新证据。《最高人民法院关于民事诉讼证据的若干规定》第四十一条第二项规定,二审程序中的新证据包括:一审庭审结束后新发现的证据;当事人在一审举证期限届满前申请人民法院调查取证未获准许,二审法院经审查认为应当准许并依当事人申请调取的证据。司法解释对上诉人提供新证据作了严格的限制,改变了当事人随时提出新证据的做法,因此实践中应准确分析判断。同时,对于二审中新证据的界定,理论界与实务界进行了积极探索,一般认为,一审庭审结束后新发现的证据包括:一是在一审中虽已客观存在,但未被当事人知悉、掌握的证据;二是当事人知道证据的存在,且有条件取得,因不了解其证据价值而未在一审中提出的证据,但法院已经予以释明的除外;三是当事人知道证据的存在,但在一审中因客观原因未能取得的证据;四是二审中新出现的诉讼主张需要提供的证据。

结合引例提供的案件信息,审查与整理证据主要包括:

(1) 证言的来源和内容(如邻居陈述的内容及来源),所要证明的事实(证言证明的是王大对老人尽了主要赡养义务的事实);

(2) 王二单位证明的来源和内容,所要证明的事实(所要证明的是王二在宁波上班的事实,来间接证明王二不经常在杭州的事实);

(3) 王二房产证复印件的来源和内容,所要证明的事实(所要证明的是王二在宁波有房产的事实,来间接证明王二经常居住在宁波而不经常在杭州的事实)。

上述三个证据均为一审结束后新发现的证据,即当事人因在一审中不了解证据价值而未提供的证据。

步骤 2:编制民事证据清单

在审查收集和整理证据的同时,对证据进行编号,编制证据清单,及是否是原件或复印件,并说明要证明的事实。

如有证人需要出庭作证,应编制证人名单,并说明拟证明的事实,在法律规定的时间内将证人名单递交人民法院。每一证人应附上相关材料,包括证人的姓名、年龄、性别、文化程度、职业、工作单位、详细地址、证明事项、证明目的、联系电话等。

结合引例提供的情况,证据清单(参考)可以表示如下:

编号	证据名称	证据来源	份数	是否原件	证明对象
1	证人证言	上诉人提供	1	原件	王大对老人尽了主要赡养义务
2	单位证明	上诉人提供	1	原件	王二在宁波一家单位上班
3	房产证	上诉人提供	2	复印件	王二在宁波居住

案由:继承纠纷　　　　提交人(签名):王大　　　　提交日期:2007 年 4 月×日

步骤 3:按照上诉状的要求制作民事上诉状

上诉状的主要内容包括当事人的基本情况、原审人民法院名称、案件的编号和案由、上诉的请求和理由。

上诉请求应当合法、简明、具体。说明上诉请求时,应逐条撰写,且不宜同时夹杂上诉理由。

上诉理由是民事上诉状的核心和关键部分。写上诉理由,应当就原审裁判的主要错误及其“错因”进行分析论证。一般写法是,概括原判错误而后批驳。如果认为原判有两个以上的错误,可以分别采用“先总括后分驳”或者“先分驳后总括”两种方法。上诉理由应当鲜明、准确。具体理由,因案而异,但一般不外乎四种情况:

(1) 认为原审裁判认定事实不清(包括与案情实际有出入、证据不实或不足);

(2) 认为原审裁判适用法律不当(包括误解或曲解法律);

(3) 认为原审裁判违反法定诉讼程序(包括未按规定交给上诉人起诉状副本,未进行调解或未进行法庭辩论、质证等);

(4) 认为原审法院裁判不公(这是上诉的根本理由)。

【注意事项】

论证上诉理由,需要根据上述不同情况,提出明确论点,然后从事实、证据、法律、政策等方面予以批驳，而且力求论述要有新内容，不可完全重复一审诉状中的言辞；上诉理由多条的，建议逐条撰写。

参考格式 6–1：

民事上诉状

（公民用民事上诉状格式）

上诉人（写明基本情况）：
被上诉人（写明基本情况）：
上诉请求：

上诉理由：

证据和证据来源，证人姓名和住址

此致
××××人民法院

上诉人：
年　月　日

附：本状副本×份
证据材料×份
证人名单×份

参考格式 6–2：

民事上诉状

（法人或其他组织用民事上诉状格式）

上诉人名称：
所在地址：

法定代表人姓名: 职务: 电话:
企业性质: 工商登记号:
经营范围和方式:
开户银行: 账号:
被上诉人名称:
所在地址: 电话:
法定代表人姓名: 职务: 电话:
上诉请求:

上诉理由:

证据和证据来源,证人姓名和住址

此致
××××人民法院

上诉人:
年 月 日

附:本状副本×份
证据材料×份
证人名单×份

结合引例提供的情况,民事上诉状(参考)如下:

民事上诉状

上诉人(原审原告):王大,男,1952年10月25日出生,汉族,住杭州市××区×号。

被上诉人(原审原告):王二,男,1958年12月30日出生,汉族,住宁波市××区××镇×号。

原审被告:王三,女,1967年2月16日出生,汉族,住杭州市××区×号。

上诉人因法定继承纠纷一案,不服××市××区人民法院(2007)×民初字第354号判决书,现提出上诉。

上诉请求:

1. 撤销××市××区人民法院(2007)×民初字第354号判决;

2. 改判王大给付王三20000元,王二给付王三40000元;

3. 上诉费用由被上诉人负担。

上诉理由:

原判决认定事实不清。原判决在认定事实时忽略了上诉人和被上诉人的遗产继承份额划分的事实依据部分,即法院未对上诉人和被上诉人在赡养被继承人所付出的义务事实方面作出认定,便作出了同等份额继承权的判决。

原判决适用法律错误。被上诉人王二长期在宁波工作并生活(附证据2、3),对被继承人没有尽到应尽的赡养义务,而上诉人则常年生活在被继承人身边,对被继承人尽了主要的赡养义务(附证据1),原判决没有根据《继承法》的相关规定在上诉人与被上诉人之间进行合理地分配,故请求法院依法改判。

综上所诉,依据《民事诉讼法》第一百四十七条之规定,提出上诉,请予改判,是为公允。

此致

××市中级人民法院

上诉人(签名):王大

2007年4月20日

附:本诉状副本2份。

证据材料3份:

(1) 证人证言1份;

(2) 单位证明原件1份;

(3) 房产证复印件1份。

任务三:办理上诉手续

步骤1:递交上诉材料

当事人提起上诉时,上诉状应直接交原审法院,即使交给原审法院的上一级法院的,第二审人民法院也会在五日内将上诉状移交原审人民法院。

上诉时需要提交如下材料:(1)上诉状正本及副本(副本按对方当事人的人数提交);(2)上诉人是个人的,需提交身份证复印件;是单位的需提交法定代表人身份证明书、营业执照副本;(3)诉讼文书送达地址确认书;(4)需委托诉讼代理人的,应提交授权委托书。

步骤2:交纳上诉费

上诉人或其代理人应在上诉期内按照《上诉须知》的规定交纳上诉费。交费后将交费凭证复印件提交法院。当事人确有经济困难需要申请缓交、减交、免交上诉费的,应在提交上诉状的同时向原审法院或直接向第二审法院立案窗口提出书面申请,申请书须附相关证据并注明联系电话。

步骤3:关注人民法院立案受理情况

法院立案庭受理案件后,将案件移送民庭,由民庭进行审理。民庭受案后,会通知上诉人及其代理人到庭参诉。

【训练实例】

1. 实例一

(1) 案情简介

××市××区人民法院

民事判决书

(摘录)

(2007)×民初字第××号

原告:刘××,男,1961年2月3日出生,汉族,住××市××区××街道××号。

委托代理人(特别授权):蒋××,浙江××律师事务所律师。

被告:孙××,男,1972年1月12日出生,汉族,住××市××区××街道××号。

原告刘××为与被告孙××民间借贷纠纷一案,于2007年3月14日向本院起诉,本院受理后,依法由审判员吴××独任审判,于2007年4月25日公开开庭进行审理,并当庭宣告判决。原告委托代理人和被告到庭参加诉讼。本案现已审理终结。

经审理本院认定:原、被告系同村村民。被告以做生意需要资金为由,分别于2006年2月10日、同年5月2日、同年6月5日、同年6月7日四次向原告借款20000元、150000元、200000元、80000元,前三笔借款由被告出具借条三份,其中一笔200000元借款约定还款时间为2007年5月1日,最后一笔借款80000元被告未出具借条。后被告承诺支付上述借款利息20000元。2006年12月28日,原告向被告催讨,原告对双方的谈话进行了录音,在此次谈话中,被告认可有100000元款项未向原告出具借条。现被告未偿付原告借款本息。

本院采信并据以认定上述事实的证据有原告提供的借条三份、录音资料、被告户籍证明及当事人庭审陈述。被告提出录音证据被篡改且未有相应证据佐证,此证据本院不予采信。

本院认为:被告向原告借款共计450000元,并承诺支付20000元的借款利息,事实清楚,证据充分。被告上述借款当中有250000元双方未约定还款期限,原告随时有权要求被告归还。经原告催讨后,被告未能归还原告借款,被告之行为已表明其亦不能履行在2007年5月1日到期的200000元借款的还款义务,故原告要求解除该200000元的借款合同,要求被告一并归还借款450000元的诉请,本院应予支持,被告并应按其承诺支付借款利息20000元。原告要求从起诉之日起和从2007年5月2日起按人民银行的逾期贷款利率分别计算250000元借款和200000元借款的利息,本院认为,双方对具体的借款利息未作明确约定,该部分利息应按照中国人民银行规定的同类同期贷款基准利率计算。被告主张上述借款是用于赌博和放高利贷,但被告未能向法庭举证证明,故对被告该主张,本院不予采信。综上,对原告诉请的合理部分,本院予以支持。依照《中华人民共和国合同法》第二百零六条、第九十四条和《最高人民法院关于人民法院审理借贷案件的若干意见》第九条的规定,判决如下:

一、被告孙××于本判决生效后三十日内一次性归还原告刘××借款本金450000元并支付利息(2007年3月14日前的利息为20000元,从2007年3月14日起以本金250000元、从2007年5月2日起以本金200000元,按照中国人民银

行规定的同类同期贷款基准利率计算利息);

如果未按本判决指定的期间履行给付金钱义务,应当依照《中华人民共和国民事诉讼法》第二百三十二条之规定,加倍支付迟延履行期间的债务利息。

二、驳回原告刘××的其他诉讼请求。

案件受理费9560元,其他诉讼费用400元,合计人民币9960元,由原告刘××负担460元,被告孙××负担9500元。

如不服本判决,可在判决书送达之日起十五日内,向本院递交上诉状,并按对方当事人的人数提交副本,上诉于××省××市中级人民法院。

审判员　吴××

二〇〇七年四月十一日

书记员　林××

对此判决,被告认为,法院认定的案件事实中,最后一笔80000元借款只有录音资料一份证据证明,而录音资料是经过原告恶意篡改的,对此,法院并未组织鉴定就确认了证据的证明力,一审法院据以认定案件的证据不确实、不充分,据此拟提起上诉。

(2) 训练目的

能够根据案情的基本情况,归纳整理案件争议的焦点,会确定具体的上诉请求,能制作民事上诉状和民事证据目录,会办理有关上诉的诉讼事项。

(3) 训练提示

分析借贷纠纷中的关键性证据,孙××上诉的理由、主体资格是否符合上诉条件,上诉期间是否在法定期间内。

2. 实例二

(1) 案情简介

××市××区人民法院

民事判决书

(摘录)

(2010)×民初字第××号

原告:张××,男,1974年出生,汉族,务农,住××市××区××村十组。

委托代理人:段××,××律师事务所律师。

被告:王××,男,1958年出生,汉族,务农,住××市××区××村十组。

委托代理人:刘××,××律师事务所律师。

原告张××与被告王××合伙纠纷一案,本院受理后,由简易程序转入普通程序,依法组成合议庭,公开开庭进行了审理,原告张××及其委托代理人段××、被告王××及其委托代理人刘××均到庭参加诉讼,本案现已审理终结。

原告提供证据:证言一份,证明搬口派出所给原、被告双方调解过,被告承认有9020元与原告并没有分割清楚,原、被告之间存在合伙关系。被告对该证据无异议,这9020元被别人冒领了。

调查笔录一份,被告无异议,原告没有异议,只是认为,第二次钱被别人冒领,原告并不在场。

被告无证据。

根据上述证据及庭审笔录和当事人的陈述可以认定以下事实:2009年12月3日,原、被告二人开始合伙做收购大豆生意,生意总共做了两次,第一次生意款二人已算清,第二次原、被告共同出资收购大豆后,将豆子卖给了搬口街上的商户,该商户没有及时付款,打了一张欠条,内容是欠被告儿子张洪光9020元,被告王××的妻子拿该欠条领款时,说欠款被别人冒领了,欠条也被收回去了。

本院认为,原、被告二人为合伙关系,法律关系明确,合伙期间做生意的事实清楚,双方均没有什么争议,只是二人在做生意后,对应得的9020元货款被告以别人冒领,该不该分给原告一半有争议。由于该笔货款由被告拿着欠条,欠条被收回去后,钱是否被别人冒领,原告并没有过错,原告应分得的4510元,应由被告承担。被告拿着欠条,现在欠条没有了,被告就有义务清理合伙债权,清偿合伙利益。原告的诉讼请求予以支持。根据《中华人民共和国民法通则》第三十二条、第一百零六条第一款之规定判决如下:

被告王××于本判决生效后十日内偿还原告欠款4510元及利息(自2010年元月19日至还款之日止按银行同期贷款利率计算),逾期不履行的,按照《中华人民共和国民事诉讼法》第二百二十九条的规定,加倍支付迟延履行期间的债务利息。

案件受理费50元,由被告承担。

如不服本判决,可在判决书送达之日起十五日内向本院递交上诉状,并按对方当事人的人数提出副本,上诉于××省××市中级人民法院。

审判长 李××

审判员 王××

审判员　杨××

二〇一〇年七月一日

书记员　邓××

对此判决,被告认为,法院据以判决的理由不成立。欠条被别人冒领,并被债务人收回,导致合伙利益遭受损失,作为合伙人,原告和被告承担着同样的风险,享有同等的利益。故此,对此损失应由双方分担,而不应由被告一方负担。在接到判决书后,被告不服,拟提起上诉。

(2) 训练目的

能够根据案情的基本情况,归纳整理案件争议的事实焦点,会确定具体的上诉讼请求,能制作民事上诉状和民事证据目录,会办理有关上诉的诉讼事项。

(3) 训练提示

分析合伙关系中各方的权利义务、合伙纠纷中的关键性证据、主体资格是否符合起诉条件、上诉的理由是否正确,确定受理法院。

3. 实例三

(1) 案情简介

××县人民法院

民事判决书

(摘录)

(2010)×民初字第××号

原告:李××,女,1983年3月6日生,汉族。

被告:陆××,男,1981年10月22日生,汉族。

原告李××与被告陆××离婚纠纷一案,本院受理后,依法组成合议庭,公开开庭进行了审理。原告李××到庭参加诉讼,被告陆××经本院合法传唤无正当理由拒不到庭参加诉讼。本案现已审理终结。

被告陆××未到庭参加诉讼,亦未答辩。

经审理查明,原、被告于农历2008年正月16日按农村习俗举行婚礼,于2008年2月28日办理结婚登记手续。原、被告于农历2008年11月9日生育女儿陆晴晴(陆珍惜),现随原告生活。原告现无个人财产在被告处。原、被告的共同财产现在原告处的有:煤气灶1套、落地扇1台、电暖扇1台。被告的个人财产现在原告处的有：电动车1辆、洗衣机1台、电视机1台、被子4条。

另查明，现被告下落不明。

上述事实，有当事人所举书证、调查笔录、庭审笔录在卷为证。

本院认为，原、被告夫妻感情尚未彻底破裂，对原告要求与被告离婚的诉讼请求，本院不予支持。依据《中华人民共和国婚姻法》第三十二条和《中华人民共和国民事诉讼法》第一百三十条之规定，判决如下：

不准予原告李××与被告陆××离婚。

案件受理费300元，由原告李××负担。

如不服本判决，可在判决书送达之日起十五日内向本院递交上诉状，并按对方当事人的人数提出副本，上诉于××省××市中级人民法院。

审判长　李××

审判员　孟××

审判员　李××

二〇一〇年六月二十九日

书记员　付××

对此判决，原告认为，法院据以定案的事实不符合客观真实。被告自和原告登记结婚以来，只和原告共同生活了一个月就经常夜不归宿，之后又下落不明，未尽到配偶应尽的义务，且导致原、被告感情日渐淡薄直至破裂；女儿出生后被告也基本未加照顾，未尽到父亲应尽的义务。对此，可以认定原、被告双方感情彻底破裂，应判决准予离婚。为此，原告不服一审判决，拟提起上诉。

(2) 训练目的

能够根据案情的基本情况，归纳整理案件争议的事实焦点，会确定具体的上诉请求，能制作民事上诉状和民事证据目录，会办理有关上诉的诉讼事项。

(3) 训练提示

分析离婚案件的相关法律规定，当事人下落不明时离婚案件如何审理；离婚案件的重新起诉的相关法律规定，以及确定受理法院。

【考核标准】

1. 考核等级：民事诉讼能力训练考核分为两个等级，即合格和不合格。每个子项目考核达到85分以上的为合格，不满85分的为不合格。

2. 考核方式：采取边训练、边操作、边考核的动态考核方式。其中实际操作技能考核占80%，职业态度方面的考核占20%。根据训练情况，对学生是否达到能力培养要求，采取学生互评、指导教师考评的方式确定考核等级。

3. 考核内容：

n6：民事诉讼·上诉能力项目考核表

学生姓名		区队		学号		日期	
序号	测试内容及要求			分值	作业文本	得分	指导教师
1	向当事人询问的案件事实全面、准确(5分) 询问笔录完整，关键事实记录清晰(10分) 对案件当事人和上诉期间的把握明确(5分)			20	1.询问笔录		
2	对证据所要证明的对象把握准确(5分) 对新证据的把握准确(5分)			10	2.证据分析意见		
3	制作的上诉状符合形式要求，陈述事实清楚，上诉请求明确(20分) 行文通顺、流畅(10分)			30	3.民事上诉状		
4	整理的证据材料、编号、编制的证据清单准确(15分) 需提交法院的材料完整、齐全、准确(5分)			20	4.证据清单 5.提交材料目录及资料		
5	语言表达清楚、思路清晰、认真细致、仪表仪态庄重			10			
6	学习态度严谨、认真、负责、守纪			10			
合　计				100			

训练项目七

如何申请再审①

【训练目的】

通过训练，能够初步判断已生效裁判是否确有错误，并能初步审查是否符合申请再审的条件；能够针对已生效裁判的错误归纳整理申请再审的事实与理由，以及梳理相关证据材料；会办理申请再审的相关手续。

【训练条件】

1. 场所条件：校内实训室、校外实训基地。

2. 师资配备：专任教师和兼职教师各1名。

3. 辅助资料：实训案例材料、相关证据材料、再审申请书参考文本、装订工具、教学影视资料等。

4. 组织方式：分组实施，每组3～4名。

【训练引例】

申请再审人(原审被告)：王忠全，男，1962年4月10日出生，汉族，A市B区××镇桥南村村民，住该村48号。

被申请人(原审原告)：聂小华，男，1964年5月8日出生，汉族，A市B区××镇桥南村村民，住该村14社。

被申请人(原审被告)：赵士伦，男，1970年10月23日出生，汉族，A市B区红卫煤矿下岗职工，住桥南村14社。

---

①此处申请再审仅指当事人诉权——再审申请权的行使，不包括当事人向法院或检察院通过申诉所引起的再审程序。

被告:管英群,女,1968年2月20日出生,汉族,A市B区××镇桥南村村民,住该村14社。

申请再审人王忠全与被申请人赵士伦、聂小华人身损害赔偿纠纷一案,B区人民法院于2006年3月22日作出(2006)沙民初字第75号民事判决。该判决送达后,王忠全未提出上诉。

原审审理查明,管英群原有平房三间,约100余平方米,系管英群与前夫刘东海共同修建。2001年9月4日,经B区法院(2001)沙民初字第611号民事调解书确认,管英群与刘东海离婚,该房屋归管英群所有。2005年3月9日,管英群与赵士伦经A市B区民政局登记结婚,双方曾商议在该房屋的基础上进行加层,改建为一楼一底,但至今未向有关行政职能管理部门申请办理相关手续。

2005年10月13日,经赵士伦出面与王忠全协商后约定,将该房屋的改建工程发包给王忠全承建,并由赵士伦与王忠全签订建房协议一份,该协议第一条、第三条、第五条、第七条载明:安全方面由王忠全负责;王忠全在原有平房上加层,价款为每平方米50元;施工所需的工具由王忠全提供;工程完工后由赵士伦、管英群验收合格付款。

协议签订后,王忠全即组织人员进场施工。同年10月24日,王忠全雇请聂小华为其做工。次日,聂小华即到王忠全承建的施工现场做工,上午10时许,聂小华在房顶二楼处抬预制板放好后,下楼走跳板时跳板断裂,从3米余高的楼上摔下受伤。

经A市第四人民医院诊断为:特重型颅脑损伤及多处挫裂伤。伤后住院治疗,从2005年10月25日起至同年11月11日止,产生医疗费57882.12元。治疗期间王忠全曾向聂小华支付医疗费16900元,赵士伦曾向聂小华支付7000元。同年11月14日,聂小华向本院提起诉讼,要求王忠全、赵士伦赔偿已产生的医疗费57882.12元,并要求王忠全、赵士伦承担连带赔偿责任。

另查明,王忠全不具备施工资质,且在施工过程中未采取必要的安全措施。

上述事实,有赵士伦与王忠全签订的房屋承包修建协议、A市第四人民医院病历、聂小华的住院治疗费用清单、医药费收据、图片资料、(2001)沙民初字第611号民事调解书、管英群与赵士伦的结婚登记证书等书证以及诉讼当事人的陈述在案证实。

原审认为,聂小华系王忠全的雇用人员,在为赵士伦修建房屋过程中受伤,王忠全不具备施工资质而进行施工,对人身伤害的发生具有过错,应承担民事赔偿责任；赵士伦明知王忠全没有施工资质而将工程发包给王忠全，对造成聂小华的人身伤害亦有过错，也应承担民事赔偿责任。遂作出判决：聂小华受伤后从2005年10月25日起至同年11月11日止所产生的医疗费33982.12元（已扣除王忠全、赵士伦已支付的医疗费23900元），由王忠全赔偿聂小华；赵士伦承担连带赔偿责任。

2006年8月7日王忠全以该判决漏列诉讼主体等事实为由，向法院申请再审。

【训练路径】

任务一：分析审查判断是否符合申请再审的条件

步骤1：审查申请人是否符合申请再审的主体资格

申请再审人是生效裁判文书列明的当事人，或者符合法律和司法解释规定的案外人。

结合引例提供的案件信息，根据《民事诉讼法》和司法解释的规定，原审当事人和法定代理人可以提起再审申请，为此本案中的原审当事人王忠全具有申请再审的主体资格。

步骤2：审查是否属于允许申请再审的裁判文书

申请再审的对象只能是已经发生法律效力的民事判决、裁定或调解协议。已经生效的民事判决、裁定包括：地方各级人民法院作为第一审人民法院作出的可以上诉，而当事人未上诉的判决、裁定；第二审人民法院的判决、裁定；最高人民法院的判决、裁定。

根据《民事诉讼法》第八十九条第三款规定，调解书经双方当事人签收后，就具有法律效力，其效力与判决相同。调解书送达后具有强制执行的效力，如发现确有错误，符合再审条件的，当事人可以申请再审。

结合引例提供的案件信息，当事人提出再审所针对的民事判决已经发生法律效力。

步骤3:审查是否在申请再审的法定期限内

1. 当事人申请再审,应当在判决、裁定发生法律效力后两年内提出。

2. 两年后据以作出原判决、裁定的法律文书被撤销或者变更,以及发现审判人员在审理该案件时有贪污受贿、徇私舞弊、枉法裁判行为的,自知道或者应当知道之日起三个月内提出。

结合引例提供的案件信息,申请人提出再审申请需在规定的期限内。

步骤4:审查是否属于再审的法定事由

主要审查已生效裁判是否存在我国《民事诉讼法》第一百七十九条规定的当事人能够申请再审的法定事由之一。即:(1)有新的证据,足以推翻原判决、裁定的;(2)原判决、裁定认定的基本事实缺乏证据证明的;(3)原判决、裁定认定事实的主要证据是伪造的;(4)原判决、裁定认定事实的主要证据未经质证的;(5)对审理案件需要的证据,当事人因客观原因不能自行收集,书面申请人民法院调查收集,人民法院未调查收集的;(6)原判决、裁定适用法律确有错误的;(7)违反法律规定,管辖错误的;(8)审判组织的组成不合法或者依法应当回避的审判人员没有回避的;(9)无诉讼行为能力人未经法定代理人代为诉讼或者应当参加诉讼的当事人,因不能归责于本人或者其诉讼代理人的事由,未参加诉讼的;(10)违反法律规定,剥夺当事人辩论权利的;(11)未经传票传唤,缺席判决的;(12)原判决、裁定遗漏或者超出诉讼请求的;(13)据以作出原判决、裁定的法律文书被撤销或者变更的;(14)对违反法定程序可能影响案件正确判决、裁定的情形,或者审判人员在审理该案件时有贪污受贿、徇私舞弊、枉法裁判行为的。

【注意事项】

(1) "新的证据":根据《最高人民法院关于民事诉讼证据的若干规定》,再审程序中的"新的证据"是指原审庭审结束后新发现的证据。申请再审人以有新的证据证明原民事裁判认定的事实确有错误为由申请再审的, 应当在申请再审时提出。经审查,如果申请再审人在申请再审时提供的证据系其在原审中应当提供而且能够提供但不提供或者故意隐瞒证据直至申请再审时才提供的,不作为再审程序中的"新的证据"。

(2) 当事人对已经发生法律效力的调解书,只有提出证据证明调解违反自愿原则或者调解协议的内容违反法律的，方可申请再审。

(3) 申请再审有次数的限制。①申请再审人就同一民事案件向同一人民法院一般只能申请再审一次；②对经两级人民法院依照审判监督程序复查均驳回的民事案件，申请再审人再次申请再审的，人民法院不予受理；③对经作出生效裁判法院的上一级人民法院依照审判监督程序审理后维持原判的民事案件，申请再审人再次申请再审的，人民法院不予受理；④对最高人民法院再审裁判或者复查驳回的民事案件，申请再审人仍不服提出再审申请的，人民法院不予受理。

结合引例提供的案件信息，由于原审判决在诉讼主体认定上有错误，可能会导致赔偿责任承担的不公，故应属于再审的事由范围。

任务二：整理归纳申请再审的事实与理由，撰写再审申请书

步骤1：整理归纳申请再审的事实与理由以及再审诉讼请求

分析属于我国《民事诉讼法》第一百七十九条规定中的哪一种法定事由，有针对性地组织材料、收集与整理支持申请再审事由和再审诉讼请求的事实和理由，做到抓住关键、有的放矢。同时确定再审的诉讼请求事项。

【注意事项】

申请再审人对民事案件申请再审，是针对人民法院已经发生法律效力的判决、裁定、调解书认为有错误而提出的，故民事案件申请再审人提出再审请求不得超出原审诉讼请求。申请再审人在民事再审案件审理过程中不得变更、增加诉讼请求或者提出反诉(原审已反诉的除外)。

步骤2：撰写再审申请书

再审申请书应载明下列事项。

1. 申请再审人、被申请人及原审其他当事人的基本情况。当事人是自然人的，应列明姓名、性别、年龄、民族、职业、工作单位、住所及有效联系电话、邮寄地址；当事人是法人或者其他组织的，应列明名称、住所和法定代表人或者主要负责人的姓名、职务及有效联系电话、邮寄地址。

2. 原审法院名称,原判决、裁定、调解文书案号。

3. 具体的再审请求。

4. 申请再审的法定事由及具体事实、理由。

5. 受理再审申请的法院名称。

6. 申请再审人的签名或者盖章。

参考格式7-1:

民事再审申请书

申请人:(基本情况)

申请人________对______________人民法院________年____月____日(________)________字第________号________不服,申请再审。

请求事项:(写明申请人要求人民法院解决的具体问题)

事实和理由:(主要阐述申请人对原裁判认定的事实、适用的法律、法规不当之处,以及所作出的判决结果不公之处等)

此致

__________人民法院

附:原一、二审判决书复印件各一份,及________证据

申请人:

年　月　日

结合引例提供的情况,民事再审申请书(参考)如下:

民事再审申请书

申请再审人(原审被告):王忠全,男,1962年4月10日出生,汉族,A市B区××镇桥南村村民,住该村48号。

申请人王忠全对B区人民法院于2006年1月25日作出的(2006)沙民初字第75号民事判决不服,申请再审。

请求事项:撤销原审判决;追加管英群为被告,并判令管英群对聂小华(原审原告)的人身损害承担连带赔偿责任。

事实和理由：

一、原审判决认定事实有误，漏列承担赔偿责任的诉讼主体。2005年10月13日，赵士伦出面与申请人协商约定，将管英群所有的房屋改建工程发包给申请人承建，同时赵士伦与申请人签订建房协议一份，该协议第1条、第3条、第5条、第7条载明：安全方面由申请人负责；申请人在原有平房上加层，价款为每平方米50元；施工所需的工具由申请人提供；工程完工后由赵士伦、管英群验收合格付款。

管英群作为所修建房屋的房主，有依法对该房屋进行管理的义务。管英群与赵士伦结婚后，管英群与赵士伦共同商议对原所居住房屋进行改建，但管英群未按照规定办理建房手续。同时按照签订的建房协议规定："工程完工后由赵士伦、管英群验收合格付款。"可见，根据管英群与赵士伦是夫妻关系，以及管英群又是房主和修建房屋中行使权利义务主体的事实，管英群应是本案的当事人之一。

在该房改建过程中发生聂小华从楼上摔下受伤所产生的债务，发生在管英群与赵士伦夫妻关系存续期间，属夫妻共同债务，应由管英群与赵士伦夫妻双方共同承担。

二、建房协议签订后，赵士伦未按规定支付安全费、管理费等费用，安全事故的责任人应当是赵士伦，因此，聂小华在施工中受伤产生的费用应由赵士伦和管英群共同承担。

综上，申请人认为，根据本案的事实和我国有关法律规定，管英群理应作为本案被告参加诉讼，依法与赵士伦承担连带赔偿责任；原审法院未将管英群列为被告是错误的，因此所作出的判决也是不公正的。

为此，特向贵院申请再审，请求判决撤销B区人民法院于2006年1月25日作出的(2006)沙民初字第75号民事判决；判令管英群对聂小华(原审原告)的人身损害承担连带赔偿责任。

此致

A市中级人民法院

申请人：王忠全

2006年8月7日

附：原一审、二审判决书复印件各一份

步骤3:收集、整理申请再审时需要提交的其他相关材料

申请再审除应提交再审申请书外,还应当提交以下材料。

1. 有关身份证明材料。再审申请人是自然人的,应提交身份证明复印件;再审申请人是法人或其他组织的,应提交营业执照复印件和法定代表人或主要负责人身份证明书。委托他人代为申请的,应提交授权委托书和代理人身份证明。

2. 原生效裁判文书材料。申请再审应提交申请再审的生效法律文书原件,或者经核对无误的复印件;生效裁判系二审、再审裁判的,应同时提交一审、二审裁判文书原件,或者经核对无误的复印件。

3. 原审的有关证据材料。在原审诉讼过程中提交的主要证据复印件。

4. 新的证据材料。支持申请再审事由和再审诉讼请求的证据材料,以有新的证据申请再审的,应当提交新的证据一式两份,同时附有证据目录。

5. 证人名单。有证人出庭作证的,应提交证人名单等。

6. 需要人民法院调查取证的,应当附有证据线索。

【注意事项】

再审申请人提交再审申请书等材料应使用 A4 型纸, 并提交材料清单一式两份,同时可附申请再审材料的电子文本。

任务三:向法院提起再审申请

步骤1:向有管辖权的法院提起再审申请

根据 2009 年 4 月 27 日《最高人民法院关于受理审查民事申请再审案件的若干意见》第七条、第八条规定:受理再审申请的法院是作出生效裁判法院的上一级法院。①

---

①注意:《最高人民法院关于适用〈中华人民共和国民事诉讼法〉若干问题的意见》第二百零五条规定,当事人可以向原审人民法院申请再审,也可以向上一级人民法院申请再审。向上一级人民法院申请再审的,上级人民法院经审查认为符合《民事诉讼法》第一百七十九条规定条件的,可以指令下级人民法院再审,也可以提审。

步骤2:按照有关规定交纳诉讼费用

根据《人民法院诉讼收费办法补充规定》第五条的规定,下列民事再审案件当事人应当交纳诉讼费用。

1. 因当事人提供足以推翻原判决、裁定的新的证据而决定再审的案件。

2. 当事人对人民法院第一审判决或裁定未提出上诉,一审判决、裁定或调解书已发生法律效力后,当事人提出再审申请,人民法院经审查决定再审的案件。

【训练实例】

1. 实例一

(1) 案情简介

××区人民法院一审认定:王××与马××均系××镇人。1994 年 6 月 15 日,马××代王××与××公司签订编号为 163B 的楼宇预售合约一份。该预售合约买方为王××,卖方为××公司,在预售合约买方处的签名有马××的印章。郭××代表卖方××公司签名并加盖了××公司的合同专用章。该合约载明:××公司预售给买方坐落于××商场 2 幢公寓与 3 幢公寓之间,建筑面积为 193 平方米,房价每平方米 8000 元,总价款 1544000 元。同月,马××将上述楼宇预售合约(复印件)交与王××,王××按该合约的每平方米 8000 元的房价,于 1994 年 7 月 13 日、10 月 21 日(当日汇款两次)分三次,汇款至马××在××市的银行账户,共计 190011.65 美元、折合人民币 1615099 元。1995 年11 月 26 日,马××以王××预购的商场用房增加建筑面积 7.645 平方米,再次以每平方米 8000 元的价格向王××收取人民币 61160 元。王××累计支付马××房款人民币 1676259 元。而马××收取上述款项后,却以每平方米 6000 元的价格支付给××公司。1998 年 4 月,王××获悉马××为其代理购房的购房价款是每平方米 6000 元后,同年 7 月 10 日与××公司重新签订了商品房销售合同。该合同载明:王××购买房的房屋具体房号为坐落××商场 6 号之 2,建筑面积 200.59 平方米,房款售价一次性包定价每平方米 6000 元,总价款人民币 1203540 元。王××依据该合同已取得了所购商场用房的产权。后王××多次与马××交涉未果,遂于 1998 年 11 月诉至法院。

另查明:马××在签订编号为 163B 楼宇预售合约的同时,另与××公司签订编号为 163 楼宇预售合约一份,约定出售商场用房的地址与编号为 163B 楼宇预售合约相一致,但建筑面积比163B楼宇预售合约约定的增加一倍,即建筑面积为386平方米,房价为每平方米6000元,总价款为人民币2316000元。1996年4月3日,马××与××公司又签订××花园多层楼宇买卖合同。该买卖合同重新核准了编号为163号楼宇预售合约约定的商场用房面积,建筑面积变更为401.29平方米,商场用房具体地址变更为××路6号。1998年7月10日,在王××与××公司签订商品房销售合同的同日,马××与××公司另签订商品房销售合同一份,该合同所约定的房价款、房屋面积与王××和××公司所约定的一致,楼宇具体房号为××路188号××花园多层商场6号之1。马××也已取得该房的产权。上述1998年7月10日签订的两份合同的落款时间均倒签为1996年4月3日,该两份合同所约定的购房面积的总和就是1996年4月3日马××与××公司签订的楼宇买卖合同约定的面积。

又查明:王××与马××为购房价款发生纠纷期间,马××于1998年10月19日曾委托其代理人向王××发律师函一份,该函内容:"本律师受马××委托,就阁下(指原告)无端诋毁马××女士名誉一事致函如下:据了解,阁下曾委托马××女士代为购买××地产公司开发的××花园住房二套、商场200平方米,有关价格等都是阁下事先和××公司商定的。"

以上事实,有马××与××公司于1994年6月15日分别签订的编号为163号、163B号楼宇预售合约各一份,马××与××公司1996年4月2日楼宇买卖合同,王××、马××于1998年7月10日分别与××公司签订的(但落款时间为1996年4月3日)商品房销售合同各一份,王××汇款凭证,马××购房款结算字据一份,××公司收款凭证,马××代理人的律师函一份,当事人的询问笔录、庭审笔录等在卷为证。

××区法院一审认为:依据王××、马××分别与××公司数次签订的楼宇预售合约、商品房销售合同、马××向王××出具的房款结算字据、马××委托代理人的律师函有关内容,王××诉称与马××为代理购房关系的事实应以确认。马××在为王××代购房过程中,多收取王××房款人民币472719元的事实清楚。马××对该款的取得无合法依据,应当返还王××。××公司虽未多收王××房款,但对王××所造成的经济损失存在过错,对此,应承担连带赔偿责任。郭××系××公司工作人员,其在××公司工作期间代表××公司分别与王××、马××签订合同的行为,应认定为公司行为,故对王××的赔偿与其无涉。王××要求支付利息损失之请求,因原、被告纠纷期间,双方的债权、债务关系不明确,故不予支持。马××辩称与王××系为房屋转卖关系,证据不足,不予采纳。依照《中华人民共和国民法通则》第四十三条、第一百零六条第二款、第一百一十七条第一款之规定,判决:

一、马××返还王××人民币472719元,该款于本判决生效之日起十日内付清;

二、××公司对马××上述返还款项承担连带赔偿责任;

三、驳回王××其他诉讼请求。

宣判后,王××和马××均不服,向××中院提出上诉。王××上诉称:①马××未经上诉人的同意与××公司擅自签订163B的假合约,多收取上诉人房款,客观上损害了上诉人的合法权益,应当赔偿上诉人的经济损失,即多收房款472719元的利息35505元;②根据《民法通则》规定,代理人和第三人串通,损害被代理人利益的,由代理人和第三人负连带责任,而非连带赔偿责任,请求二审法院依法改判。马××上诉称:①编号为163的合约在前,编号为163B的合约在后,原审法院认定两份合约同时签订是错误的;②原审判决没有充分证据证明双方之间存在代理关系;③马××与王××系预售商品房转卖关系的证据充分,王××未同××公司签订过任何预售合同,也未向××公司交付过任何房款;④王××当时明知马××加价2000元转卖房屋的,若其认为价格太高,完全可以不要房屋,上诉人愿全款退还,请求二审法院撤销原判,驳回王××的诉讼请求。被上诉人××公司未作答辩。

××中院二审查明的事实与原一审查明的事实一致。

××中院二审认为:马××与××公司签订编号为163楼宇预售合约后又以王××的名义与××公司签订编号为163B楼宇预售合约,将自己所预购的部分商品房以××公司名义加价卖与王××,现马××未能提供证据证明王××明知加价转卖行为的存在,该行为存在欺诈,应认定无效;现王××与××公司已签订商品房销售合同并已申领了房屋所有权证,故马××收取王××的房款,除已交××公司以外的部分,应返还给王××;上诉人马××以双方间存在商品房转卖关系为由,不同意返还差价款,无事实与法律依据,本院不予支持。上诉人王××在购房过程中与马××约定不明,对纠纷的产生亦有过错,故其上诉要求马××赔偿其差价款的利息损失,本院据情不予支持。原审法院所作判决,符合本案实际及国家法律。依照《中华人民共和国民事诉讼法》第一百五十三条第一款第(一)项之规定,判决:驳回上诉,维持原判。二审案件受理费人民币12740元,由王××、马××各半负担。

王××不服中院的终审判决，认为判决购房的差价款的利息不予以支持是错误的，依照《中华人民共和国民事诉讼法》第一百八十五条第一款第（一）项之规定，要求依法予以再审。在本案再审期间，各方当事人均无新证据提供。

（2）训练目的

能够初步判断已生效裁判是否确有错误，并整理申请再审的请求、事实与理由、相关证据材料；明晰申请再审的基本程序和办理再审的基本步骤。

（3）训练提示

着重分析和把握生效裁判在认定事实、适用法律、遵循程序以及作出裁判的理由等方面是否有错误，并有针对性地提出再审的事实理由和诉讼请求。

2. 实例二

（1）案情简介

再审申请人（一审原告、二审上诉人）：马××，女，25岁。

再审被申请人（一审被告、二审被上诉人）：陈××，男，28岁。

①一审情况

原告马××诉称：我与被告陈××结婚后，他经常酒后殴打我。2001年2月，他又一次酒后打我，我一气之下喝了农药，幸被他人及时发现后经抢救脱险。为此曾诉至法院要求与他离婚，后经调解和好。但他仍不改酒后打人恶习，2002年6月16日，在我已怀孕5个月的情况下他又一次殴打我，造成我引产住院8天。他的行为从根本上伤害了我们的感情，再也无法共同生活下去了，坚决要求与他离婚。财产按婚前登记的归各自所有，并且他应该承担我引产住院的费用1500元及诉讼费用。

被告陈××辩称：同意离婚，但原告马××应退还她们于婚前索要我家的彩礼18000元，引产费、诉讼费都是她引起的，我不应该承担。

被告举出证人洪××证言一份，证明原、被告结婚时他将18000元彩礼交给了原告的母亲和父亲。原告对该证据质证说，“18000元钱我没见过”。

一审法院于2002年8月10日作出判决如下：准予原告马××与被告陈××离婚；婚前登记财产归各自所有，婚后共同财产（17寸电视机一台等）归马××所有；陈××支付马××引产费、营养费1500元；马××返还陈××18000元。

②二审情况

上诉人马××诉称：一审判决仅凭证人洪××一人证言就认定我索要了彩礼

18000元,是没有事实根据的,带来的直接结果是我要返还18000元,但这18000元我及我的父母见都未见过,怎样返还?判决结果明显不公。另外,我与陈××婚姻关系存续期间共同管理果园收入16000元,要求依法分割。

被上诉人陈××辩称:上诉人索要的彩礼是经证人洪××(双方的媒人)之手送给上诉人的,原判给予认定是正确的。果园收入问题上诉人在原审中根本未提及,二审不应予以支持。请求驳回上诉人的上诉请求。

二审法院经开庭审理查明的事实与一审相同。在证据方面,增加认定了证人胡××等人证言,他们的证言证明当地结婚时有索要彩礼的习俗,并证明马××与陈××订婚时陈××给马××送了一个皮包,但未见包里面装的是什么东西。证人洪××系双方媒人,其证实亲自将彩礼送到上诉人家中的。认为上诉人称未收到彩礼的证据不充分,其主张不能成立,对洪××证言的证明效力予以确认。但是由于原、被告的婚姻关系存续时间较短,彩礼应依法酌情返还。上诉人提出的分割果园收入16000元及要求被上诉人赔偿医疗费的上诉请求,因其在原审时未主张,法院不予审理。二审判决:维持一审民事判决第一、二、三项;撤销一审民事判决第四项;上诉人马××返还被上诉人陈××彩礼1万元,于判决生效后三日内给付。

再审申请人马××诉称:证人马×证明彩礼18000元交给了马××母亲,二审判决认定马××收到了陈××送的皮包,故不能排除收彩礼的可能性,意思是说18000元彩礼是装在箱子里送的,认定事实与证据相互矛盾。

(2) 训练目的

能够初步判断已生效裁判是否确有错误,并整理申请再审的请求、事实与理由、相关证据材料;明晰申请再审的基本程序和办理再审的基本步骤。

(3) 训练提示

着重分析和把握生效裁判在认定事实、适用法律、遵循程序以及作出裁判的理由等方面是否有错误,并有针对性地提出再审的请求事实理由和诉讼请求。

3. 实例三

(1) 案情简介

原审上诉人(一审原告):昆京经贸有限公司。法定代表人:何小伟,总经理。

原审被上诉人(一审被告):岑敏,女,1955年7月11日生,A市人,在市新河房地产经营有限公司工作。

2005年11月4日,一审原告昆京公司起诉至B区人民法院称,被告岑敏向其借款35万元，约定一年后归还，原告于2003年12月8日将该款转入被告账户，被告至今未还。请求判令被告偿还欠款35万元及银行同期贷款利息。一审被告岑敏辩称，原、被告之间无借款关系，昆京公司是代新河公司归还欠款。

B区人民法院一审查明，原告昆京公司于2003年12月8日将35万元存入被告岑敏在A市曙光农村信用合作社的账户。被告岑敏2002年9月3日向A市曙光农村信用合作社贷款35万元，并于2003年12月8日全部归还。

B区人民法院一审认为，借款合同是借款人向贷款人借款，到期返还借款并支付利息的合同。合同的成立应经过要约与承诺，本案昆京公司将35万元存入了岑敏的账户可因多种原因引起，现岑敏否认是借款关系，昆京公司不能证实岑敏有借款的意思表示，依照法律规定，昆京公司对自己提出的诉讼请求有举证责任，昆京公司不能证实与岑敏存在借款关系，其要求岑敏偿还借款的诉讼请求，法院不予支持。B区人民法院于2006年1月12日作出(2005)a法民三初字第723号民事判决：驳回原告昆京公司的诉讼请求。案件受理费7760元，由原告昆京公司承担。

昆京公司不服一审判决，向A市中级人民法院提起上诉称：(1)一审法院审理程序不合法，一审中，被上诉人没有在规定的举证期限内提交证据；(2)一审法院认定事实错误，本案的事实是被上诉人向上诉人借款35万元，本案中，被上诉人向上诉人借款的事实清楚，关系明确，双方之间的合同关系应依法受到保护。被上诉人认为系新河公司指派上诉人偿还新河公司欠被上诉人款项的辩解无任何事实依据和法律依据。综上，请求二审法院依法公正判决。请求撤销一审判决，由被上诉人支付借款35万元及同期银行贷款利息；本案诉讼费由被上诉人承担。被上诉人岑敏答辩称：我方和上诉人之间根本不存在借款关系，如果是借款关系应当有一个借款凭证，上诉人的法定代表人也陈述过没有借款给我方，我从来都不认识上诉人，是新河公司欠我方的款，新河公司表示将款项划给银行了，上诉人是代新河公司来赔款的，所以上诉人主张借款的事实不能成立，请求二审法院驳回上诉，维持原判。

A市中级人民法院二审认为，首先，关于上诉人昆京公司认为双方之间系借款关系的主张是否成立的问题。上诉人昆京公司在一审中提交的银行转账支票等证据仅能证实上诉人将35万元款项以装修材料款的形式转入了被上诉人岑敏的账户，并不能充分证实该款系借款，故上诉人昆京公司在本案中提交的证据不能充分证实其与被上诉人岑敏之间系借款关系，对其主张，本院不予支持。其次，关于被上诉人岑敏认为该款系上诉人昆京公司代新河公司偿还新河公司欠被上诉人款项的主张是否成立的问题。本案中，被上诉人岑敏提交的证据仅能证实被上诉人岑敏与新河公司之间的另案法律关系以及被上诉人岑敏与A市曙光农村信用社之间的借款关系，但并不能充分有效地证实本案35万元的款项是上诉人昆京公司代新河公司或新河公司指派昆京公司偿还欠款的事实，故本案中，由于被上诉人岑敏未能提交充分证据证实该款与新河公司之间有必然的联系，对其认为该款系新河公司以昆京公司的名义偿还欠款的主张，本院亦不予支持。综上所述，本案中，可以明确的事实是上诉人昆京公司于2003年12月8日将人民币35万元转入了被上诉人岑敏在A市曙光农村信用合作社开立的账户上，但为何上诉人昆京公司将35万元款项打入被上诉人岑敏的账户，双方当事人均无充分有效的证据证实各自的观点。本案中，被上诉人岑敏取得该款无充分的事实依据和法律依据，根据我国《民法通则》第九十二条的规定属于不当得利，应予返还，同时，该笔款项的法定孳息本院亦予支持。综上所述，一审判决认定事实清楚，但适用法律不当，A市中级人民法院作出（2006)b民五终字第106号民事判决：一、撤销A市B区人民法院(2005)a法民三初字第723号民事判决；二、由被上诉人岑敏于本判决生效后十五日内向上诉人昆京经贸有限公司归还人民币35万元及相应利息（自2003年12月9日起至款付清之日止按中国人民银行同期流动资金存款利率计算）。一审、二审案件受理费共计人民币15520元，由被上诉人岑敏承担。

岑敏不服二审判决，提出再审申请。主要理由是：二审判决适用法律错误。本案原告的诉讼请求是借款纠纷，一审、二审法院均确认原告在本案中提交的证据不能充分证实其与被告之间系借款关系，由于原告对其诉讼请求所依据的事实没有证据或证据不足以证明诉讼主张成立，故该案应由原告承担举证不能的法律后果。二审法院虽认为岑敏未能提交充分证据证实该款与新河公司之间存在必然联系，但该案并未出现举证责任倒置的情形，故被告岑敏能否举证、所举证据证明力大小，均不影响或者减轻原告的举证责任。该案原告以借款纠纷起诉，A中院以不当得利作出判决，违反了当事人诉讼权利自主的原则，超越了人民法院对案件的审判权利。

（2）训练目的

能够初步判断已生效裁判是否确有错误，并整理申请再审的请求、事实与理由、相关证据材料；明晰申请再审的基本程序和办理再审的基本步骤。

（3）训练提示

着重分析和把握生效裁判在认定事实、适用法律、遵循程序以及作出裁判的理由等方面是否有错误，并有针对性地提出再审的事实理由和诉讼请求。

【考核标准】

1. 考核等级:民事诉讼能力训练考核分为两个等级,即合格和不合格。项目考核达到85分以上的为合格,不满85分的为不合格。

2. 考核方式:采取边训练、边操作、边考核的动态考核方式。其中实际操作技能考核占80%,职业态度方面的考核占20%。根据训练情况,对学生是否达到能力培养要求,采取学生互评、指导教师考评的方式确定考核等级。

3. 考核内容:

n7:民事诉讼·申请再审能力项目考核表

<table>
<tr><td>学生姓名</td><td></td><td>区队</td><td></td><td>学号</td><td></td><td>日期</td><td></td></tr>
<tr><td>序号</td><td colspan="3">测试内容及要求</td><td>分值</td><td>作业文本</td><td>得分</td><td>指导教师</td></tr>
<tr><td>1</td><td colspan="3">向当事人询问的案件事实全面、准确(5分)
询问笔录完整，关键事实记录清晰(10分)
对案件再审条件和诉讼时效的把握明确(5分)</td><td>20</td><td>1.询问笔录</td><td></td><td></td></tr>
<tr><td>2</td><td colspan="3">对生效裁判依据事实和适用法律分析判断清楚</td><td>20</td><td>2.对生效裁判的分析意见</td><td></td><td></td></tr>
<tr><td>3</td><td colspan="3">制作的再审申请书符合形式要求,陈述事实清楚,诉讼请求明确(20分)
行文通顺、流畅(10分)</td><td>30</td><td>3.再审申请书</td><td></td><td></td></tr>
<tr><td>4</td><td colspan="3">需提交法院的材料完整、齐全、准确</td><td>10</td><td>4.提交材料目录及资料</td><td></td><td></td></tr>
<tr><td>5</td><td colspan="3">语言表达清楚、思路清晰、认真细致、仪表仪态庄重</td><td>10</td><td></td><td></td><td></td></tr>
<tr><td>6</td><td colspan="3">学习态度严谨、认真、负责、守纪</td><td>10</td><td></td><td></td><td></td></tr>
<tr><td colspan="4">合　计</td><td>100</td><td></td><td></td><td></td></tr>
</table>

训练项目八

如何申请执行

【训练目的】

通过训练，能够判断并审查是否符合申请执行的条件，会办理申请执行的相关法律事务。

【训练条件】

1. 场所条件：校内实训室、校外实训基地。

2. 师资配备：专任教师和兼职教师各1名。

3. 辅助资料：实训案例材料、相关证据材料、证件材料、执行申请书参考文本、教学影视资料等。

4. 组织方式：分组实施，每组3～4名。

【训练引例】

申请人：安徽A有限责任公司，地址：安徽省合肥市人民西路×号。

法定代表人：王××，总经理。

被申请人：山东宁津B有限责任公司，地址：山东省宁津县振华大街×号。

法定代表人：李××，总经理。

申请人安徽A有限责任公司与被申请人山东宁津B有限责任公司因拖欠工程款发生纠纷，在安徽A公司多次向山东宁津B公司催讨该款无果后，该公司起诉到山东省德州市中级人民法院。2009年10月22日，山东省德州市中级人民法院作出一审判决(2009)德中民初字第109号并当庭送达，判决：被告自判决生效之日起一个月内给付原告工程款46.21万元及利息1.38万元、质保金31.97万元及利息1.44万元，并承担13110元的案件受理费。判决送达后，原、被告双方均未提出上诉。因被告拒不履行法律义务，2010年1月15日安徽A公司向德州中院申请执行山东宁津B公司的财产。

【训练路径】

任务一：分析审查判断是否符合申请执行的条件

步骤1：审查据以申请执行的法律文书是否已经发生法律效力并是否届满义务履行期限，是否具有给付内容

1. 判断据以申请执行的法律文书是否生效且是否届满义务履行期限。

根据我国法律的规定，可以作为民事执行依据的法律文书有：

(1) 人民法院的民事判决、裁定书，民事调解书，民事制裁决定书，支付令以及刑事附带民事判决、裁定、调解书；

(2) 我国仲裁机构作出的仲裁裁决和调解书；

(3) 公证机关依法赋予强制执行效力的关于追偿债款、物品的债权文书；

(4) 经人民法院裁定承认其效力的外国法院以及台湾法院作出的判决、裁定，以及国外仲裁机构作出的仲裁裁决；

(5) 法律规定由人民法院执行的其他法律文书。

由我国人民法院作出的一审判决、裁定经过上诉期后当事人未提出上诉的自上诉期限届满后生效；人民法院制作的调解书、二审人民法院以及最高人民法院作出的判决、裁定书一经送达双方当事人立即生效；仲裁机构作出的仲裁裁决、调解书一经双方当事人签收立即生效；支付令送达后十五日内没有提出书面异议的，送达十五日后生效；公证债权文书、民事制裁决定书一经送达双方当事人即生效。

申请人向人民法院申请执行，不仅据以执行的法律文书必须生效，且必须已届满该法律文书规定的义务履行期限。尚未经过法律文书规定的义务履行期限，当事人申请执行的，人民法院不予受理。

【注意事项】

当事人申请执行外国法院以及台湾法院作出的判决、裁定，以及国外仲裁机构作出的仲裁裁决，应当由法院审判机构先行审查其效力，得到承认并签发执行令后移送执行。根据国际司法的对等原则，如果某国不承认或只承认而不执行我国法院的裁判、仲裁裁决，则该外国法院作出的裁判以及外国仲裁裁决我国法院也不予承认或只承认而不执行。

2. 审查据以执行的法律文书是否具有给付内容。

执行的内容必须为给付，即必须有具体明确的权利人、义务人以及具体的执行事项，即义务人需向权利人作出某种行为或不得为某种行为，只有具有给付内容的法律文书才可以执行，确认或变更某种法律关系的法律文书无法产生强制执行。我国法院制作的民事裁判有确认判决、给付判决和变更判决，其中只有给付判决才具有可执行性。

结合引例提供的信息，本案申请执行的依据是德州市中级人民法院于2009年10月22日作出的一审判决并当日送达，在上诉期间内，原、被告双方均未提出上诉，故该判决已于2009年11月7日开始生效；判决规定被告在生效之日起一个月内履行义务，到2010年1月15日履行期限已届满，因此，申请人可以申请执行。法院判令被告给付原告工程款46.21万元及利息1.38万元、质保金31.97万元及利息1.44万元，并承担13110元的案件受理费，有明确的权利、义务人和给付事项，为具有执行力的给付判决。

步骤2：审查申请人及被申请人是否符合申请执行的主体资格

申请执行人是生效法律文书确定的权利人或其继承人、权利承受人，申请执行人可以委托代理人代为申请执行。委托代理的，应当向人民法院提交经委托人签字或盖章的授权委托书，写明委托事项和代理人的权限。委托代理人代为放弃、变更民事权利，或代为进行执行和解，或代为收取执行款项的，应当有委托人的特别授权。被申请人为执行依据中的债务人或债务的继受人。

结合引例提供的情况，本案中，申请人安徽A公司是执行依据中的权利人，被申请人山东宁津B公司是执行依据中的义务人，且双方均具备独立法人资格，因此，主体资格适当。

步骤3：审查是否在申请执行的法定期限内

申请执行的期间为两年，从法律文书规定履行期间的最后一日起计算，法律文书规定分期履行的，从规定的每次履行期间的最后一日起计算；法律文书未规定履行期间的，从法律文书生效之日起计算。申请执行时效适用法律有关诉讼时效中止、中断的规定。

结合引例提供的案件信息，本案判决于2009年11月7日开始生效，规定义务履行期限为一个月，即申请执行时效从2009年12月7日起计算。申请人于2010年1月15日申请执行，符合法定的两年执行时效。

步骤4：确定管辖的法院

发生法律效力的民事判决、裁定以及人民法院作出的调解书，由第一审人民法院或者与第一审人民法院同级的被执行的财产所在地人民法院执行。法律规定由人民法院执行的其他法律文书，由被执行人住所地或者被执行的财产所在地人民法院执行。

结合引例提供情况，本案一审人民法院为山东省德州市中级人民法院，因此申请人可以向该法院请求执行。

任务二：了解被申请执行人的财产状况，制作执行申请书

步骤1：查明被申请执行人的财产状况及其偿还能力

申请执行人应当向人民法院提供其所了解的被执行人的财产状况或线索。一般而言，可提供的被执行人的财产状况主要包括：银行存款情况（写明开户银行名称、账号、地址），不动产情况，动产情况（机器设备型号、数量，汽车型号、车牌号等），对外投资情况（写明投资额、被投资单位），债权情况（写明债权总额及到期债权的具体情况），被执行人持有的有价证券（如股票、债券等）详细情况，被执行人拥有的知识产权（如专利权、商标权、著作权等）情况。要求返还物品的案件，申请执行人应提供应返还物品的种类、存放地点等情况；其他与执行案件有关的其他证据。

对于银行账户，申请人主要可以从工商登记资料、税务发票或者签订的合同中得知，不动产的查询主要是到房地产管理部门调查，车辆、船舶、航空器的查询需到相应的登记部门，对外投资情况可以通过到工商部门查看被投资单位的股东资料得知，查询是否有知识产权则需要到专利局、商标局或者版权局调查或者通过网络搜索。申请人向人民法院提供被执行人财产状况的，应一并向人民法院提供相关证据或材料。

步骤2:撰写执行申请书

申请执行当事人必须向人民法院递交申请执行书。申请执行书的格式包括首部、正文和尾部三大部分。首部即标题,写明文书名称“申请执行书”,或者只写“申请书”。正文包括当事人基本情况、请求事项、事实和理由四部分,掌握被执行人或财产状况线索的也应在事实和理由部分写明。尾部写致送机关名称和申请人姓名或名称、申请日期,如申请人为法人还应在申请人下行写上法定代表人的姓名或签章,如附送有证据,应在附项中注明证据的名称和件数。

【注意事项】

外国一方当事人申请执行的,应当提交中文申请执行书。当事人所在国与我国缔结或共同参加的司法协助条约有特别规定的,按照条约规定办理。

当事人基本情况:自然人应写明姓名、性别、年龄、民族、职业、工作单位、住所地及联系方式,法人或者其他组织应写明名称、住所地和法定代表人或者主要责任人的姓名、职务及联系方式。

参考格式8-1:

申请执行书

(双方均为自然人的申请执行书格式)

申请人:(姓名、性别、年龄、住址、身份证号、联系方式等)

被申请人:(姓名、性别、年龄、住址、身份证号、联系方式等)

请求事项:

事实与理由:

上列当事人间,因×一案,业经×人民法院于×年×月×日作出(×)×字第×号一审(或终审)民事判决(或仲裁委员会于×年×月×日作出(×)×字第×号裁决),于×年×月×日依法送达当事人并已生效,根据该判决(或裁决),被申请人×应向申请人×履行×义务。现判决规定的履行期限届满,而被申请人拒不遵照判决(或裁决)履行。为维护申请人的合法权益,特申请你院给予强制执行。

此致

××××人民法院

申请人:(签名或盖章)

年 月 日

附:1. 书证 (名称) 件

2. 物证 (名称) 件

3. 证人 ,住

4. ×××判决书(或调解书)复印件一份(或×××仲裁委员会裁决复印件一份、×××公证处强制执行公证书复印件一份)

参考格式8-2:

申请执行书

(双方或一方为法人的申请执行书格式)

申请人:(名称、住址)

法定代表人:(姓名、职务、联系方式)

被申请人:(名称、住址)

法定代表人:(姓名、职务、联系方式)

请求事项:

事实与理由:

上列当事人间,因×一案,业经×人民法院于×年×月×日作出(×)×字第×号一审(或终审)民事判决(或仲裁委员会于×年×月×日作出(×)×字第×号裁决),于×年×月×日依法送达当事人并已生效,根据该判决(或裁决),被申请人×应向申请人×履行×义务。现判决规定的履行期限届满,而被申请人拒不遵照判决(或裁决)履行。为维护申请人的合法权益,特申请你院给予强制执行。

此致

××××人民法院

申请人:(签名或盖章)
法定代表人:(签名或盖章)
年 月 日

附:1. 书证 (名称) 件
2. 物证 (名称) 件
3. 证人 ,住
4. ×××判决书(或调解书)复印件一份(或×××仲裁委员会裁决复印件一份、×××公证处强制执行公证书复印件一份)

结合引例提供信息,申请执行书(参考)如下:

申请执行书

申请人:安徽A有限责任公司,地址:安徽省合肥市人民西路×号
法定代表人:王××,总经理
被申请人:山东宁津B有限责任公司,地址:山东省宁津县振华大街×号
法定代表人:李××,总经理
请求事项:
1. 给付申请人工程款、质保金及利息共计81万元整;
2. 支付申请人预交的13110元的案件受理费;
3. 加倍支付迟延履行该判决确定义务期间的债务利息。
事实和理由:
上列当事人间,因山东宁津B有限责任公司拖欠安徽A有限责任公司工程款一案,业经德州市中级人民法院于2009年10月22日作出(2009)德中民初字第109号民事判决,于同日依法送达当事人并已生效。根据该判决,被申请人应自判决生效之日起一个月内给付申请人工程款46.21万元及利息1.38万元、质保金31.97万元及利息1.44万元,并承担13110元的案件受理费。现判决规定的履行期限届满,而被申请人拒不遵照判决履行。

根据《中华人民共和国民事诉讼法》第二百二十九条的规定:"被执行人未按判决、裁定和其他法律文书指定的期间履行给付金钱义务的,应当加倍支付迟延履行期间的债务利息。被执行人未按判决、裁定和其他法律文书指定的期

间履行其他义务的，应当支付迟延履行金。"故被执行人应当加倍支付迟延履行期间的债务利息。

为维护申请执行人的合法权益，特依法提出以上请求，请人民法院依法强制执行。

此致

德州市中级人民法院

申请人：安徽A有限责任公司

法定代表人：王××

2010年1月12日

附：民事判决一份

步骤3：收集、整理申请执行时需要提交的其他相关材料

1. 申请执行书。

2. 生效法律文书副本。

3. 申请执行人的身份证明。公民个人申请的，应当出示居民身份证；法人申请的，应当提交法人营业执照副本和法定代表人身份证明；其他组织申请的，应当提交营业执照副本和主要负责人身份证明。

4. 继承人或权利承受人申请执行的，应当提交继承或承受权利的证明文件。

5. 申请执行仲裁机构的仲裁裁决的，应当向人民法院提交有仲裁条款的合同书或仲裁协议书。申请执行国外仲裁机构的仲裁裁决的，应当提交经我国驻外使领馆认证或我国公证机关公证的仲裁裁决书中文本。

6. 申请执行人可以委托代理人代为申请执行。委托代理的，应当向人民法院提交经委托人签字或盖章的授权委托书，写明委托事项和代理人的权限。委托代理人代为放弃、变更民事权利，或代为进行执行和解，或代为收取执行款项的，应当有委托人的特别授权。

7. 申请执行外国法院裁判的，必须提供经我国驻外使领馆认证或我国公证机关公证的中文裁判书和其他材料(董事会决议、法人身份证明书、授权委托书、商业登记的复印件等)。

8. 被执行人的相关财产证明文件和其他应当提交的文件或证件。

结合引例信息,申请人应向法院提供的材料包括申请执行书、生效法律文书副本、法人营业执照副本和法定代表人身份证明以及申请人掌握的被执行人的相关财产证明。

任务三:向法院提起执行申请

申请执行时,应当向有管辖权的人民法院提出。

结合引例提供的信息,该案一审法院为德州市中级人民法院,因此应当向该院递交执行申请书和有关证件、证据材料。

【注意事项】

根据2006年12月19日第481号国务院令公布的《诉讼费用交纳办法》,执行申请费不再由申请人预交,而是从执行到的款项中直接扣除。

【训练实例】

1. 实例一

(1) 案情简介

申请人:胡×,男,35周岁,A省B市雨湖区雨湖路×号。

被申请人:罗×,女,34周岁,A省B市雨湖区建设路×号。

胡×因与妻罗×感情不和,诉至B市雨湖区法院要求离婚并分割财产。2008年12月25日,B市雨湖区法院作出(2008)潭雨民初字第78号判决,内容如下:一、准予胡×与罗×解除婚姻关系;二、原双方共有的登记权利人为胡×的某商住房归罗×所有。并于2008年12月28日将判决书送达原、被告双方,双方均未上诉。2009年2月6日,胡×腾出了房屋并将钥匙交给了罗×。但罗×在请求胡×共同到房屋管理部门办理过户登记时被胡×拒绝。罗×因此持上述判决书及相关文件到房屋管理部门请求办理权属转移登记,但被房屋管理部门告之过户需要人民法院立案强制过户才行。为此,罗×于2009年5月9日向B市雨湖区人民法院申请强制执行胡×协助办理过户登记。

(2) 训练目的

通过训练,能够判断并审查是否符合申请执行的条件。

(3) 训练提示

确认判决不具有可给付性。

2. 实例二

(1) 案情简介

申请人:陈×,男,47周岁,北京市海淀区××路35号。

被申请人:甄×,男,45周岁,北京市海淀区××路34号。

北京市海淀区的甄×于2008年1月20日向陈×借款5万元,双方约定甄×于2009年1月20日前归还陈×本金5万元,并支付相应利息,年利率3%。因甄×到期未履行还款义务,陈×对其提起诉讼。2009年6月18日,北京市海淀区人民法院作出判决:被告甄×于本判决生效之日起十五日内返还陈×借款5万元及利息2300元。2009年6月19日送达双方。收到判决后,甄×既不上诉也不履行义务。陈×于2009年10月12日向海淀区人民法院申请强制执行。

(2) 训练目的

通过训练,知道如何初步调查被申请执行人的财产状况。

(3) 训练提示

被执行人为自然人的,申请人可通过向其工作单位、房产管理部门、车辆管理部门等了解其工资收入、银行账户、车辆等动产和不动产情况。

3. 实例三

(1) 案情简介

申请人:周××,男,37周岁,住址:杭州市西湖区文一路×号。

被申请人:李×,男,27周岁,住址:杭州市西湖区古墩路×号。

2008年2月5日,周××与李×订立租房协议书,约定李×从周××处承租坐落在古墩路×号的楼房一套。其间,李×与第三人刘×共同居住此房屋。后因承租人李×未按约定给付周××房屋租金,2008年4月23日,周××到西湖区法院提起诉讼,要求法院判令解除租房协议书,同时要求李×腾退租赁的房屋,给付欠交的租金,并返还电卡。2008年6月3日,周××与李×在法院主持下,达成调解协议:一、双方解除租赁合同;二、李×于2008年6月29日前将其租赁的房屋腾退,将该房及房屋配套的电卡、钥匙返还给周××;三、李×于2008年6月29日前给付周××房屋租金及违约金共计3500元。法院制作调解书(2008)杭西民初字第×号,双方当庭签收。但李×未及时履行调解书确定的义务,2008年6月30日,周××向法院申请执行,要求李×腾退房屋,返还房屋钥匙和电卡,给付租金及违约金。

(2) 训练目的

通过训练,知道如何制作执行申请书和会办理申请执行的相关法律事务。

(3) 训练提示

调解书与人民法院作出的生效裁判具有相同法律效力,其执行管辖的确定应与生效裁判一致。

【考核标准】

1. 考核等级:申请执行能力训练考核分为两个等级,即合格和不合格。每个子项目考核达到 85 分以上的为合格,不满 85 分的为不合格。

2. 考核方式:采取边训练、边操作、边考核的动态考核方式。其中实际操作技能考核占 80%,职业态度方面的考核占 20%。根据训练情况,对学生是否达到能力培养要求,采取学生互评、指导教师考评的方式确定考核等级。

3. 考核内容:

n8:民事诉讼·申请执行能力项目考核表

学生姓名		区队		学号		日期	
序号	测试内容及要求			分值	作业文本	得分	指导教师
1	能否正确分析审查判断是否符合申请执行的条件			30	1.分析意见		
2	能否根据具体情况正确开展初步的执行调查			10	2.证据目录及材料		
3	能否根据案情正确撰写申请执行书			30	3.申请执行书		
4	能否根据案情正确全面搜集申请执行应提交的证件或文件			10	4.证件和文件		
5	语言表达清楚、思路清晰、认真细致、仪表仪态庄重			10			
6	学习态度严谨、认真、负责、守纪			10			
合　计				100			

训练项目九

如何申请财产保全

【训练目的】

通过训练，能够判断是否采取财产保全措施，会编写财产保全申请书以及办理申请财产保全的相关法律事务。

【训练条件】

1. 场所条件：校内实训室、校外实训基地。

2. 师资配备：专任教师和兼职教师各1名。

3. 辅助资料：实训案例材料、相关证据材料、财产保全申请书参考文本、证据目录参考文本、装订工具、教学影视资料等。

4. 组织方式：分组实施，每组3～4名。

【训练引例】

利害关系人文××的基本情况：男，1985年2月20日出生，汉族，A省B市人，个体工商户，住A省B市理塘区。

利害关系人袁××的基本情况：男，1987年6月4日出生，汉族，A省C市人，无固定职业，住C市洪峰区。

文××与袁××通过业务往来相识。2008年4月，袁××称有铅烟灰出售给文××，双方口头约定：袁××将铅烟灰出售给文××，出售给文××的铅烟灰，文××以铅泥的形式返回给袁××（铅不计价），铅烟灰中的铟计价由袁××卖给文××，铅泥中的银按金属量计价由文××卖给袁××。双方达成协议后，文××于2008年5月16日给付袁××货款100000元；于2008年5月22日给付袁××货款150000元；于2008年5月30日给付袁××货款190000元和100000元；于2008年6月1日给付袁××货款60000元，合计600000元。2008年5月15

日到2008年6月1日，袁××共给付文××铅烟灰142.72吨；2008年5月19日到2008年6月19日，文××返回袁××铅泥260.54吨。2008年9月16日，文××与袁××结算，文××应付给袁××铟款278525元，袁××应给付文××银款31234元，袁××应给付文××运费5357元，双方结算为：袁××应返回文××货款358066元，文××放弃货款66元，最终袁××还应给付文××货款358000元。双方结算后，文××多次向袁××催讨货款，袁××于2008年12月31日支付了10000元货款给文××。袁××实际尚欠文××货款348000元。文××经多次催讨货款未果。

文××提供如下证据材料：

(1) 中国农业银行银行卡存款业务回单四张及被告收条一张，欲证明原告已付给被告货款600000元；

(2) 2008年9月16日原、被告双方结算单一张，欲证明原、被告经结算，被告欠原告铅0.6379吨，欠原告货款358000元。

另文××知道袁××拥有*B·C1**9号宝马小型轿车一辆，价值人民币350000元。

【训练路径】

任务一：审核案件基本情况，分析判断是否需要提起财产保全申请

步骤1：审查案件基本情况，确定是否提出财产保全申请

财产保全是法院在利害关系人起诉前或者当事人起诉后申请执行前，为保证判决的执行或避免财产遭受损失，对当事人的财产或者争议的标的物采取限制其处分的保护性措施。财产保全分两种：诉讼前的保全和诉讼中的保全。在起诉之前就向法院申请财产保全的措施称为诉前财产保全；对于诉讼中的保全，当事人起诉后随时可以申请保全。

因此，是否提起财产保全应当结合案件的实际情况进行审查。

1. 分析案情，着重审查案件是否属于给付之诉。即是否存在要求对方当事人履行一定民事实体义务的诉讼，如请求法院判令对方当事人支付金钱（欠款、租金、赡养费、货款、赔偿损失等）。

2. 审查申请财产保全的法定的事实根据和事由。根据《民事诉讼法》第九十三条规定，利害关系人因情况紧急，不立即申请财产保全将会使其合法权益受到难

以弥补的损害的,可以在起诉前向人民法院申请采取财产保全措施;在诉讼过程中,当事人一方有转移、转让、隐匿、毁损、挥霍财产的行为,或将自己的资金抽走、将动产带出国外等以逃避义务为目的的恶意行为或其他客观上的原因,可能使人民法院将作出的判决难以执行时,当事人也可申请财产保全。

结合引例提供的案件信息,袁××无固定职业,经文××多次催要货款都未支付,且其有转移、转让、隐匿、挥霍财产的可能,对于文××而言,提起诉前财产保全申请可以最大限度地保护自己的合法权益,避免损失的存在,故文××需提起诉前财产保全申请。

步骤2:依据审查,决定提出财产保全,并对被申请人的财产进行调查

可供保全的财产包括银行存款、房屋等不动产、车辆等,只要是可供保全的财产都可以申请财产保全。一般而言,需查明被申请人的财产状况主要包括:

1. 银行存款情况(写明开户银行名称、账号、金额等);
2. 不动产情况(地址、面积等);
3. 动产情况(机器设备型号、数量,汽车型号、车牌号等);
4. 对外投资情况(写明投资额、被投资单位);
5. 债权情况(写明债权总额及到期债权的具体情况);
6. 被申请人持有的有价证券(如股票、债券等)详细情况;
7. 被申请人拥有的知识产权(如专利权、商标权、著作权等)情况;
8. 与财产保全有关的其他证据。

【注意事项】

上述财产范围是一般而言的,并非每个案件都需要全部进行调查,应根据案件诉讼标的额、被申请人的基本情况,确定查明其中的几项。

任务二:制作财产保全申请书与诉讼保全担保书

步骤1:制作财产保全申请书

财产保全申请书的内容包括申请人的基本情况、被申请人的基本情况、请求内容、基本事实和理由。

参考格式9–1：

<table><tr><td>

财产保全申请书

（双方当事人均为公民的财产保全申请书格式）

申请人：（姓名、性别、年龄、民族、籍贯、职业或单位、住所）
被申请人：（姓名、性别、年龄、民族、籍贯、职业或单位、住所）
请求事项：

事实与理由：

此致
××××人民法院

申请人：（签名或盖章）
年　月　日

附：有关证据及材料

</td></tr></table>

参考格式9–2：

<table><tr><td>

财产保全申请书

（双方当事人均为法人或其他组织的财产保全申请书格式）

申请人名称：
住所地：
法定代表人（或主要负责人）：　　　　（姓名、职务、电话）
被申请人名称：
住所地：
法定代表人（或主要负责人）：　　　　（姓名、职务、电话）
请求事项：

</td></tr></table>

事实与理由：

此致

××××人民法院

申请人名称：(加盖公章)

法定代表人(或主要负责人)：(签名或盖章)

年 月 日

附：有关证据及材料

【注意事项】

(1) 请求事项。即请求保全的财产名称、数量、所在处所及要求保全的方式等。应写明要求人民法院或查封、或扣押、或冻结等，或者采取其他适当措施。同时表示自己是否提供以及提供何种担保。

(2) 事实与理由。首先写明申请人与被申请人因何发生纠纷，再具体写明需要采取保全措施的目的和原因。着重写明必须实施财产保全所根据的事实，即被申请人有毁损诉争的标的物的行为及其正在实施处分的行为，需要保全的财物遭受侵害情况及采取财产保全措施的重要性、紧迫性及在判决执行中的意义。

结合引例提供的情况，财产保全申请书(参考)如下：

财产保全申请书

申请人：文××，男，1985年2月20日出生，汉族，A省B市人，个体工商户，住A省B市理塘区。

被申请人：袁××，男，1987年6月4日出生，汉族，A省C市人，无固定职业，住C市洪峰区。

请求事项：申请人民法院查封被申请人所有的价值人民币35万元的*B·C1**9号宝马小型轿车。

事实与理由：

2008年5月初，被申请人袁××称有铅烟灰出售，申请人与被申请人经口头协议，申请人预付被申请人600000元货款购买被申请人的铅烟灰，双方约定铅按金属量以铅泥的形式返回给被申请人，铅烟灰中的铟计价由被申请人卖给申请人，返回的铅泥中的银按金属量计价由申请人卖给被申请人。经结算，被申请人需归还申请人货款358000元。经我方多次催讨，被申请人仍不予理睬。

因被申请人有转移、转让、隐匿、挥霍财产的可能，为避免财产损失，维护申请人合法财产权益，依据《中华人民共和国民事诉讼法》第九十三条之规定，特向贵院提出诉前财产保全申请，请求人民法院查封被申请人所有的价值人民币35万元的*B·C1**9号宝马小型轿车。

此致

C市洪峰区人民法院

申请人：文××

××××年×月×日

附：1. 中国农业银行银行卡存款业务回单四张及被申请人收条一张，欲证明申请人已付给被申请人货款600000元；

2. 2008年9月16日双方结算单一张，欲证明申请人与被申请人经结算，被申请人欠申请人铅0.6379吨，欠申请人货款358000元；

3. *B·C1**9号宝马小型轿车的车辆信息登记表一份。

步骤2：制作诉讼保全担保书

根据《民事诉讼法》规定，如果申请诉前财产保全，必须提供担保；诉讼中的保全只有在法院责令申请人提供担保的情况下，申请人才必须提供担保。

担保形式有两种。一种是实物、现金或有价证券担保。以财物担保的，担保财物的价值不应低于受保全财产的价额，并应在财产保全申请书中注明。另一种是保证人担保，保证人同被保证人（申请人）负连带赔偿责任，申请人提供保证人，并制作诉讼保全担保书。诉讼保全时需由第三方向相关法院递交诉讼保全担保书。

参考格式9-3：

诉讼保全担保书

担保人：(名称、住所地、联系电话等)

法定代表人：××× 职务：××

被担保人：(名称、住所地、联系电话等)

法定代表人：××× 职务：××

根据《中华人民共和国民事诉讼法》第九十二条之有关规定，原告×××××已提起诉讼保全申请，请求贵院对被告采取×××××的保全措施。本单位愿意为原告×××××××提供诉讼财产保全经济担保，担保总额为人民币×××××元。如因保全不当，愿承担连带责任。

此致

××××人民法院

担保人：(盖章)

法定代表人：(签名)

年 月 日

附：1. 本单位营业执照复印件一份；

2. 本单位法定代表人证明书一份；

3. 本单位股东会同意担保的决议一份。

任务三：办理财产保全申请手续

步骤1：向有管辖权的法院提起财产保全申请

1. 根据《最高人民法院关于适用〈中华人民共和国民事诉讼法〉若干问题的意见》第三十一条规定，诉前财产保全由当事人向财产所在地的人民法院申请。

2. 提交有关申请材料。申请诉前财产保全应提交以下材料。

(1) 财产保全申请书。

(2) 证明申请人与被申请人主体资格的材料，如营业执照、身份证件等，以及两者之间存在法律上利害关系的材料。

(3) 财产保全担保书,担保财产的权属凭证原件交由法院收执。担保人对担保财产必须拥有完全的所有权,没有设置担保或无被执法部门查封。

(4) 提供被申请人财产状况的证据或线索材料。

3. 按照有关规定交纳相关费用。国务院《诉讼费用交纳办法》第十四条规定,申请保全措施的,根据实际保全的财产数额按照下列标准交纳申请费:财产数额不超过1000元或者不涉及财产数额的,每件交纳30元;超过1000元至10万元的部分,按照1%交纳;超过10万元的部分,按照0.5%交纳。但是,当事人申请保全措施交纳的费用最多不超过5000元。

步骤2:关注人民法院对保全申请的处理情况

对于申请人提出的财产保全申请,人民法院会作出裁定。若对于该裁定不服,当事人可申请复议。

【注意事项】

提起诉前财产保全的一方,必须在人民法院作出财产保全裁定后的十五日内起诉(在涉外民事诉讼中,应在三十日内起诉),否则该保全措施将会解除。

【训练实例】

1. 实例一

(1) 案情简介

原告吴××诉称,原、被告经人介绍相识,1986年10月登记结婚,双方由于性格等方面差别很大,经常因家庭琐事争执不休,发展到分居生活,双方已不存在夫妻感情,婚姻关系名存实亡,请求法院判决我与被告离婚,两个孩子由我抚养。

被告叶××辩称,我与原告经过6年自由恋爱,双方互相了解才登记结婚,婚后在共同生活中,有点小摩擦、小争吵是难免的,彼此已适应。被告诉称,离婚是因为原告有了第三者,同时原告受封建迷信思想的影响,认为其表妹嫁给我弟弟不吉利,只有离婚才能冲抵。为了孩子的身心健康成长,我同意离婚。女儿吴×我要抚养,原告应付抚育费每月800元;×花园小区住房一套应归我所有,其他共同财产原告应给我补偿30万元,同时应给我经济帮助5万元。

夫妻共同财产有:在×市×区×花园小区住房一套,面积89.29平方米;2000年初原告将323型海马小车一辆出卖后购买的626型海马小车一辆。

家庭共同财产有：在×市×区×路二层楼房一幢，面积400平方米；×市×镇×村委会×村两房一厅民房一套，面积100多平方米；×市×路营业中的“×美容美发城”，面积约600平方米；×市×东路营业中的“×食城”，面积约1000平方米。

(2) 训练目的

能够分析整理提起财产保全申请应提供的材料，理出查明被申请人财产状况的方式与思路，正确把握申请事项与理由，会制作财产保全申请书及办理相关法律事务。

(3) 训练提示

参照上述如何申请财产保全的任务设计，结合引例，按照相应任务及实施步骤要求，以“审核申请保全条件—确定申请事项—整理申请的理由—制定查询思路—拟定申请保全申请书—向法院提起申请”的路径，进行操作训练。

2. 实例二

(1) 案情简介

上海A贸易有限公司(下称A公司)系某国有大型集团企业在上海的销售公司，负责其酒类产品在上海的销售业务。为了开拓上海市场，A公司采取了一种预先支付销售返利的营销方式，即在与客户的销售合同中约定总销售量，并按照总销售量的一定比例给予商家返利，且该返利作为进场费在合同签订之时预先支付。

2007年3月，A公司与B酒店订立上述购销合同以及约定预付销售返利的补充协议，约定B酒店在一年内销售A公司酒产品200万元，A公司签订合同时预付B酒店销售返利50万元。2007年8月，B酒店因为经营不善欲转让酒店，此时，该酒店尚欠A公司货款12万元，以及应当返还的销售返利47万元，该酒店一直未予支付，且该酒店的其他供货商也一直对其催讨其他的100多万债权，B酒店只愿意部分清偿A公司债务，且要求分期付款，最后一笔款项要过将近一年支付，且面临着资不抵债、不能偿还债务的危险。

(2) 训练目的

能够分析整理诉前提起财产保全申请应提供的材料，理出查明被申请人财产状况的方式与思路，正确把握申请事项与理由，会制作财产保全申请书及办理相关法律事务。

(3) 训练提示

参照上述如何申请财产保全的任务设计，结合引例，按照相应任务及实施步骤要求，以“审核申请保全条件—确定申请事项—整理申请的理由—制定查询思路—拟定申请保全申请书—向法院提起申请”的路径，进行操作训练。

【考核标准】

1. 考核等级：民事诉讼能力训练考核分为两个等级，即合格和不合格。每个子项目考核达到 85 分以上的为合格，不满 85 分的为不合格。

2. 考核方式：采取边训练、边操作、边考核的动态考核方式。其中实际操作技能考核占 80%，职业态度方面的考核占 20%。根据训练情况，对学生是否达到能力培养要求，采取学生互评、指导教师考评的方式确定考核等级。

3. 考核内容：

n9：民事诉讼·申请财产保全能力项目考核表

学生姓名		区队		学号		日期	
序号	测试内容及要求			分值	作业文本	得分	指导教师
1	询问当事人的情况（5 分）和案件事实全面、准确（10 分） 询问笔录完整，关键事实记录清晰（5 分）			20	1.询问笔录		
2	对案件是否符合财产保全条件的把握明确			10			
3	制作的财产保全申请书（20分）、诉讼保全担保书（10分）符合形式要求、陈述事实清楚（10分）			40	2.财产保全申请书 3.诉讼保全担保书		
4	提交法院的关于财产保全资料完整准确（5分） 材料能相互印证（5分）			10	4.提交材料目录及资料		
5	语言表达清楚、思路清晰、认真细致、仪表仪态庄重			10			
6	学习态度严谨、认真、负责、守纪			10			
合　计				100			

附录:部分民事诉讼法规和诉讼文书

中华人民共和国民事诉讼法

(1991年4月9日第七届全国人民代表大会第四次会议通过,根据2007年10月28日第十届全国人民代表大会常务委员会第三十次会议《关于修改〈中华人民共和国民事诉讼法〉的决定》修正,自2008年4月1日起施行)

目　录

第一编 总 则

第一章 任务、适用范围和基本原则

第一条 中华人民共和国民事诉讼法以宪法为根据,结合我国民事审判工作的经验和实际情况制定。

第二条 中华人民共和国民事诉讼法的任务,是保护当事人行使诉讼权利,保证人民法院查明事实,分清是非,正确适用法律,及时审理民事案件,确认民事权利义务关系,制裁民事违法行为,保护当事人的合法权益,教育公民自觉遵守法律,维护社会秩序、经济秩序,保障社会主义建设事业顺利进行。

第三条 人民法院受理公民之间、法人之间、其他组织之间以及他们相互之间因财产关系和人身关系提起的民事诉讼,适用本法的规定。

第四条 凡在中华人民共和国领域内进行民事诉讼,必须遵守本法。

第五条 外国人、无国籍人、外国企业和组织在人民法院起诉、应诉,同中华人民共和国公民、法人和其他组织有同等的诉讼权利义务。

外国法院对中华人民共和国公民、法人和其他组织的民事诉讼权利加以限制的,中华人民共和国人民法院对该国公民、企业和组织的民事诉讼权利,实行对等原则。

第六条 民事案件的审判权由人民法院行使。

人民法院依照法律规定对民事案件独立进行审判,不受行政机关、社会团体和个人的干涉。

第七条 人民法院审理民事案件,必须以事实为根据,以法律为准绳。

第八条 民事诉讼当事人有平等的诉讼权利。人民法院审理民事案件,应当保障和便利当事人行使诉讼权利,对当事人在适用法律上一律平等。

第九条 人民法院审理民事案件, 应当根据自愿和合法的原则进行调解;调解不成的,应当及时判决。

第十条 人民法院审理民事案件,依照法律规定实行合议、回避、公开审判和两审终审制度。

第十一条 各民族公民都有用本民族语言、文字进行民事诉讼的权利。

在少数民族聚居或者多民族共同居住的地区,人民法院应当用当地民族通用的语言、文字进行审理和发布法律文书。

人民法院应当对不通晓当地民族通用的语言、文字的诉讼参与人提供翻译。

第十二条 人民法院审理民事案件时,当事人有权进行辩论。

第十三条 当事人有权在法律规定的范围内处分自己的民事权利和诉讼权利。

第十四条 人民检察院有权对民事审判活动实行法律监督。

第十五条 机关、社会团体、企业事业单位对损害国家、集体或者个人民事权益的行为,可以支持受损害的单位或者个人向人民法院起诉。

第十六条 人民调解委员会是在基层人民政府和基层人民法院指导下,调解民间纠纷的群众性组织。

人民调解委员会依照法律规定,根据自愿原则进行调解。当事人对调解达成的协议应当履行;不愿调解、调解不成或者反悔的,可以向人民法院起诉。

人民调解委员会调解民间纠纷,如有违背法律的,人民法院应当予以纠正。

第十七条 民族自治地方的人民代表大会根据宪法和本法的原则,结合当地民族的具体情况,可以制定变通或者补充的规定。自治区的规定,报全国人民代表大会常务委员会批准。自治州、自治县的规定,报省或者自治区的人民代表大会常务委员会批准,并报全国人民代表大会常务委员会备案。

第二章 管 辖

第一节 级别管辖

第十八条 基层人民法院管辖第一审民事案件,但本法另有规定的除外。

第十九条 中级人民法院管辖下列第一审民事案件:

(一) 重大涉外案件;

(二) 在本辖区有重大影响的案件;

(三) 最高人民法院确定由中级人民法院管辖的案件。

第二十条 高级人民法院管辖在本辖区有重大影响的第一审民事案件。

第二十一条 最高人民法院管辖下列第一审民事案件:

(一) 在全国有重大影响的案件;

(二) 认为应当由本院审理的案件。

第二节 地域管辖

第二十二条 对公民提起的民事诉讼,由被告住所地人民法院管辖;被告住所地与经常居住地不一致的,由经常居住地人民法院管辖。

对法人或者其他组织提起的民事诉讼,由被告住所地人民法院管辖。

同一诉讼的几个被告住所地、经常居住地在两个以上人民法院辖区的，各该人民法院都有管辖权。

第二十三条 下列民事诉讼，由原告住所地人民法院管辖；原告住所地与经常居住地不一致的，由原告经常居住地人民法院管辖：

（一）对不在中华人民共和国领域内居住的人提起的有关身份关系的诉讼；

（二）对下落不明或者宣告失踪的人提起的有关身份关系的诉讼；

（三）对被劳动教养的人提起的诉讼；

（四）对被监禁的人提起的诉讼。

第二十四条 因合同纠纷提起的诉讼，由被告住所地或者合同履行地人民法院管辖。

第二十五条 合同的双方当事人可以在书面合同中协议选择被告住所地、合同履行地、合同签订地、原告住所地、标的物所在地人民法院管辖，但不得违反本法对级别管辖和专属管辖的规定。

第二十六条 因保险合同纠纷提起的诉讼，由被告住所地或者保险标的物所在地人民法院管辖。

第二十七条 因票据纠纷提起的诉讼，由票据支付地或者被告住所地人民法院管辖。

第二十八条 因铁路、公路、水上、航空运输和联合运输合同纠纷提起的诉讼，由运输始发地、目的地或者被告住所地人民法院管辖。

第二十九条 因侵权行为提起的诉讼，由侵权行为地或者被告住所地人民法院管辖。

第三十条 因铁路、公路、水上和航空事故请求损害赔偿提起的诉讼，由事故发生地或者车辆、船舶最先到达地、航空器最先降落地或者被告住所地人民法院管辖。

第三十一条 因船舶碰撞或者其他海事损害事故请求损害赔偿提起的诉讼，由碰撞发生地、碰撞船舶最先到达地、加害船舶被扣留地或者被告住所地人民法院管辖。

第三十二条 因海难救助费用提起的诉讼，由救助地或者被救助船舶最先到达地人民法院管辖。

第三十三条 因共同海损提起的诉讼，由船舶最先到达地、共同海损理算地或者航程终止地的人民法院管辖。

第三十四条 下列案件，由本条规定的人民法院专属管辖：

（一）因不动产纠纷提起的诉讼，由不动产所在地人民法院管辖；

（二）因港口作业中发生纠纷提起的诉讼，由港口所在地人民法院管辖；

（三）因继承遗产纠纷提起的诉讼，由被继承人死亡时住所地或者主要遗产所在地人民法院管辖。

第三十五条 两个以上人民法院都有管辖权的诉讼，原告可以向其中一个人民法院起诉；原告向两个以上有管辖权的人民法院起诉的，由最先立案的人民法院管辖。

第三节 移送管辖和指定管辖

第三十六条 人民法院发现受理的案件不属于本院管辖的，应当移送有管辖权的人民法院，受移送的人民法院应当受理。受移送的人民法院认为受移送的案件依照规定不属于本院管辖的，应当报请上级人民法院指定管辖，不得再自行移送。

第三十七条 有管辖权的人民法院由于特殊原因，不能行使管辖权的，由上级人民法院指定管辖。

人民法院之间因管辖权发生争议，由争议双方协商解决；协商解决不了的，报请它们的共同上级人民法院指定管辖。

第三十八条 人民法院受理案件后，当事人对管辖权有异议的，应当在提交答辩状期间提出。人民法院对当事人提出的异议，应当审查。异议成立的，裁定将案件移送有管辖权的人民法院；异议不成立的，裁定驳回。

第三十九条 上级人民法院有权审理下级人民法院管辖的第一审民事案件，也可以把本院管辖的第一审民事案件交下级人民法院审理。

下级人民法院对它所管辖的第一审民事案件，认为需要由上级人民法院审理的，可以报请上级人民法院审理。

第三章 审判组织

第四十条 人民法院审理第一审民事案件，由审判员、陪审员共同组成合议庭或者由审判员组成合议庭。合议庭的成员人数，必须是单数。

适用简易程序审理的民事案件，由审判员一人独任审理。

陪审员在执行陪审职务时，与审判员有同等的权利义务。

第四十一条 人民法院审理第二审民事案件，由审判员组成合议庭。合议庭的成员人数，必须是单数。

发回重审的案件,原审人民法院应当按照第一审程序另行组成合议庭。

审理再审案件,原来是第一审的,按照第一审程序另行组成合议庭;原来是第二审的或者是上级人民法院提审的,按照第二审程序另行组成合议庭。

第四十二条 合议庭的审判长由院长或者庭长指定审判员一人担任;院长或者庭长参加审判的,由院长或者庭长担任。

第四十三条 合议庭评议案件,实行少数服从多数的原则。评议应当制作笔录,由合议庭成员签名。评议中的不同意见,必须如实记入笔录。

第四十四条 审判人员应当依法秉公办案。

审判人员不得接受当事人及其诉讼代理人请客送礼。

审判人员有贪污受贿,徇私舞弊,枉法裁判行为的,应当追究法律责任;构成犯罪的,依法追究刑事责任。

第四章 回 避

第四十五条 审判人员有下列情形之一的,必须回避,当事人有权用口头或者书面方式申请他们回避:

(一)是本案当事人或者当事人、诉讼代理人的近亲属;

(二)与本案有利害关系;

(三)与本案当事人有其他关系,可能影响对案件公正审理的。

前款规定,适用于书记员、翻译人员、鉴定人、勘验人。

第四十六条 当事人提出回避申请,应当说明理由,在案件开始审理时提出;回避事由在案件开始审理后知道的,也可以在法庭辩论终结前提出。

被申请回避的人员在人民法院作出是否回避的决定前,应当暂停参与本案的工作,但案件需要采取紧急措施的除外。

第四十七条 院长担任审判长时的回避,由审判委员会决定;审判人员的回避,由院长决定;其他人员的回避,由审判长决定。

第四十八条 人民法院对当事人提出的回避申请,应当在申请提出的三日内,以口头或者书面形式作出决定。申请人对决定不服的,可以在接到决定时申请复议一次。复议期间,被申请回避的人员,不停止参与本案的工作。人民法院对复议申请,应当在三日内作出复议决定,并通知复议申请人。

第五章 诉讼参加人

第一节 当事人

第四十九条 公民、法人和其他组织可以作为民事诉讼的当事人。

法人由其法定代表人进行诉讼。其他组织由其主要负责人进行诉讼。

第五十条 当事人有权委托代理人,提出回避申请,收集、提供证据,进行辩论,请求调解,提起上诉,申请执行。

当事人可以查阅本案有关材料,并可以复制本案有关材料和法律文书。查阅、复制本案有关材料的范围和办法由最高人民法院规定。

当事人必须依法行使诉讼权利,遵守诉讼秩序,履行发生法律效力的判决书、裁定书和调解书。

第五十一条 双方当事人可以自行和解。

第五十二条 原告可以放弃或者变更诉讼请求。被告可以承认或者反驳诉讼请求,有权提起反诉。

第五十三条 当事人一方或者双方为二人以上,其诉讼标的是共同的,或者诉讼标的是同一种类、人民法院认为可以合并审理并经当事人同意的,为共同诉讼。

共同诉讼的一方当事人对诉讼标的有共同权利义务的,其中一人的诉讼行为经其他共同诉讼人承认,对其他共同诉讼人发生效力;对诉讼标的没有共同权利义务的,其中一人的诉讼行为对其他共同诉讼人不发生效力。

第五十四条 当事人一方人数众多的共同诉讼,可以由当事人推选代表人进行诉讼。代表人的诉讼行为对其所代表的当事人发生效力,但代表人变更、放弃诉讼请求或者承认对方当事人的诉讼请求,进行和解,必须经被代表的当事人同意。

第五十五条 诉讼标的是同一种类、当事人一方人数众多在起诉时人数尚未确定的,人民法院可以发出公告,说明案件情况和诉讼请求,通知权利人在一定期间向人民法院登记。

向人民法院登记的权利人可以推选代表人进行诉讼;推选不出代表人的,人民法院可以与参加登记的权利人商定代表人。

代表人的诉讼行为对其所代表的当事人发生效力,但代表人变更、放弃诉讼请求或者承认对方当事人的诉讼请求,进行和解,必须经被代表的当事人同意。

人民法院作出的判决、裁定,对参加登记的全体权利人发生效力。未参加登记的权利人在诉讼时效期间提起诉讼的,适用该判决、裁定。

第五十六条 对当事人双方的诉讼标的,第三人认为有独立请求权的,有权提起诉讼。

对当事人双方的诉讼标的,第三人虽然没有独立请求权,但案件处理结果同他有法律上的利害关系的,可以申请参加诉讼,或者由人民法院通知他参加诉讼。人民法院判决承担民事责任的第三人,有当事人的诉讼权利义务。

第二节 诉讼代理人

第五十七条 无诉讼行为能力人由他的监护人作为法定代理人代为诉讼。法定代理人之间互相推诿代理责任的,由人民法院指定其中一人代为诉讼。

第五十八条 当事人、法定代理人可以委托一至二人作为诉讼代理人。

律师、当事人的近亲属、有关的社会团体或者所在单位推荐的人、经人民法院许可的其他公民,都可以被委托为诉讼代理人。

第五十九条 委托他人代为诉讼,必须向人民法院提交由委托人签名或者盖章的授权委托书。

授权委托书必须记明委托事项和权限。诉讼代理人代为承认、放弃、变更诉讼请求,进行和解,提起反诉或者上诉,必须有委托人的特别授权。

侨居在国外的中华人民共和国公民从国外寄交或者托交的授权委托书,必须经中华人民共和国驻该国的使领馆证明;没有使领馆的,由与中华人民共和国有外交关系的第三国驻该国的使领馆证明,再转由中华人民共和国驻该第三国使领馆证明,或者由当地的爱国华侨团体证明。

第六十条 诉讼代理人的权限如果变更或者解除,当事人应当书面告知人民法院,并由人民法院通知对方当事人。

第六十一条 代理诉讼的律师和其他诉讼代理人有权调查收集证据,可以查阅本案有关材料。查阅本案有关材料的范围和办法由最高人民法院规定。

第六十二条 离婚案件有诉讼代理人的,本人除不能表达意志的以外,仍应出庭;确因特殊情况无法出庭的,必须向人民法院提交书面意见。

第六章 证 据

第六十三条 证据有下列几种:

(一) 书证;

(二) 物证;

（三）视听资料；

（四）证人证言；

（五）当事人的陈述；

（六）鉴定结论；

（七）勘验笔录。

以上证据必须查证属实，才能作为认定事实的根据。

第六十四条 当事人对自己提出的主张，有责任提供证据。

当事人及其诉讼代理人因客观原因不能自行收集的证据，或者人民法院认为审理案件需要的证据，人民法院应当调查收集。

人民法院应当按照法定程序，全面地、客观地审查核实证据。

第六十五条 人民法院有权向有关单位和个人调查取证，有关单位和个人不得拒绝。

人民法院对有关单位和个人提出的证明文书，应当辨别真伪，审查确定其效力。

第六十六条 证据应当在法庭上出示，并由当事人互相质证。对涉及国家秘密、商业秘密和个人隐私的证据应当保密，需要在法庭出示的，不得在公开开庭时出示。

第六十七条 经过法定程序公证证明的法律行为、法律事实和文书，人民法院应当作为认定事实的根据。但有相反证据足以推翻公证证明的除外。

第六十八条 书证应当提交原件。物证应当提交原物。提交原件或者原物确有困难的，可以提交复制品、照片、副本、节录本。

提交外文书证，必须附有中文译本。

第六十九条 人民法院对视听资料，应当辨别真伪，并结合本案的其他证据，审查确定能否作为认定事实的根据。

第七十条 凡是知道案件情况的单位和个人，都有义务出庭作证。有关单位的负责人应当支持证人作证。证人确有困难不能出庭的，经人民法院许可，可以提交书面证言。

不能正确表达意志的人，不能作证。

第七十一条 人民法院对当事人的陈述，应当结合本案的其他证据，审查确定能否作为认定事实的根据。

当事人拒绝陈述的，不影响人民法院根据证据认定案件事实。

第七十二条 人民法院对专门性问题认为需要鉴定的,应当交由法定鉴定部门鉴定;没有法定鉴定部门的,由人民法院指定的鉴定部门鉴定。

鉴定部门及其指定的鉴定人有权了解进行鉴定所需要的案件材料,必要时可以询问当事人、证人。

鉴定部门和鉴定人应当提出书面鉴定结论,在鉴定书上签名或者盖章。鉴定人鉴定的,应当由鉴定人所在单位加盖印章,证明鉴定人身份。

第七十三条 勘验物证或者现场,勘验人必须出示人民法院的证件,并邀请当地基层组织或者当事人所在单位派人参加。当事人或者当事人的成年家属应当到场,拒不到场的,不影响勘验的进行。

有关单位和个人根据人民法院的通知,有义务保护现场,协助勘验工作。

勘验人应当将勘验情况和结果制作笔录,由勘验人、当事人和被邀参加人签名或者盖章。

第七十四条 在证据可能灭失或者以后难以取得的情况下,诉讼参加人可以向人民法院申请保全证据,人民法院也可以主动采取保全措施。

第七章 期间、送达

第一节 期 间

第七十五条 期间包括法定期间和人民法院指定的期间。

期间以时、日、月、年计算。期间开始的时和日,不计算在期间内。

期间届满的最后一日是节假日的,以节假日后的第一日为期间届满的日期。

期间不包括在途时间,诉讼文书在期满前交邮的,不算过期。

第七十六条 当事人因不可抗拒的事由或者其他正当理由耽误期限的,在障碍消除后的十日内,可以申请顺延期限,是否准许,由人民法院决定。

第二节 送 达

第七十七条 送达诉讼文书必须有送达回证,由受送达人在送达回证上记明收到日期,签名或者盖章。

受送达人在送达回证上的签收日期为送达日期。

第七十八条 送达诉讼文书,应当直接送交受送达人。受送达人是公民的,本人不在交他的同住成年家属签收;受送达人是法人或者其他组织的,应当由法人的法定代表人、其他组织的主要负责人或者该法人、组织负责收件的人签收;受送达人有诉讼代理人的,可以送交其代理人签收;受送达人已向人民法院指定代收人的，送交代收人签收。

受送达人的同住成年家属，法人或者其他组织的负责收件的人，诉讼代理人或者代收人在送达回证上签收的日期为送达日期。

第七十九条 受送达人或者他的同住成年家属拒绝接收诉讼文书的，送达人应当邀请有关基层组织或者所在单位的代表到场，说明情况，在送达回证上记明拒收事由和日期，由送达人、见证人签名或者盖章，把诉讼文书留在受送达人的住所，即视为送达。

第八十条 直接送达诉讼文书有困难的，可以委托其他人民法院代为送达，或者邮寄送达。邮寄送达的，以回执上注明的收件日期为送达日期。

第八十一条 受送达人是军人的，通过其所在部队团以上单位的政治机关转交。

第八十二条 受送达人是被监禁的，通过其所在监所或者劳动改造单位转交。

受送达人是被劳动教养的，通过其所在劳动教养单位转交。

第八十三条 代为转交的机关、单位收到诉讼文书后，必须立即交受送达人签收，以在送达回证上的签收日期，为送达日期。

第八十四条 受送达人下落不明，或者用本节规定的其他方式无法送达的，公告送达。自发出公告之日起，经过六十日，即视为送达。

公告送达，应当在案卷中记明原因和经过。

第八章 调 解

第八十五条 人民法院审理民事案件，根据当事人自愿的原则，在事实清楚的基础上，分清是非，进行调解。

第八十六条 人民法院进行调解，可以由审判员一人主持，也可以由合议庭主持，并尽可能就地进行。

人民法院进行调解，可以用简便方式通知当事人、证人到庭。

第八十七条 人民法院进行调解，可以邀请有关单位和个人协助。被邀请的单位和个人，应当协助人民法院进行调解。

第八十八条 调解达成协议，必须双方自愿，不得强迫。调解协议的内容不得违反法律规定。

第八十九条 调解达成协议，人民法院应当制作调解书。调解书应当写明诉讼请求、案件的事实和调解结果。

调解书由审判人员、书记员署名,加盖人民法院印章,送达双方当事人。

调解书经双方当事人签收后,即具有法律效力。

第九十条 下列案件调解达成协议,人民法院可以不制作调解书:

(一)调解和好的离婚案件;

(二)调解维持收养关系的案件;

(三)能够即时履行的案件;

(四)其他不需要制作调解书的案件。

对不需要制作调解书的协议,应当记入笔录,由双方当事人、审判人员、书记员签名或者盖章后,即具有法律效力。

第九十一条 调解未达成协议或者调解书送达前一方反悔的,人民法院应当及时判决。

第九章 财产保全和先予执行

第九十二条 人民法院对于可能因当事人一方的行为或者其他原因,使判决不能执行或者难以执行的案件,可以根据对方当事人的申请,作出财产保全的裁定;当事人没有提出申请的,人民法院在必要时也可以裁定采取财产保全措施。

人民法院采取财产保全措施,可以责令申请人提供担保;申请人不提供担保的,驳回申请。

人民法院接受申请后,对情况紧急的,必须在四十八小时内作出裁定;裁定采取财产保全措施的,应当立即开始执行。

第九十三条 利害关系人因情况紧急,不立即申请财产保全将会使其合法权益受到难以弥补的损害的,可以在起诉前向人民法院申请采取财产保全措施。申请人应当提供担保,不提供担保的,驳回申请。

人民法院接受申请后,必须在四十八小时内作出裁定;裁定采取财产保全措施的,应当立即开始执行。

申请人在人民法院采取保全措施后十五日内不起诉的,人民法院应当解除财产保全。

第九十四条 财产保全限于请求的范围,或者与本案有关的财物。

财产保全采取查封、扣押、冻结或者法律规定的其他方法。

人民法院冻结财产后,应当立即通知被冻结财产的人。

财产已被查封、冻结的,不得重复查封、冻结。

第九十五条 被申请人提供担保的,人民法院应当解除财产保全。

第九十六条 申请有错误的,申请人应当赔偿被申请人因财产保全所遭受的损失。

第九十七条 人民法院对下列案件,根据当事人的申请,可以裁定先予执行:

(一) 追索赡养费、扶养费、抚育费、抚恤金、医疗费用的;

(二) 追索劳动报酬的;

(三) 因情况紧急需要先予执行的。

第九十八条 人民法院裁定先予执行的,应当符合下列条件:

(一) 当事人之间权利义务关系明确,不先予执行将严重影响申请人的生活或者生产经营的;

(二) 被申请人有履行能力。

人民法院可以责令申请人提供担保,申请人不提供担保的,驳回申请。申请人败诉的,应当赔偿被申请人因先予执行遭受的财产损失。

第九十九条 当事人对财产保全或者先予执行的裁定不服的,可以申请复议一次。复议期间不停止裁定的执行。

第十章 对妨害民事诉讼的强制措施

第一百条 人民法院对必须到庭的被告,经两次传票传唤,无正当理由拒不到庭的,可以拘传。

第一百零一条 诉讼参与人和其他人应当遵守法庭规则。

人民法院对违反法庭规则的人,可以予以训诫,责令退出法庭或者予以罚款、拘留。

人民法院对哄闹、冲击法庭,侮辱、诽谤、威胁、殴打审判人员,严重扰乱法庭秩序的人,依法追究刑事责任;情节较轻的,予以罚款、拘留。

第一百零二条 诉讼参与人或者其他人有下列行为之一的,人民法院可以根据情节轻重予以罚款、拘留;构成犯罪的,依法追究刑事责任:

(一) 伪造、毁灭重要证据,妨碍人民法院审理案件的;

(二) 以暴力、威胁、贿买方法阻止证人作证或者指使、贿买、胁迫他人作伪证的;

(三) 隐藏、转移、变卖、毁损已被查封、扣押的财产,或者已被清点并责令其保管的财产,转移已被冻结的财产的;

（四）对司法工作人员、诉讼参加人、证人、翻译人员、鉴定人、勘验人、协助执行的人，进行侮辱、诽谤、诬陷、殴打或者打击报复的；

（五）以暴力、威胁或者其他方法阻碍司法工作人员执行职务的；

（六）拒不履行人民法院已经发生法律效力的判决、裁定的。

人民法院对有前款规定的行为之一的单位，可以对其主要负责人或者直接责任人员予以罚款、拘留；构成犯罪的，依法追究刑事责任。

第一百零三条 有义务协助调查、执行的单位有下列行为之一的，人民法院除责令其履行协助义务外，并可以予以罚款：

（一）有关单位拒绝或者妨碍人民法院调查取证的；

（二）银行、信用合作社和其他有储蓄业务的单位接到人民法院协助执行通知书后，拒不协助查询、冻结或者划拨存款的；

（三）有关单位接到人民法院协助执行通知书后，拒不协助扣留被执行人的收入、办理有关财产权证照转移手续、转交有关票证、证照或者其他财产的；

（四）其他拒绝协助执行的。

人民法院对有前款规定的行为之一的单位，可以对其主要负责人或者直接责任人员予以罚款；对仍不履行协助义务的，可以予以拘留；并可以向监察机关或者有关机关提出予以纪律处分的司法建议。

第一百零四条 对个人的罚款金额，为人民币一万元以下。对单位的罚款金额，为人民币一万元以上三十万元以下。

拘留的期限，为十五日以下。

被拘留的人，由人民法院交公安机关看管。在拘留期间，被拘留人承认并改正错误的，人民法院可以决定提前解除拘留。

第一百零五条 拘传、罚款、拘留必须经院长批准。

拘传应当发拘传票。

罚款、拘留应当用决定书。对决定不服的，可以向上一级人民法院申请复议一次。复议期间不停止执行。

第一百零六条 采取对妨害民事诉讼的强制措施必须由人民法院决定。任何单位和个人采取非法拘禁他人或者非法私自扣押他人财产追索债务的，应当依法追究刑事责任，或者予以拘留、罚款。

第十一章 诉讼费用

第一百零七条 当事人进行民事诉讼,应当按照规定交纳案件受理费。财产案件除交纳案件受理费外,并按照规定交纳其他诉讼费用。

当事人交纳诉讼费用确有困难的,可以按照规定向人民法院申请缓交、减交或者免交。

收取诉讼费用的办法另行制定。

第二编 审判程序

第十二章 第一审普通程序

第一节 起诉和受理

第一百零八条 起诉必须符合下列条件:

(一) 原告是与本案有直接利害关系的公民、法人和其他组织;

(二) 有明确的被告;

(三) 有具体的诉讼请求和事实、理由;

(四) 属于人民法院受理民事诉讼的范围和受诉人民法院管辖。

第一百零九条 起诉应当向人民法院递交起诉状,并按照被告人数提出副本。

书写起诉状确有困难的,可以口头起诉,由人民法院记入笔录,并告知对方当事人。

第一百一十条 起诉状应当记明下列事项:

(一) 当事人的姓名、性别、年龄、民族、职业、工作单位和住所,法人或者其他组织的名称、住所和法定代表人或者主要负责人的姓名、职务;

(二) 诉讼请求和所根据的事实与理由;

(三) 证据和证据来源,证人姓名和住所。

第一百一十一条 人民法院对符合本法第一百零八条的起诉,必须受理;对下列起诉,分别情形,予以处理:

(一) 依照行政诉讼法的规定,属于行政诉讼受案范围的,告知原告提起行政诉讼;

(二) 依照法律规定,双方当事人对合同纠纷自愿达成书面仲裁协议向仲裁机构申请仲裁、不得向人民法院起诉的,告知原告向仲裁机构申请仲裁;

（三）依照法律规定，应当由其他机关处理的争议，告知原告向有关机关申请解决；

（四）对不属于本院管辖的案件，告知原告向有管辖权的人民法院起诉；

（五）对判决、裁定已经发生法律效力的案件，当事人又起诉的，告知原告按照申诉处理，但人民法院准许撤诉的裁定除外；

（六）依照法律规定，在一定期限内不得起诉的案件，在不得起诉的期限内起诉的，不予受理；

（七）判决不准离婚和调解和好的离婚案件，判决、调解维持收养关系的案件，没有新情况、新理由，原告在六个月内又起诉的，不予受理。

第一百一十二条 人民法院收到起诉状或者口头起诉，经审查，认为符合起诉条件的，应当在七日内立案，并通知当事人；认为不符合起诉条件的，应当在七日内裁定不予受理；原告对裁定不服的，可以提起上诉。

第二节 审理前的准备

第一百一十三条 人民法院应当在立案之日起五日内将起诉状副本发送被告，被告在收到之日起十五日内提出答辩状。

被告提出答辩状的，人民法院应当在收到之日起五日内将答辩状副本发送原告。被告不提出答辩状的，不影响人民法院审理。

第一百一十四条 人民法院对决定受理的案件，应当在受理案件通知书和应诉通知书中向当事人告知有关的诉讼权利义务，或者口头告知。

第一百一十五条 合议庭组成人员确定后，应当在三日内告知当事人。

第一百一十六条 审判人员必须认真审核诉讼材料，调查收集必要的证据。

第一百一十七条 人民法院派出人员进行调查时，应当向被调查人出示证件。

调查笔录经被调查人校阅后，由被调查人、调查人签名或者盖章。

第一百一十八条 人民法院在必要时可以委托外地人民法院调查。

委托调查，必须提出明确的项目和要求。受委托人民法院可以主动补充调查。

受委托人民法院收到委托书后，应当在三十日内完成调查。因故不能完成的，应当在上述期限内函告委托人民法院。

第一百一十九条 必须共同进行诉讼的当事人没有参加诉讼的，人民法院应当通知其参加诉讼。

第三节 开庭审理

第一百二十条 人民法院审理民事案件，除涉及国家秘密、个人隐私或者法律另有规定的以外,应当公开进行。

离婚案件,涉及商业秘密的案件,当事人申请不公开审理的,可以不公开审理。

第一百二十一条 人民法院审理民事案件,根据需要进行巡回审理,就地办案。

第一百二十二条 人民法院审理民事案件,应当在开庭三日前通知当事人和其他诉讼参与人。公开审理的,应当公告当事人姓名、案由和开庭的时间、地点。

第一百二十三条 开庭审理前,书记员应当查明当事人和其他诉讼参与人是否到庭,宣布法庭纪律。

开庭审理时,由审判长核对当事人,宣布案由,宣布审判人员、书记员名单,告知当事人有关的诉讼权利义务,询问当事人是否提出回避申请。

第一百二十四条 法庭调查按照下列顺序进行:

(一) 当事人陈述;

(二) 告知证人的权利义务,证人作证,宣读未到庭的证人证言;

(三) 出示书证、物证和视听资料;

(四) 宣读鉴定结论;

(五) 宣读勘验笔录。

第一百二十五条 当事人在法庭上可以提出新的证据。

当事人经法庭许可,可以向证人、鉴定人、勘验人发问。

当事人要求重新进行调查、鉴定或者勘验的,是否准许,由人民法院决定。

第一百二十六条 原告增加诉讼请求,被告提出反诉,第三人提出与本案有关的诉讼请求,可以合并审理。

第一百二十七条 法庭辩论按照下列顺序进行:

(一) 原告及其诉讼代理人发言;

(二) 被告及其诉讼代理人答辩;

(三) 第三人及其诉讼代理人发言或者答辩;

(四) 互相辩论。

法庭辩论终结,由审判长按照原告、被告、第三人的先后顺序征询各方最后意见。

第一百二十八条 法庭辩论终结,应当依法作出判决。判决前能够调解的,还可以进行调解,调解不成的,应当及时判决。

第一百二十九条 原告经传票传唤,无正当理由拒不到庭的,或者未经法庭许可中途退庭的,可以按撤诉处理;被告反诉的,可以缺席判决。

第一百三十条 被告经传票传唤,无正当理由拒不到庭的,或者未经法庭许可中途退庭的，可以缺席判决。

第一百三十一条 宣判前，原告申请撤诉的，是否准许，由人民法院裁定。

人民法院裁定不准许撤诉的，原告经传票传唤，无正当理由拒不到庭的，可以缺席判决。

第一百三十二条 有下列情形之一的，可以延期开庭审理：

（一）必须到庭的当事人和其他诉讼参与人有正当理由没有到庭的；

（二）当事人临时提出回避申请的；

（三）需要通知新的证人到庭，调取新的证据，重新鉴定、勘验，或者需要补充调查的；

（四）其他应当延期的情形。

第一百三十三条 书记员应当将法庭审理的全部活动记入笔录，由审判人员和书记员签名。

法庭笔录应当当庭宣读，也可以告知当事人和其他诉讼参与人当庭或者在五日内阅读。当事人和其他诉讼参与人认为对自己的陈述记录有遗漏或者差错的，有权申请补正。如果不予补正，应当将申请记录在案。

法庭笔录由当事人和其他诉讼参与人签名或者盖章。拒绝签名盖章的，记明情况附卷。

第一百三十四条 人民法院对公开审理或者不公开审理的案件，一律公开宣告判决。

当庭宣判的，应当在十日内发送判决书；定期宣判的，宣判后立即发给判决书。

宣告判决时，必须告知当事人上诉权利、上诉期限和上诉的法院。

宣告离婚判决，必须告知当事人在判决发生法律效力前不得另行结婚。

第一百三十五条 人民法院适用普通程序审理的案件，应当在立案之日起六个月内审结。有特殊情况需要延长的，由本院院长批准，可以延长六个月；还需要延长的，报请上级人民法院批准。

第四节 诉讼中止和终结

第一百三十六条 有下列情形之一的，中止诉讼：

（一）一方当事人死亡，需要等待继承人表明是否参加诉讼的；

（二）一方当事人丧失诉讼行为能力，尚未确定法定代理人的；

（三）作为一方当事人的法人或者其他组织终止，尚未确定权利义务承受人的；

（四）一方当事人因不可抗拒的事由，不能参加诉讼的；

（五）本案必须以另一案的审理结果为依据，而另一案尚未审结的；

（六）其他应当中止诉讼的情形。

中止诉讼的原因消除后，恢复诉讼。

第一百三十七条 有下列情形之一的，终结诉讼：

（一）原告死亡，没有继承人，或者继承人放弃诉讼权利的；

（二）被告死亡，没有遗产，也没有应当承担义务的人的；

（三）离婚案件一方当事人死亡的；

（四）追索赡养费、扶养费、抚育费以及解除收养关系案件的一方当事人死亡的。

第五节 判决和裁定

第一百三十八条 判决书应当写明：

（一）案由、诉讼请求、争议的事实和理由；

（二）判决认定的事实、理由和适用的法律依据；

（三）判决结果和诉讼费用的负担；

（四）上诉期间和上诉的法院。

判决书由审判人员、书记员署名，加盖人民法院印章。

第一百三十九条 人民法院审理案件，其中一部分事实已经清楚，可以就该部分先行判决。

第一百四十条 裁定适用于下列范围：

（一）不予受理；

（二）对管辖权有异议的；

（三）驳回起诉；

（四）财产保全和先予执行；

（五）准许或者不准许撤诉；

（六）中止或者终结诉讼；

（七）补正判决书中的笔误；

（八）中止或者终结执行；

（九）不予执行仲裁裁决；

（十）不予执行公证机关赋予强制执行效力的债权文书；

（十一）其他需要裁定解决的事项。

对前款第(一)、(二)、(三)项裁定,可以上诉。

裁定书由审判人员、书记员署名,加盖人民法院印章。口头裁定的,记入笔录。

第一百四十一条 最高人民法院的判决、裁定,以及依法不准上诉或者超过上诉期没有上诉的判决、裁定,是发生法律效力的判决、裁定。

第十三章 简易程序

第一百四十二条 基层人民法院和它派出的法庭审理事实清楚、权利义务关系明确、争议不大的简单的民事案件,适用本章规定。

第一百四十三条 对简单的民事案件,原告可以口头起诉。

当事人双方可以同时到基层人民法院或者它派出的法庭,请求解决纠纷。基层人民法院或者它派出的法庭可以当即审理,也可以另定日期审理。

第一百四十四条 基层人民法院和它派出的法庭审理简单的民事案件,可以用简便方式随时传唤当事人、证人。

第一百四十五条 简单的民事案件由审判员一人独任审理,并不受本法第一百二十二条、第一百二十四条、第一百二十七条规定的限制。

第一百四十六条 人民法院适用简易程序审理案件,应当在立案之日起三个月内审结。

第十四章 第二审程序

第一百四十七条 当事人不服地方人民法院第一审判决的,有权在判决书送达之日起十五日内向上一级人民法院提起上诉。

当事人不服地方人民法院第一审裁定的,有权在裁定书送达之日起十日内向上一级人民法院提起上诉。

第一百四十八条 上诉应当递交上诉状。上诉状的内容,应当包括当事人的姓名,法人的名称及其法定代表人的姓名或者其他组织的名称及其主要负责人的姓名;原审人民法院名称、案件的编号和案由;上诉的请求和理由。

第一百四十九条 上诉状应当通过原审人民法院提出,并按照对方当事人或者代表人的人数提出副本。

当事人直接向第二审人民法院上诉的,第二审人民法院应当在五日内将上诉状移交原审人民法院。

第一百五十条 原审人民法院收到上诉状,应当在五日内将上诉状副本送达对方当事人,对方当事人在收到之日起十五日内提出答辩状。人民法院应当在收到答辩状之日起五日内将副本送达上诉人。对方当事人不提出答辩状的,不影响人民法院审理。

原审人民法院收到上诉状、答辩状,应当在五日内连同全部案卷和证据,报送第二审人民法院。

第一百五十一条 第二审人民法院应当对上诉请求的有关事实和适用法律进行审查。

第一百五十二条 第二审人民法院对上诉案件,应当组成合议庭,开庭审理。经过阅卷和调查,询问当事人,在事实核对清楚后,合议庭认为不需要开庭审理的,也可以径行判决、裁定。

第二审人民法院审理上诉案件,可以在本院进行,也可以到案件发生地或者原审人民法院所在地进行。

第一百五十三条 第二审人民法院对上诉案件,经过审理,按照下列情形,分别处理:

(一)原判决认定事实清楚,适用法律正确的,判决驳回上诉,维持原判决;

(二)原判决适用法律错误的,依法改判;

(三)原判决认定事实错误,或者原判决认定事实不清,证据不足,裁定撤销原判决,发回原审人民法院重审,或者查清事实后改判;

(四)原判决违反法定程序,可能影响案件正确判决的,裁定撤销原判决,发回原审人民法院重审。

当事人对重审案件的判决、裁定,可以上诉。

第一百五十四条 第二审人民法院对不服第一审人民法院裁定的上诉案件的处理,一律使用裁定。

第一百五十五条 第二审人民法院审理上诉案件,可以进行调解。调解达成协议,应当制作调解书,由审判人员、书记员署名,加盖人民法院印章。调解书送达后,原审人民法院的判决即视为撤销。

第一百五十六条 第二审人民法院判决宣告前,上诉人申请撤回上诉的,是否准许,由第二审人民法院裁定。

第一百五十七条 第二审人民法院审理上诉案件,除依照本章规定外,适用第一审普通程序。

第一百五十八条 第二审人民法院的判决、裁定,是终审的判决、裁定。

第一百五十九条 人民法院审理对判决的上诉案件,应当在第二审立案之日起三个月内审结。有特殊情况需要延长的,由本院院长批准。

人民法院审理对裁定的上诉案件,应当在第二审立案之日起三十日内作出终审裁定。

第十五章 特别程序

第一节 一般规定

第一百六十条 人民法院审理选民资格案件、宣告失踪或者宣告死亡案件、认定公民无民事行为能力或者限制民事行为能力案件和认定财产无主案件,适用本章规定。本章没有规定的,适用本法和其他法律的有关规定。

第一百六十一条 依照本章程序审理的案件,实行一审终审。选民资格案件或者重大、疑难的案件,由审判员组成合议庭审理;其他案件由审判员一人独任审理。

第一百六十二条 人民法院在依照本章程序审理案件的过程中,发现本案属于民事权益争议的,应当裁定终结特别程序,并告知利害关系人可以另行起诉。

第一百六十三条 人民法院适用特别程序审理的案件,应当在立案之日起三十日内或者公告期满后三十日内审结。有特殊情况需要延长的,由本院院长批准。但审理选民资格的案件除外。

第二节 选民资格案件

第一百六十四条 公民不服选举委员会对选民资格的申诉所作的处理决定,可以在选举日的五日以前向选区所在地基层人民法院起诉。

第一百六十五条 人民法院受理选民资格案件后,必须在选举日前审结。

审理时,起诉人、选举委员会的代表和有关公民必须参加。

人民法院的判决书,应当在选举日前送达选举委员会和起诉人,并通知有关公民。

第三节 宣告失踪、宣告死亡案件

第一百六十六条 公民下落不明满二年,利害关系人申请宣告其失踪的,向下落不明人住所地基层人民法院提出。

申请书应当写明失踪的事实、时间和请求,并附有公安机关或者其他有关机关关于该公民下落不明的书面证明。

第一百六十七条 公民下落不明满四年,或者因意外事故下落不明满二年,或者因意外事故下落不明,经有关机关证明该公民不可能生存,利害关系人申请宣告其死亡的,向下落不明人住所地基层人民法院提出。

申请书应当写明下落不明的事实、时间和请求,并附有公安机关或者其他有关机关关于该公民下落不明的书面证明。

第一百六十八条 人民法院受理宣告失踪、宣告死亡案件后,应当发出寻找下落不明人的公告。宣告失踪的公告期间为三个月,宣告死亡的公告期间为一年。因意外事故下落不明,经有关机关证明该公民不可能生存的,宣告死亡的公告期间为三个月。

公告期间届满,人民法院应当根据被宣告失踪、宣告死亡的事实是否得到确认,作出宣告失踪、宣告死亡的判决或者驳回申请的判决。

第一百六十九条 被宣告失踪、宣告死亡的公民重新出现,经本人或者利害关系人申请,人民法院应当作出新判决,撤销原判决。

第四节 认定公民无民事行为能力、限制民事行为能力案件

第一百七十条 申请认定公民无民事行为能力或者限制民事行为能力,由其近亲属或者其他利害关系人向该公民住所地基层人民法院提出。

申请书应当写明该公民无民事行为能力或者限制民事行为能力的事实和根据。

第一百七十一条 人民法院受理申请后,必要时应当对被请求认定为无民事行为能力或者限制民事行为能力的公民进行鉴定。申请人已提供鉴定结论的,应当对鉴定结论进行审查。

第一百七十二条 人民法院审理认定公民无民事行为能力或者限制民事行为能力的案件,应当由该公民的近亲属为代理人,但申请人除外。近亲属互相推诿的,由人民法院指定其中一人为代理人。该公民健康情况许可的,还应当询问本人的意见。

人民法院经审理认定申请有事实根据的,判决该公民为无民事行为能力或者限制民事行为能力人;认定申请没有事实根据的,应当判决予以驳回。

第一百七十三条 人民法院根据被认定为无民事行为能力人、限制民事行为能力人或者他的监护人的申请,证实该公民无民事行为能力或者限制民事行为能力的原因已经消除的,应当作出新判决,撤销原判决。

第五节 认定财产无主案件

第一百七十四条 申请认定财产无主,由公民、法人或者其他组织向财产所在地基层人民法院提出。

申请书应当写明财产的种类、数量以及要求认定财产无主的根据。

第一百七十五条 人民法院受理申请后，经审查核实，应当发出财产认领公告。公告满一年无人认领的，判决认定财产无主，收归国家或者集体所有。

第一百七十六条 判决认定财产无主后，原财产所有人或者继承人出现，在民法通则规定的诉讼时效期间可以对财产提出请求，人民法院审查属实后，应当作出新判决，撤销原判决。

第十六章 审判监督程序

第一百七十七条 各级人民法院院长对本院已经发生法律效力的判决、裁定，发现确有错误，认为需要再审的，应当提交审判委员会讨论决定。

最高人民法院对地方各级人民法院已经发生法律效力的判决、裁定，上级人民法院对下级人民法院已经发生法律效力的判决、裁定，发现确有错误的，有权提审或者指令下级人民法院再审。

第一百七十八条 当事人对已经发生法律效力的判决、裁定，认为有错误的，可以向上一级人民法院申请再审，但不停止判决、裁定的执行。

第一百七十九条 当事人的申请符合下列情形之一的，人民法院应当再审：

（一）有新的证据，足以推翻原判决、裁定的；

（二）原判决、裁定认定的基本事实缺乏证据证明的；

（三）原判决、裁定认定事实的主要证据是伪造的；

（四）原判决、裁定认定事实的主要证据未经质证的；

（五）对审理案件需要的证据，当事人因客观原因不能自行收集，书面申请人民法院调查收集，人民法院未调查收集的；

（六）原判决、裁定适用法律确有错误的；

（七）违反法律规定，管辖错误的；

（八）审判组织的组成不合法或者依法应当回避的审判人员没有回避的；

（九）无诉讼行为能力人未经法定代理人代为诉讼或者应当参加诉讼的当事人，因不能归责于本人或者其诉讼代理人的事由，未参加诉讼的；

（十）违反法律规定，剥夺当事人辩论权利的；

（十一）未经传票传唤，缺席判决的；

（十二）原判决、裁定遗漏或者超出诉讼请求的；

（十三）据以作出原判决、裁定的法律文书被撤销或者变更的。

对违反法定程序可能影响案件正确判决、裁定的情形，或者审判人员在审理该案件时有贪污受贿,徇私舞弊,枉法裁判行为的,人民法院应当再审。

第一百八十条 当事人申请再审的,应当提交再审申请书等材料。人民法院应当自收到再审申请书之日起五日内将再审申请书副本发送对方当事人。对方当事人应当自收到再审申请书副本之日起十五日内提交书面意见;不提交书面意见的,不影响人民法院审查。人民法院可以要求申请人和对方当事人补充有关材料,询问有关事项。

第一百八十一条 人民法院应当自收到再审申请书之日起三个月内审查,符合本法第一百七十九条规定情形之一的,裁定再审;不符合本法第一百七十九条规定的,裁定驳回申请。有特殊情况需要延长的,由本院院长批准。

因当事人申请裁定再审的案件由中级人民法院以上的人民法院审理。最高人民法院、高级人民法院裁定再审的案件,由本院再审或者交其他人民法院再审,也可以交原审人民法院再审。

第一百八十二条 当事人对已经发生法律效力的调解书,提出证据证明调解违反自愿原则或者调解协议的内容违反法律的,可以申请再审。经人民法院审查属实的,应当再审。

第一百八十三条 当事人对已经发生法律效力的解除婚姻关系的判决,不得申请再审。

第一百八十四条 当事人申请再审,应当在判决、裁定发生法律效力后二年内提出;二年后据以作出原判决、裁定的法律文书被撤销或者变更,以及发现审判人员在审理该案件时有贪污受贿,徇私舞弊,枉法裁判行为的,自知道或者应当知道之日起三个月内提出。

第一百八十五条 按照审判监督程序决定再审的案件,裁定中止原判决的执行。裁定由院长署名,加盖人民法院印章。

第一百八十六条 人民法院按照审判监督程序再审的案件,发生法律效力的判决、裁定是由第一审法院作出的,按照第一审程序审理,所作的判决、裁定,当事人可以上诉;发生法律效力的判决、裁定是由第二审法院作出的,按照第二审程序审理,所作的判决、裁定,是发生法律效力的判决、裁定;上级人民法院按照审判监督程序提审的,按照第二审程序审理,所作的判决、裁定是发生法律效力的判决、裁定。

人民法院审理再审案件,应当另行组成合议庭。

第一百八十七条 最高人民检察院对各级人民法院已经发生法律效力的判决、裁定,上级人民检察院对下级人民法院已经发生法律效力的判决、裁定,发现有本法第一百七十九条规定情形之一的，应当提出抗诉。

地方各级人民检察院对同级人民法院已经发生法律效力的判决、裁定，发现有本法第一百七十九条规定情形之一的，应当提请上级人民检察院向同级人民法院提出抗诉。

第一百八十八条 人民检察院提出抗诉的案件，接受抗诉的人民法院应当自收到抗诉书之日起三十日内作出再审的裁定；有本法第一百七十九条第一款第(一)项至第(五)项规定情形之一的，可以交下一级人民法院再审。

第一百八十九条 人民检察院决定对人民法院的判决、裁定提出抗诉的，应当制作抗诉书。

第一百九十条 人民检察院提出抗诉的案件，人民法院再审时，应当通知人民检察院派员出席法庭。

第十七章 督促程序

第一百九十一条 债权人请求债务人给付金钱、有价证券，符合下列条件的，可以向有管辖权的基层人民法院申请支付令：

(一) 债权人与债务人没有其他债务纠纷的；

(二) 支付令能够送达债务人的。

申请书应当写明请求给付金钱或者有价证券的数量和所根据的事实、证据。

第一百九十二条 债权人提出申请后，人民法院应当在五日内通知债权人是否受理。

第一百九十三条 人民法院受理申请后，经审查债权人提供的事实、证据，对债权债务关系明确、合法的，应当在受理之日起十五日内向债务人发出支付令；申请不成立的，裁定予以驳回。

债务人应当自收到支付令之日起十五日内清偿债务，或者向人民法院提出书面异议。

债务人在前款规定的期间不提出异议又不履行支付令的，债权人可以向人民法院申请执行。

第一百九十四条 人民法院收到债务人提出的书面异议后，应当裁定终结督促程序，支付令自行失效，债权人可以起诉。

第十八章　公示催告程序

第一百九十五条　按照规定可以背书转让的票据持有人,因票据被盗、遗失或者灭失,可以向票据支付地的基层人民法院申请公示催告。依照法律规定可以申请公示催告的其他事项,适用本章规定。

申请人应当向人民法院递交申请书,写明票面金额、发票人、持票人、背书人等票据主要内容和申请的理由、事实。

第一百九十六条　人民法院决定受理申请,应当同时通知支付人停止支付,并在三日内发出公告,催促利害关系人申报权利。公示催告的期间,由人民法院根据情况决定,但不得少于六十日。

第一百九十七条　支付人收到人民法院停止支付的通知,应当停止支付,至公示催告程序终结。

公示催告期间,转让票据权利的行为无效。

第一百九十八条　利害关系人应当在公示催告期间向人民法院申报。

人民法院收到利害关系人的申报后,应当裁定终结公示催告程序,并通知申请人和支付人。

申请人或者申报人可以向人民法院起诉。

第一百九十九条　没有人申报的,人民法院应当根据申请人的申请,作出判决,宣告票据无效。判决应当公告,并通知支付人。自判决公告之日起,申请人有权向支付人请求支付。

第二百条　利害关系人因正当理由不能在判决前向人民法院申报的,自知道或者应当知道判决公告之日起一年内,可以向作出判决的人民法院起诉。

第三编　执行程序

第十九章　一般规定

第二百零一条　发生法律效力的民事判决、裁定,以及刑事判决、裁定中的财产部分,由第一审人民法院或者与第一审人民法院同级的被执行的财产所在地人民法院执行。

法律规定由人民法院执行的其他法律文书,由被执行人住所地或者被执行的财产所在地人民法院执行。

第二百零二条 当事人、利害关系人认为执行行为违反法律规定的，可以向负责执行的人民法院提出书面异议。当事人、利害关系人提出书面异议的，人民法院应当自收到书面异议之日起十五日内审查，理由成立的，裁定撤销或者改正；理由不成立的，裁定驳回。当事人、利害关系人对裁定不服的，可以自裁定送达之日起十日内向上一级人民法院申请复议。

第二百零三条 人民法院自收到申请执行书之日起超过六个月未执行的，申请执行人可以向上一级人民法院申请执行。上一级人民法院经审查，可以责令原人民法院在一定期限内执行，也可以决定由本院执行或者指令其他人民法院执行。

第二百零四条 执行过程中，案外人对执行标的提出书面异议的，人民法院应当自收到书面异议之日起十五日内审查，理由成立的，裁定中止对该标的的执行；理由不成立的，裁定驳回。案外人、当事人对裁定不服，认为原判决、裁定错误的，依照审判监督程序办理；与原判决、裁定无关的，可以自裁定送达之日起十五日内向人民法院提起诉讼。

第二百零五条 执行工作由执行员进行。

采取强制执行措施时，执行员应当出示证件。执行完毕后，应当将执行情况制作笔录，由在场的有关人员签名或者盖章。

人民法院根据需要可以设立执行机构。

第二百零六条 被执行人或者被执行的财产在外地的，可以委托当地人民法院代为执行。受委托人民法院收到委托函件后，必须在十五日内开始执行，不得拒绝。执行完毕后，应当将执行结果及时函复委托人民法院；在三十日内如果还未执行完毕，也应当将执行情况函告委托人民法院。

受委托人民法院自收到委托函件之日起十五日内不执行的，委托人民法院可以请求受委托人民法院的上级人民法院指令受委托人民法院执行。

第二百零七条 在执行中，双方当事人自行和解达成协议的，执行员应当将协议内容记入笔录，由双方当事人签名或者盖章。

一方当事人不履行和解协议的，人民法院可以根据对方当事人的申请，恢复对原生效法律文书的执行。

第二百零八条 在执行中，被执行人向人民法院提供担保，并经申请执行人同意的，人民法院可以决定暂缓执行及暂缓执行的期限。被执行人逾期仍不履行的，人民法院有权执行被执行人的担保财产或者担保人的财产。

第二百零九条 作为被执行人的公民死亡的，以其遗产偿还债务。作为被执行人的法人或者其他组织终止的，由其权利义务承受人履行义务。

第二百一十条 执行完毕后，据以执行的判决、裁定和其他法律文书确有错误，被人民法院撤销的，对已被执行的财产，人民法院应当作出裁定，责令取得财产的人返还；拒不返还的，强制执行。

第二百一十一条 人民法院制作的调解书的执行，适用本编的规定。

第二十章 执行的申请和移送

第二百一十二条 发生法律效力的民事判决、裁定，当事人必须履行。一方拒绝履行的，对方当事人可以向人民法院申请执行，也可以由审判员移送执行员执行。

调解书和其他应当由人民法院执行的法律文书，当事人必须履行。一方拒绝履行的，对方当事人可以向人民法院申请执行。

第二百一十三条 对依法设立的仲裁机构的裁决，一方当事人不履行的，对方当事人可以向有管辖权的人民法院申请执行。受申请的人民法院应当执行。

被申请人提出证据证明仲裁裁决有下列情形之一的，经人民法院组成合议庭审查核实，裁定不予执行：

(一) 当事人在合同中没有订有仲裁条款或者事后没有达成书面仲裁协议的；

(二) 裁决的事项不属于仲裁协议的范围或者仲裁机构无权仲裁的；

(三) 仲裁庭的组成或者仲裁的程序违反法定程序的；

(四) 认定事实的主要证据不足的；

(五) 适用法律确有错误的；

(六) 仲裁员在仲裁该案时有贪污受贿，徇私舞弊，枉法裁决行为的。

人民法院认定执行该裁决违背社会公共利益的，裁定不予执行。

裁定书应当送达双方当事人和仲裁机构。

仲裁裁决被人民法院裁定不予执行的，当事人可以根据双方达成的书面仲裁协议重新申请仲裁，也可以向人民法院起诉。

第二百一十四条 对公证机关依法赋予强制执行效力的债权文书，一方当事人不履行的，对方当事人可以向有管辖权的人民法院申请执行，受申请的人民法院应当执行。

公证债权文书确有错误的，人民法院裁定不予执行，并将裁定书送达双方当事人和公证机关。

第二百一十五条 申请执行的期间为二年。申请执行时效的中止、中断，适用法律有关诉讼时效中止、中断的规定。

前款规定的期间，从法律文书规定履行期间的最后一日起计算；法律文书规定分期履行的，从规定的每次履行期间的最后一日起计算；法律文书未规定履行期间的，从法律文书生效之日起计算。

第二百一十六条 执行员接到申请执行书或者移交执行书，应当向被执行人发出执行通知，责令其在指定的期间履行，逾期不履行的，强制执行。

被执行人不履行法律文书确定的义务，并有可能隐匿、转移财产的，执行员可以立即采取强制执行措施。

第二十一章 执行措施

第二百一十七条 被执行人未按执行通知履行法律文书确定的义务，应当报告当前以及收到执行通知之日前一年的财产情况。被执行人拒绝报告或者虚假报告的，人民法院可以根据情节轻重对被执行人或者其法定代理人、有关单位的主要负责人或者直接责任人员予以罚款、拘留。

第二百一十八条 被执行人未按执行通知履行法律文书确定的义务，人民法院有权向银行、信用合作社和其他有储蓄业务的单位查询被执行人的存款情况，有权冻结、划拨被执行人的存款，但查询、冻结、划拨存款不得超出被执行人应当履行义务的范围。

人民法院决定冻结、划拨存款，应当作出裁定，并发出协助执行通知书，银行、信用合作社和其他有储蓄业务的单位必须办理。

第二百一十九条 被执行人未按执行通知履行法律文书确定的义务，人民法院有权扣留、提取被执行人应当履行义务部分的收入。但应当保留被执行人及其所扶养家属的生活必需费用。

人民法院扣留、提取收入时，应当作出裁定，并发出协助执行通知书，被执行人所在单位、银行、信用合作社和其他有储蓄业务的单位必须办理。

第二百二十条 被执行人未按执行通知履行法律文书确定的义务，人民法院有权查封、扣押、冻结、拍卖、变卖被执行人应当履行义务部分的财产。但应当保留被执行人及其所扶养家属的生活必需品。

采取前款措施，人民法院应当作出裁定。

第二百二十一条 人民法院查封、扣押财产时，被执行人是公民的，应当通知被执行人或者他的成年家属到场；被执行人是法人或者其他组织的，应当通知其法定代表人或者主要负责人到场。拒不到场的,不影响执行。被执行人是公民的,其工作单位或者财产所在地的基层组织应当派人参加。

对被查封、扣押的财产,执行员必须造具清单,由在场人签名或者盖章后,交被执行人一份。被执行人是公民的,也可以交他的成年家属一份。

第二百二十二条 被查封的财产,执行员可以指定被执行人负责保管。因被执行人的过错造成的损失,由被执行人承担。

第二百二十三条 财产被查封、扣押后,执行员应当责令被执行人在指定期间履行法律文书确定的义务。被执行人逾期不履行的,人民法院可以按照规定交有关单位拍卖或者变卖被查封、扣押的财产。国家禁止自由买卖的物品,交有关单位按照国家规定的价格收购。

第二百二十四条 被执行人不履行法律文书确定的义务,并隐匿财产的,人民法院有权发出搜查令,对被执行人及其住所或者财产隐匿地进行搜查。

采取前款措施,由院长签发搜查令。

第二百二十五条 法律文书指定交付的财物或者票证,由执行员传唤双方当事人当面交付,或者由执行员转交,并由被交付人签收。

有关单位持有该项财物或者票证的,应当根据人民法院的协助执行通知书转交,并由被交付人签收。

有关公民持有该项财物或者票证的,人民法院通知其交出。拒不交出的,强制执行。

第二百二十六条 强制迁出房屋或者强制退出土地,由院长签发公告,责令被执行人在指定期间履行。被执行人逾期不履行的,由执行员强制执行。

强制执行时,被执行人是公民的,应当通知被执行人或者他的成年家属到场;被执行人是法人或者其他组织的,应当通知其法定代表人或者主要负责人到场。拒不到场的,不影响执行。被执行人是公民的,其工作单位或者房屋、土地所在地的基层组织应当派人参加。执行员应当将强制执行情况记入笔录,由在场人签名或者盖章。

强制迁出房屋被搬出的财物,由人民法院派人运至指定处所,交给被执行人。被执行人是公民的,也可以交给他的成年家属。因拒绝接收而造成的损失,由被执行人承担。

第二百二十七条 在执行中,需要办理有关财产权证照转移手续的,人民法院可以向有关单位发出协助执行通知书,有关单位必须办理。

第二百二十八条 对判决、裁定和其他法律文书指定的行为，被执行人未按执行通知履行的，人民法院可以强制执行或者委托有关单位或者其他人完成，费用由被执行人承担。

第二百二十九条 被执行人未按判决、裁定和其他法律文书指定的期间履行给付金钱义务的，应当加倍支付迟延履行期间的债务利息。被执行人未按判决、裁定和其他法律文书指定的期间履行其他义务的，应当支付迟延履行金。

第二百三十条 人民法院采取本法第二百一十八条、第二百一十九条、第二百二十条规定的执行措施后，被执行人仍不能偿还债务的，应当继续履行义务。债权人发现被执行人有其他财产的，可以随时请求人民法院执行。

第二百三十一条 被执行人不履行法律文书确定的义务的，人民法院可以对其采取或者通知有关单位协助采取限制出境，在征信系统记录、通过媒体公布不履行义务信息以及法律规定的其他措施。

第二十二章 执行中止和终结

第二百三十二条 有下列情形之一的，人民法院应当裁定中止执行：

（一）申请人表示可以延期执行的；

（二）案外人对执行标的提出确有理由的异议的；

（三）作为一方当事人的公民死亡，需要等待继承人继承权利或者承担义务的；

（四）作为一方当事人的法人或者其他组织终止，尚未确定权利义务承受人的；

（五）人民法院认为应当中止执行的其他情形。

中止的情形消失后，恢复执行。

第二百三十三条 有下列情形之一的，人民法院裁定终结执行：

（一）申请人撤销申请的；

（二）据以执行的法律文书被撤销的；

（三）作为被执行人的公民死亡，无遗产可供执行，又无义务承担人的；

（四）追索赡养费、扶养费、抚育费案件的权利人死亡的；

（五）作为被执行人的公民因生活困难无力偿还借款，无收入来源，又丧失劳动能力的；

（六）人民法院认为应当终结执行的其他情形。

第二百三十四条 中止和终结执行的裁定，送达当事人后立即生效。

第四编　涉外民事诉讼程序的特别规定

第二十三章　一般原则

第二百三十五条　在中华人民共和国领域内进行涉外民事诉讼,适用本编规定。本编没有规定的,适用本法其他有关规定。

第二百三十六条　中华人民共和国缔结或者参加的国际条约同本法有不同规定的,适用该国际条约的规定,但中华人民共和国声明保留的条款除外。

第二百三十七条　对享有外交特权与豁免的外国人、外国组织或者国际组织提起的民事诉讼,应当依照中华人民共和国有关法律和中华人民共和国缔结或者参加的国际条约的规定办理。

第二百三十八条　人民法院审理涉外民事案件,应当使用中华人民共和国通用的语言、文字。当事人要求提供翻译的,可以提供,费用由当事人承担。

第二百三十九条　外国人、无国籍人、外国企业和组织在人民法院起诉、应诉,需要委托律师代理诉讼的,必须委托中华人民共和国的律师。

第二百四十条　在中华人民共和国领域内没有住所的外国人、无国籍人、外国企业和组织委托中华人民共和国律师或者其他人代理诉讼,从中华人民共和国领域外寄交或者托交的授权委托书,应当经所在国公证机关证明,并经中华人民共和国驻该国使领馆认证,或者履行中华人民共和国与该所在国订立的有关条约中规定的证明手续后,才具有效力。

第二十四章　管　辖

第二百四十一条　因合同纠纷或者其他财产权益纠纷,对在中华人民共和国领域内没有住所的被告提起的诉讼,如果合同在中华人民共和国领域内签订或者履行,或者诉讼标的物在中华人民共和国领域内,或者被告在中华人民共和国领域内有可供扣押的财产,或者被告在中华人民共和国领域内设有代表机构,可以由合同签订地、合同履行地、诉讼标的物所在地、可供扣押财产所在地、侵权行为地或者代表机构住所地人民法院管辖。

第二百四十二条　涉外合同或者涉外财产权益纠纷的当事人,可以用书面协议选择与争议有实际联系的地点的法院管辖。选择中华人民共和国人民法院管辖的,不得违反本法关于级别管辖和专属管辖的规定。

第二百四十三条 涉外民事诉讼的被告对人民法院管辖不提出异议,并应诉答辩的,视为承认该人民法院为有管辖权的法院。

第二百四十四条 因在中华人民共和国履行中外合资经营企业合同、中外合作经营企业合同、中外合作勘探开发自然资源合同发生纠纷提起的诉讼,由中华人民共和国人民法院管辖。

第二十五章 送达、期间

第二百四十五条 人民法院对在中华人民共和国领域内没有住所的当事人送达诉讼文书,可以采用下列方式:

(一)依照受送达人所在国与中华人民共和国缔结或者共同参加的国际条约中规定的方式送达;

(二)通过外交途径送达;

(三)对具有中华人民共和国国籍的受送达人,可以委托中华人民共和国驻受送达人所在国的使领馆代为送达;

(四)向受送达人委托的有权代其接受送达的诉讼代理人送达;

(五)向受送达人在中华人民共和国领域内设立的代表机构或者有权接受送达的分支机构、业务代办人送达;

(六)受送达人所在国的法律允许邮寄送达的,可以邮寄送达,自邮寄之日起满六个月,送达回证没有退回,但根据各种情况足以认定已经送达的,期间届满之日视为送达;

(七)不能用上述方式送达的,公告送达,自公告之日起满六个月,即视为送达。

第二百四十六条 被告在中华人民共和国领域内没有住所的,人民法院应当将起诉状副本送达被告,并通知被告在收到起诉状副本后三十日内提出答辩状。被告申请延期的,是否准许,由人民法院决定。

第二百四十七条 在中华人民共和国领域内没有住所的当事人,不服第一审人民法院判决、裁定的,有权在判决书、裁定书送达之日起三十日内提起上诉。被上诉人在收到上诉状副本后,应当在三十日内提出答辩状。当事人不能在法定期间提起上诉或者提出答辩状,申请延期的,是否准许,由人民法院决定。

第二百四十八条 人民法院审理涉外民事案件的期间,不受本法第一百三十五条、第一百五十九条规定的限制。

第二十六章 财产保全

第二百四十九条 当事人依照本法第九十二条的规定可以向人民法院申请财产保全。

利害关系人依照本法第九十三条的规定可以在起诉前向人民法院申请财产保全。

第二百五十条 人民法院裁定准许诉前财产保全后,申请人应当在三十日内提起诉讼。逾期不起诉的,人民法院应当解除财产保全。

第二百五十一条 人民法院裁定准许财产保全后,被申请人提供担保的,人民法院应当解除财产保全。

第二百五十二条 申请有错误的,申请人应当赔偿被申请人因财产保全所遭受的损失。

第二百五十三条 人民法院决定保全的财产需要监督的,应当通知有关单位负责监督,费用由被申请人承担。

第二百五十四条 人民法院解除保全的命令由执行员执行。

第二十七章 仲 裁

第二百五十五条 涉外经济贸易、运输和海事中发生的纠纷,当事人在合同中订有仲裁条款或者事后达成书面仲裁协议,提交中华人民共和国涉外仲裁机构或者其他仲裁机构仲裁的,当事人不得向人民法院起诉。

当事人在合同中没有订有仲裁条款或者事后没有达成书面仲裁协议的,可以向人民法院起诉。

第二百五十六条 当事人申请采取财产保全的,中华人民共和国的涉外仲裁机构应当将当事人的申请,提交被申请人住所地或者财产所在地的中级人民法院裁定。

第二百五十七条 经中华人民共和国涉外仲裁机构裁决的,当事人不得向人民法院起诉。一方当事人不履行仲裁裁决的,对方当事人可以向被申请人住所地或者财产所在地的中级人民法院申请执行。

第二百五十八条 对中华人民共和国涉外仲裁机构作出的裁决,被申请人提出证据证明仲裁裁决有下列情形之一的,经人民法院组成合议庭审查核实,裁定不予执行:

（一）当事人在合同中没有订有仲裁条款或者事后没有达成书面仲裁协议的；

（二）被申请人没有得到指定仲裁员或者进行仲裁程序的通知，或者由于其他不属于被申请人负责的原因未能陈述意见的；

（三）仲裁庭的组成或者仲裁的程序与仲裁规则不符的；

（四）裁决的事项不属于仲裁协议的范围或者仲裁机构无权仲裁的。

人民法院认定执行该裁决违背社会公共利益的，裁定不予执行。

第二百五十九条 仲裁裁决被人民法院裁定不予执行的，当事人可以根据双方达成的书面仲裁协议重新申请仲裁，也可以向人民法院起诉。

第二十八章 司法协助

第二百六十条 根据中华人民共和国缔结或者参加的国际条约，或者按照互惠原则，人民法院和外国法院可以相互请求，代为送达文书、调查取证以及进行其他诉讼行为。

外国法院请求协助的事项有损于中华人民共和国的主权、安全或者社会公共利益的，人民法院不予执行。

第二百六十一条 请求和提供司法协助，应当依照中华人民共和国缔结或者参加的国际条约所规定的途径进行；没有条约关系的，通过外交途径进行。

外国驻中华人民共和国的使领馆可以向该国公民送达文书和调查取证，但不得违反中华人民共和国的法律，并不得采取强制措施。

除前款规定的情况外，未经中华人民共和国主管机关准许，任何外国机关或者个人不得在中华人民共和国领域内送达文书、调查取证。

第二百六十二条 外国法院请求人民法院提供司法协助的请求书及其所附文件，应当附有中文译本或者国际条约规定的其他文字文本。

人民法院请求外国法院提供司法协助的请求书及其所附文件，应当附有该国文字译本或者国际条约规定的其他文字文本。

第二百六十三条 人民法院提供司法协助，依照中华人民共和国法律规定的程序进行。外国法院请求采用特殊方式的，也可以按照其请求的特殊方式进行，但请求采用的特殊方式不得违反中华人民共和国法律。

第二百六十四条 人民法院作出的发生法律效力的判决、裁定，如果被执行人或者其财产不在中华人民共和国领域内，当事人请求执行的，可以由当事人直接向有管辖权的外国法院申请承认和执行，也可以由人民法院依照中华人民共和国缔结或者参加的国际条约的规定，或者按照互惠原则，请求外国法院承认和执行。

中华人民共和国涉外仲裁机构作出的发生法律效力的仲裁裁决，当事人请求执行的，如果被执行人或者其财产不在中华人民共和国领域内，应当由当事人直接向有管辖权的外国法院申请承认和执行。

第二百六十五条 外国法院作出的发生法律效力的判决、裁定，需要中华人民共和国人民法院承认和执行的，可以由当事人直接向中华人民共和国有管辖权的中级人民法院申请承认和执行，也可以由外国法院依照该国与中华人民共和国缔结或者参加的国际条约的规定，或者按照互惠原则，请求人民法院承认和执行。

第二百六十六条 人民法院对申请或者请求承认和执行的外国法院作出的发生法律效力的判决、裁定，依照中华人民共和国缔结或者参加的国际条约，或者按照互惠原则进行审查后，认为不违反中华人民共和国法律的基本原则或者国家主权、安全、社会公共利益的，裁定承认其效力，需要执行的，发出执行令，依照本法的有关规定执行。违反中华人民共和国法律的基本原则或者国家主权、安全、社会公共利益的，不予承认和执行。

第二百六十七条 国外仲裁机构的裁决，需要中华人民共和国人民法院承认和执行的，应当由当事人直接向被执行人住所地或者其财产所在地的中级人民法院申请，人民法院应当依照中华人民共和国缔结或者参加的国际条约，或者按照互惠原则办理。

第二百六十八条 本法自公布之日起施行，《中华人民共和国民事诉讼法(试行)》同时废止。

最高人民法院关于适用《中华人民共和国民事诉讼法》若干问题的意见

(1992年7月14日最高人民法院公布，法发〔1992〕22号，自公布之日起施行)

为了正确适用《中华人民共和国民事诉讼法》(以下简称民事诉讼法)，根据民事诉讼法的规定和审判实践经验，我们提出以下意见，供各级人民法院在审判工作中执行。

一、管　辖

1. 民事诉讼法第十九条第(一)项规定的重大涉外案件，是指争议标的额大，或者案情复杂，或者居住在国外的当事人人数众多的涉外案件。

2. 专利纠纷案件由最高人民法院确定的中级人民法院管辖。海事、海商案件由海事法院管辖。

3. 各省、自治区、直辖市高级人民法院可以依照民事诉讼法第十九条第(二)项、第二十条的规定，从本地实际情况出发，根据案情繁简、诉讼标的金额大小、在当地的影响等情况，对本辖区内一审案件的级别管辖提出意见，报最高人民法院批准。

4. 公民的住所地是指公民的户籍所在地；法人的住所地是指法人的主要营业地或者主要办事机构所在地。

5. 公民的经常居住地是指公民离开住所地至起诉时已连续居住一年以上的地方。但公民住院就医的地方除外。

6. 被告一方被注销城镇户口的，依照民事诉讼法第二十三条规定确定管辖；双方均被注销城镇户口的，由被告居住地的人民法院管辖。

7. 当事人的户籍迁出后尚未落户，有经常居住地的，由该地人民法院管辖。没有经常居住地，户籍迁出不足一年的，由其原户籍所在地人民法院管辖；超过一年的，由其居住地人民法院管辖。

8. 双方当事人都被监禁或被劳动教养的，由被告原住所地人民法院管辖。被告被监禁或被劳动教养一年以上的，由被告被监禁地或被劳动教养地人民法院管辖。

9. 追索赡养费案件的几个被告住所地不在同一辖区的，可以由原告住所地人民法院管辖。

10. 不服指定监护或变更监护关系的案件，由被监护人住所地人民法院管辖。

11. 非军人对军人提出的离婚诉讼，如果军人一方为非文职军人，由原告住所地人民法院管辖。

离婚诉讼双方当事人都是军人的，由被告住所地或者被告所在的团级以上单位驻地的人民法院管辖。

12. 夫妻一方离开住所地超过一年，另一方起诉离婚的案件，由原告住所地人民法院管辖。夫妻双方离开住所地超过一年，一方起诉离婚的案件，由被告经常居住地人民法院管辖；没有经常居住地的，由原告起诉时居住地的人民法院管辖。

13. 在国内结婚并定居国外的华侨，如定居国法院以离婚诉讼须由婚姻缔结地法院管辖为由不予受理，当事人向人民法院提出离婚诉讼的，由婚姻缔结地或一方在国内的最后居住地人民法院管辖。

14. 在国外结婚并定居国外的华侨，如定居国法院以离婚诉讼须由国籍所属国法院管辖为由不予受理，当事人向人民法院提出离婚诉讼的，由一方原住所地或在国内的最后居住地人民法院管辖。

15. 中国公民一方居住在国外，一方居住在国内，不论哪一方向人民法院提起离婚诉讼，国内一方住所地的人民法院都有权管辖。如国外一方在居住国法院起诉，国内一方向人民法院起诉的，受诉人民法院有权管辖。

16. 中国公民双方在国外但未定居，一方向人民法院起诉离婚的，应由原告或者被告原住所地的人民法院管辖。

17. 对没有办事机构的公民合伙、合伙型联营体提起的诉讼，由被告注册登记地人民法院管辖。没有注册登记，几个被告又不在同一辖区的，被告住所地的人民法院都有管辖权。

18. 因合同纠纷提起的诉讼，如果合同没有实际履行，当事人双方住所地又都不在合同约定的履行地的，应由被告住所地人民法院管辖。

19. 购销合同的双方当事人在合同中对交货地点有约定的，以约定的交货地点为合同履行地；没有约定的，依交货方式确定合同履行地；采用送货方式的，以货物送达地为合同履行地；采用自提方式的，以提货地为合同履行地；代办托运或按木材、煤炭送货办法送货的，以货物发运地为合同履行地。

购销合同的实际履行地点与合同中约定的交货地点不一致的，以实际履行地点为合同履行地。

20. 加工承揽合同，以加工行为地为合同履行地，但合同中对履行地有约定的除外。

21. 财产租赁合同、融资租赁合同以租赁物使用地为合同履行地，但合同中对履行地有约定的除外。

22. 补偿贸易合同，以接受投资一方主要义务履行地为合同履行地。

23. 民事诉讼法第二十五条规定的书面合同中的协议，是指合同中的协议管辖条款或者诉讼前达成的选择管辖的协议。

24. 合同的双方当事人选择管辖的协议不明确或者选择民事诉讼法第二十五条规定的人民法院中的两个以上人民法院管辖的，选择管辖的协议无效，依照民事诉讼法第二十四条的规定确定管辖。

25. 因保险合同纠纷提起的诉讼，如果保险标的物是运输工具或者运输中的货物，由被告住所地或者运输工具登记注册地、运输目的地、保险事故发生地的人民法院管辖。

26. 民事诉讼法第二十七条规定的票据支付地，是指票据上载明的付款地。票据未载明付款地的，票据付款人(包括代理付款人)的住所地或主营业所所在地为票据付款地。

27. 债权人申请支付令，适用民事诉讼法第二十二条规定，由债务人住所地的基层人民法院管辖。

28. 民事诉讼法第二十九条规定的侵权行为地，包括侵权行为实施地、侵权结果发生地。

29. 因产品质量不合格造成他人财产、人身损害提起的诉讼，产品制造地、产品销售地、侵权行为地和被告住所地的人民法院都有管辖权。

30. 铁路运输合同纠纷及与铁路运输有关的侵权纠纷，由铁路运输法院管辖。

31. 诉前财产保全，由当事人向财产所在地的人民法院申请。

在人民法院采取诉前财产保全后，申请人起诉的，可以向采取诉前财产保全的人民法院或者其他有管辖权的人民法院提起。

32. 当事人申请诉前财产保全后没有在法定的期间起诉，因而给被申请人造成财产损失引起诉讼的，由采取该财产保全措施的人民法院管辖。

33. 两个以上人民法院都有管辖权的诉讼，先立案的人民法院不得将案件移送给另一个有管辖权的人民法院。人民法院在立案前发现其他有管辖权的人民法院已先立案的，不得重复立案；立案后发现其他有管辖权的人民法院已先立案的，裁定将案件移送给先立案的人民法院。

34. 案件受理后，受诉人民法院的管辖权不受当事人住所地、经常居住地变更的影响。

35. 有管辖权的人民法院受理案件后，不得以行政区域变更为由，将案件移送给变更后有管辖权的人民法院。判决后的上诉案件和依审判监督程序提审的案件，由原审人民法院的上级人民法院进行审判；第二审人民法院发回重审或者上级人民法院指令再审的案件，由原审人民法院重审或者再审。

36. 依照民事诉讼法第三十七条第二款规定，发生管辖权争议的两个人民法院因协商不成报请它们的共同上级人民法院指定管辖时，如双方为同属一个地、市辖区的基层人民法院，由该地、市的中级人民法院及时指定管辖；同属一个省、自治区、直辖市的两个人民法院，由该省、自治区、直辖市的高级人民法院及时指定管辖；如双方为跨省、自治区、直辖市的人民法院，高级人民法院协商不成的，由最高人民法院及时指定管辖。

依前款规定报请上级人民法院指定管辖时，应当逐级进行。

37. 上级人民法院依照民事诉讼法第三十七条的规定指定管辖，应书面通知报送的人民法院和被指定的人民法院。报送的人民法院接到通知后，应及时告知当事人。

二、诉讼参加人

38. 法人的正职负责人是法人的法定代表人。没有正职负责人的，由主持工作的副职负责人担任法定代表人。设有董事会的法人，以董事长为法定代表人；没有董事长的法人，经董事会授权的负责人可作为法人的法定代表人。不具备法人资格的其他组织，以其主要负责人为代表人。

39. 在诉讼中，法人的法定代表人更换的，由新的法定代表人继续进行诉讼，并应向人民法院提交新的法定代表人身份证明书。原法定代表人进行的诉讼行为有效。

本条的规定，适用于其他组织参加的诉讼。

40. 民事诉讼法第四十九条规定的其他组织是指合法成立、有一定的组织机构和财产，但又不具备法人资格的组织，包括：

（1）依法登记领取营业执照的私营独资企业、合伙组织；

（2）依法登记领取营业执照的合伙型联营企业；

（3）依法登记领取我国营业执照的中外合作经营企业、外资企业；

(4) 经民政部门核准登记领取社会团体登记证的社会团体；

(5) 法人依法设立并领取营业执照的分支机构；

(6) 中国人民银行、各专业银行设在各地的分支机构；

(7) 中国人民保险公司设在各地的分支机构；

(8) 经核准登记领取营业执照的乡镇、街道、村办企业；

(9) 符合本条规定条件的其他组织。

41. 法人非依法设立的分支机构，或者虽依法设立，但没有领取营业执照的分支机构，以设立该分支机构的法人为当事人。

42. 法人或者其他组织的工作人员因职务行为或者授权行为发生的诉讼，该法人或其他组织为当事人。

43. 个体工商户、个人合伙或私营企业挂靠集体企业并以集体企业的名义从事生产经营活动的，在诉讼中，该个体工商户、个人合伙或私营企业与其挂靠的集体企业为共同诉讼人。

44. 在诉讼中，一方当事人死亡，有继承人的，裁定中止诉讼。人民法院应及时通知继承人作为当事人承担诉讼，被继承人已经进行的诉讼行为对承担诉讼的继承人有效。

45. 个体工商户、农村承包经营户、合伙组织雇佣的人员在进行雇佣合同规定的生产经营活动中造成他人损害的，其雇主是当事人。

46. 在诉讼中，个体工商户以营业执照上登记的业主为当事人。有字号的，应在法律文书中注明登记的字号。

营业执照上登记的业主与实际经营者不一致的，以业主和实际经营者为共同诉讼人。

47. 个人合伙的全体合伙人在诉讼中为共同诉讼人。个人合伙有依法核准登记的字号的，应在法律文书中注明登记的字号。全体合伙人可以推选代表人；被推选的代表人，应由全体合伙人出具推选书。

48. 当事人之间的纠纷经仲裁机构仲裁或者经人民调解委员会调解，当事人不服仲裁或调解向人民法院提起诉讼的，应以对方当事人为被告。

49. 法人或者其他组织应登记而未登记即以法人或者其他组织名义进行民事活动，或者他人冒用法人、其他组织名义进行民事活动，或者法人或者其他组织依法终止后仍以其名义进行民事活动的，以直接责任人为当事人。

50. 企业法人合并的，因合并前的民事活动发生的纠纷，以合并后的企业为当事人;企业法人分立的,因分立前的民事活动发生的纠纷,以分立后的企业为共同诉讼人。

51. 企业法人未经清算即被撤销,有清算组织的,以该清算组织为当事人;没有清算组织的,以作出撤销决定的机构为当事人。

52. 借用业务介绍信、合同专用章、盖章的空白合同书或者银行账户的,出借单位和借用人为共同诉讼人。

53. 因保证合同纠纷提起的诉讼,债权人向保证人和被保证人一并主张权利的,人民法院应当将保证人和被保证人列为共同被告;债权人仅起诉保证人的,除保证合同明确约定保证人承担连带责任的外,人民法院应当通知被保证人作为共同被告参加诉讼;债权人仅起诉被保证人的,可只列被保证人为被告。

54. 在继承遗产的诉讼中,部分继承人起诉的,人民法院应通知其他继承人作为共同原告参加诉讼;被通知的继承人不愿意参加诉讼又未明确表示放弃实体权利的,人民法院仍应把其列为共同原告。

55. 被代理人和代理人承担连带责任的,为共同诉讼人。

56. 共有财产权受到他人侵害,部分共有权人起诉的,其他共有权人应当列为共同诉讼人。

57. 必须共同进行诉讼的当事人没有参加诉讼的,人民法院应当依照民事诉讼法第一百一十九条的规定,通知其参加;当事人也可以向人民法院申请追加。人民法院对当事人提出的申请,应当进行审查,申请无理的,裁定驳回;申请有理的,书面通知被追加的当事人参加诉讼。

58. 人民法院追加共同诉讼的当事人时,应通知其他当事人。应当追加的原告,已明确表示放弃实体权利的,可不予追加;既不愿意参加诉讼,又不放弃实体权利的,仍追加为共同原告,其不参加诉讼,不影响人民法院对案件的审理和依法作出判决。

59. 民事诉讼法第五十四条和第五十五条规定的当事人一方人数众多,一般指十人以上。

60. 依照民事诉讼法第五十四条规定,当事人一方人数众多在起诉时确定的,可以由全体当事人推选共同的代表人,也可以由部分当事人推选自己的代表人;推选不出代表人的当事人,在必要的共同诉讼中可由自己参加诉讼,在普通的共同诉讼中可以另行起诉。

61. 依照民事诉讼法第五十五条规定,当事人一方人数众多在起诉时不确定的,由当事人推选代表人,当事人推选不出的,可以由人民法院提出人选与当事人协商,协商不成的,也可以由人民法院在起诉的当事人中指定代表人。

62. 民事诉讼法第五十四条和第五十五条规定的代表人为二至五人,每位代表人可以委托一至二人作为诉讼代理人。

63. 依照民事诉讼法第五十五条规定受理的案件,人民法院可以发出公告,通知权利人向人民法院登记。公告期根据具体案件的情况确定,最少不得少于三十日。

64. 依照民事诉讼法第五十五条规定向人民法院登记的当事人,应证明其与对方当事人的法律关系和所受到的损害。证明不了的,不予登记,当事人可以另行起诉。人民法院的裁判在登记的范围内执行。未参加登记的权利人在诉讼时效期间内提起诉讼,人民法院认定其请求成立的,裁定适用人民法院已作出的判决、裁定。

65. 依照民事诉讼法第五十六条的规定,有独立请求权的第三人有权向人民法院提出诉讼请求和事实、理由,成为当事人;无独立请求权的第三人,可以申请或者由人民法院通知参加诉讼。

66. 在诉讼中,无独立请求权的第三人有当事人的诉讼权利义务,判决承担民事责任的无独立请求权的第三人有权提出上诉。但该第三人在一审中无权对案件的管辖权提出异议,无权放弃、变更诉讼请求或者申请撤诉。

67. 在诉讼中,无民事行为能力人、限制民事行为能力人的监护人是他的法定代理人。事先没有确定监护人的,可以由有监护资格的人协商确定,协商不成的,由人民法院在他们之间指定诉讼中的法定代理人。当事人没有民法通则第十六条第一、二款或者第十七条第一款规定的监护人的,可以指定该法第十六条第四款或者第十七条第三款规定的有关组织担任诉讼期间的法定代理人。

68. 除律师、当事人的近亲属、有关的社会团体或者当事人所在单位推荐的人之外,当事人还可以委托其他公民为诉讼代理人。但无民事行为能力人、限制民事行为能力人或者可能损害被代理人利益的人以及人民法院认为不宜作诉讼代理人的人,不能作为诉讼代理人。

69. 当事人向人民法院提交的授权委托书,应在开庭审理前送交人民法院。授权委托书仅写“全权代理”而无具体授权的,诉讼代理人无权代为承认、放弃、变更诉讼请求,进行和解,提起反诉或者上诉。

三、证　据

70. 人民法院收集调查证据,应由两人以上共同进行。调查材料要由调查人、被调查人、记录人签名或盖章。

71. 对当事人提供的证据,人民法院应当出具收据,注明证据的名称、收到的时间、份数和页数,由审判员或书记员签名或盖章。

72. 证据应当在法庭上出示,并经过庭审辩论、质证。依法应当保密的证据,人民法院可视具体情况决定是否在开庭时出示,需要出示的,也不得在公开开庭时出示。

73. 依照民事诉讼法第六十四条第二款规定,由人民法院负责调查收集的证据包括:

(1) 当事人及其诉讼代理人因客观原因不能自行收集的;

(2) 人民法院认为需要鉴定、勘验的;

(3) 当事人提供的证据互相有矛盾、无法认定的;

(4) 人民法院认为应当由自己收集的其他证据。

74. 在诉讼中,当事人对自己提出的主张,有责任提供证据。但在下列侵权诉讼中,对原告提出的侵权事实,被告否认的,由被告负责举证:

(1) 因产品制造方法发明专利引起的专利侵权诉讼;

(2) 高度危险作业致人损害的侵权诉讼;

(3) 因环境污染引起的损害赔偿诉讼;

(4) 建筑物或者其他设施以及建筑物上的搁置物、悬挂物发生倒塌、脱落、坠落致人损害的侵权诉讼;

(5) 饲养动物致人损害的侵权诉讼;

(6) 有关法律规定由被告承担举证责任的。

75. 下列事实,当事人无需举证:

(1) 一方当事人对另一方当事人陈述的案件事实和提出的诉讼请求,明确表示承认的;

(2) 众所周知的事实和自然规律及定理;

(3) 根据法律规定或已知事实,能推定出的另一事实;

(4) 已为人民法院发生法律效力的裁判所确定的事实;

(5) 已为有效公证书所证明的事实。

76. 人民法院对当事人一时不能提交证据的,应根据具体情况,指定其在合理期限内提交。当事人在指定期限内提交确有困难的,应在指定期限届满之前,向人民法院申请延期。延长的期限由人民法院决定。

77. 依照民事诉讼法第六十五条由有关单位向人民法院提出的证明文书,应由单位负责人签名或盖章,并加盖单位印章。

78. 证据材料为复制件,提供人拒不提供原件或原件线索,没有其他材料可以印证,对方当事人又不予承认的,在诉讼中不得作为认定事实的根据。

四、期间和送达

79. 依照民事诉讼法第七十五条第二款规定,民事诉讼中以日计算的各种期间均从次日起算。

80. 民事诉讼法第一百一十二条规定的立案期限,因起诉状内容欠缺令原告补正的,从补正后交人民法院的次日起算。由上级人民法院转交下级人民法院,或者由基层人民法院转交有关人民法庭受理的案件,从受诉人民法院或人民法庭收到起诉状的次日起算。

81. 向法人或者其他组织送达诉讼文书,应当由法人的法定代表人、该组织的主要负责人或者办公室、收发室、值班室等负责收件的人签收或盖章,拒绝签收或者盖章的,适用留置送达。

82. 受送达人拒绝接受诉讼文书,有关基层组织或者所在单位的代表及其他见证人不愿在送达回证上签字或盖章的,由送达人在送达回证上记明情况,把送达文书留在受送达人住所,即视为送达。

83. 受送达人有诉讼代理人的,人民法院既可以向受送达人送达,也可以向其诉讼代理人送达。受送达人指定诉讼代理人为代收人的,向诉讼代理人送达时,适用留置送达。

84. 调解书应当直接送达当事人本人,不适用留置送达。当事人本人因故不能签收的,可由其指定的代收人签收。

85. 邮寄送达,应当附有送达回证。挂号信回执上注明的收件日期与送达回证上注明的收件日期不一致的,或者送达回证没有寄回的,以挂号信回执上注明的收件日期为送达日期。

86. 依照民事诉讼法第八十条规定,委托其他人民法院代为送达的,委托法院应当出具委托函,并附需要送达的诉讼文书和送达回证,以受送达人在送达回证上签收的日期为送达日期。

87. 依照民事诉讼法第八十一条和第八十二条规定,诉讼文书交有关单位转交的,以受送达人在送达回证上注明的签收日期为送达日期。

88. 公告送达,可以在法院的公告栏、受送达人原住所地张贴公告,也可以在报纸上刊登公告;对公告送达方式有特殊要求的,应按要求的方式进行公告。公告期满,即视为送达。

89. 公告送达起诉状或上诉状副本的,应说明起诉或上诉要点,受送达人答辩期限及逾期不答辩的法律后果;公告送达传票,应说明出庭地点、时间及逾期不出庭的法律后果;公告送达判决书、裁定书的,应说明裁判主要内容,属于一审的,还应说明上诉权利、上诉期限和上诉的人民法院。

90. 人民法院在定期宣判时,当事人拒不签收判决书、裁定书的,应视为送达,并在宣判笔录中记明。

五、调　解

91. 人民法院受理案件后,经审查,认为法律关系明确、事实清楚,在征得当事人双方同意后可以迳行调解。

92. 人民法院审理民事案件,应当根据自愿和合法的原则进行调解。当事人一方或双方坚持不愿调解的,人民法院应当及时判决。

人民法院审理离婚案件,应当进行调解,但不应久调不决。

93. 人民法院调解案件时,当事人不能出庭的,经其特别授权,可由其委托代理人参加调解,达成的调解协议,可由委托代理人签名。

离婚案件当事人确因特殊情况无法出庭参加调解的,除本人不能表达意志的以外,应当出具书面意见。

94. 无民事行为能力人的离婚案件,由其法定代理人进行诉讼。法定代理人与对方达成协议要求发给判决书的,可根据协议内容制作判决书。

95. 当事人一方拒绝签收调解书的,调解书不发生法律效力,人民法院要及时通知对方当事人。

96. 调解书不能当庭送达双方当事人的,应以后收到调解书的当事人签收的日期为调解书生效日期。

97. 无独立请求权的第三人参加诉讼的案件,人民法院调解时需要确定无独立请求权的第三人承担义务的,应经第三人的同意,调解书应当同时送达第三人。第三人在调解书送达前反悔的,人民法院应当及时判决。

六、财产保全和先予执行

98. 人民法院依照民事诉讼法第九十二条、第九十三条规定，在采取诉前财产保全和诉讼财产保全时责令申请人提供担保的，提供担保的数额应相当于请求保全的数额。

99. 人民法院对季节性商品、鲜活、易腐烂变质以及其他不宜长期保存的物品采取保全措施时，可以责令当事人及时处理，由人民法院保存价款；必要时，人民法院可予以变卖，保存价款。

100. 人民法院在财产保全中采取查封、扣押财产措施时，应当妥善保管被查封、扣押的财产。当事人、负责保管的有关单位或个人以及人民法院都不得使用该项财产。

101. 人民法院对不动产和特定的动产（如车辆、船舶等）进行财产保全，可以采用扣押有关财产权证照并通知有关产权登记部门不予办理该项财产的转移手续的财产保全措施；必要时，也可以查封或扣押该项财产。

102. 人民法院对抵押物、留置物可以采取财产保全措施，但抵押权人、留置权人有优先受偿权。

103. 对当事人不服一审判决提出上诉的案件，在第二审人民法院接到报送的案件之前，当事人有转移、隐匿、出卖或者毁损财产等行为，必须采取财产保全措施的，由第一审人民法院依当事人申请或依职权采取。第一审人民法院制作的财产保全裁定，应及时报送第二审人民法院。

104. 人民法院对债务人到期应得的收益，可以采取财产保全措施，限制其支取，通知有关单位协助执行。

105. 债务人的财产不能满足保全请求，但对第三人有到期债权的，人民法院可以依债权人的申请裁定该第三人不得对本案债务人清偿。该第三人要求偿付的，由人民法院提存财物或价款。

106. 民事诉讼法规定的先予执行，人民法院应当在受理案件后终审判决作出前采取。先予执行应当限于当事人诉讼请求的范围，并以当事人的生活、生产经营的急需为限。

107. 民事诉讼法第九十七条第（三）项规定的紧急情况，包括：

（1）需要立即停止侵害、排除妨碍的；

（2）需要立即制止某项行为的；

(3) 需要立即返还用于购置生产原料、生产工具货款的;

(4) 追索恢复生产、经营急需的保险理赔费的。

108. 人民法院裁定采取财产保全措施后,除作出保全裁定的人民法院自行解除和其上级人民法院决定解除外,在财产保全期限内,任何单位都不得解除保全措施。

109. 诉讼中的财产保全裁定的效力一般应维持到生效的法律文书执行时止。在诉讼过程中,需要解除保全措施的,人民法院应及时作出裁定,解除保全措施。

110. 对当事人不服财产保全、先予执行裁定提出的复议申请,人民法院应及时审查。裁定正确的,通知驳回当事人的申请;裁定不当的,作出新的裁定变更或者撤销原裁定。

111. 人民法院先予执行后,依发生法律效力的判决,申请人应当返还因先予执行所取得的利益的,适用民事诉讼法第二百一十四条的规定。

七、对妨害民事诉讼的强制措施

112. 民事诉讼法第一百条规定的必须到庭的被告,是指负有赡养、抚育、扶养义务和不到庭就无法查清案情的被告。

给国家、集体或他人造成损害的未成年人的法定代理人,如其必须到庭,经两次传票传唤无正当理由拒不到庭的,也可以适用拘传。

113. 拘传必须用拘传票,并直接送达被拘传人;在拘传前,应向被拘传人说明拒不到庭的后果,经批评教育仍拒不到庭的,可拘传其到庭。

114. 人民法院依照民事诉讼法第一百零一条、第一百零二条的规定,需要对诉讼参与人和其他人采取拘留措施的,应经院长批准,作出拘留决定书,由司法警察将被拘留人送交当地公安机关看管。

115. 被拘留人不在本辖区的,作出拘留决定的人民法院应派员到被拘留人所在地的人民法院,请该院协助执行,受委托的人民法院应及时派员协助执行。被拘留人申请复议或者在拘留期间承认并改正错误,需要提前解除拘留的,受委托人民法院应向委托人民法院转达或者提出建议,由委托人民法院审查决定。

116. 因哄闹、冲击法庭,用暴力、威胁等方法抗拒执行公务等紧急情况,必须立即采取拘留措施的,可在拘留后,立即报告院长补办批准手续。院长认为拘留不当的,应当解除拘留。

117. 被拘留人在拘留期间认错悔改的,可以责令其具结悔过,提前解除拘留。

提前解除拘留,应报经院长批准,并作出提前解除拘留决定书,交负责看管的公安机关执行。

118. 民事诉讼法第一百零一条、第一百零二条规定的罚款、拘留可以单独适用,也可以合并适用。

119. 对同一妨害民事诉讼行为的罚款、拘留不得连续适用。但发生了新的妨害民事诉讼的行为,人民法院可以重新予以罚款、拘留。

120. 依照民事诉讼法第一百零六条的规定,人民法院对非法拘禁他人或者非法私自扣押他人财产追索债务的单位和个人予以拘留、罚款的,适用该法第一百零四条和第一百零五条的规定。

121. 被罚款、拘留的人不服罚款、拘留决定申请复议的,上级人民法院应在收到复议申请后五日内作出决定,并将复议结果通知下级人民法院和当事人。

122. 上级人民法院复议时认为强制措施不当,应当制作决定书,撤销或变更下级人民法院的拘留、罚款决定。情况紧急的,可以在口头通知后三日内发出决定书。

123. 当事人有下列情形之一的,可以依照民事诉讼法第一百零二条第一款第(六)项的规定处理:

(1) 在法律文书发生法律效力后隐藏、转移、变卖、毁损财产,造成人民法院无法执行的;

(2) 以暴力、威胁或者其他方法妨碍或抗拒人民法院执行的;

(3) 有履行能力而拒不执行人民法院发生法律效力的判决书、裁定书、调解书和支付令的。

124. 有关单位有下列情形之一的,人民法院可以依照民事诉讼法第一百零二条的规定处理:

(1) 擅自转移已被人民法院冻结的存款,或擅自解冻的;

(2) 以暴力、威胁或者其他方法阻碍司法工作人员查询、冻结、划拨银行存款的;

(3) 接到人民法院协助执行通知后,给当事人通风报信,协助其转移、隐匿财产的。

125. 依照民事诉讼法第一百零一条的规定,应当追究有关人员刑事责任的,由审理该案的审判组织直接予以判决;在判决前,应当允许当事人陈述意见或者委托辩护人辩护。

126. 依照民事诉讼法第一百零二条第一款第(六)项的规定,应当追究有关人员刑事责任的,由人民法院刑事审判庭直接受理并予以判决。

127. 依照民事诉讼法第一百零二条第(一)至(五)项和第一百零六条的规定,应当追究有关人员刑事责任的,依照刑事诉讼法的规定办理。

八、诉讼费用

128. 依照民事诉讼法第九十三条的规定向人民法院申请诉前财产保全的,诉讼费用按照《人民法院诉讼收费办法》第八条第(二)项的规定交纳。

129. 依照民事诉讼法第五十五条审理的案件不预交案件受理费,结案后按照诉讼标的额由败诉方交纳。

130. 依照民事诉讼法第五十五条第四款的规定,未参加登记的权利人向人民法院申请执行的,按《人民法院诉讼收费办法》第八条第(一)项的规定交纳申请执行费。

131. 人民法院裁定不予受理的案件,当事人不需交纳诉讼费用。当事人不服裁定上诉的,诉讼费用按照《人民法院诉讼收费办法》第五条第(三)项的规定交纳。

132. 依照民事诉讼法第一百八十九条的规定向人民法院申请支付令的,每件交纳申请费100元。督促程序因债务人异议而终结的,申请费由申请人负担;债务人未提出异议的,申请费由债务人负担。

133. 督促程序终结后,债权人另行起诉的,按照《人民法院诉讼收费办法》交纳诉讼费用。

134. 依照民事诉讼法第一百九十三条的规定向人民法院申请公示催告的,每件交纳申请费100元。申请费和公告费由申请人负担。

135. 依照民事诉讼法第一百九十六条、第一百九十八条的规定向人民法院起诉的,按照《人民法院诉讼收费办法》第五条第(四)项的规定交纳案件受理费。

136. 依照民事诉讼法第一百九十九条的规定,向人民法院申请破产还债的,可不预交案件受理费,破产费用从破产财产中拨付。

137. 人民法院依职权提起的再审案件和人民检察院抗诉的再审案件,当事人不需交纳诉讼费用。

138. 委托执行,受委托人民法院不得向委托人民法院收取费用。执行中实际支出的费用,按照《人民法院诉讼收费办法》收取。

九、第一审普通程序

139. 起诉不符合受理条件的,人民法院应当裁定不予受理。立案后发现起诉不符合受理条件的,裁定驳回起诉。

不予受理的裁定书由负责审查立案的审判员、书记员署名;驳回起诉的裁定书由负责审理该案的审判员、书记员署名。

140. 当事人在诉状中有谩骂和人身攻击之词,送达副本可能引起矛盾激化,不利于案件解决的,人民法院应当说服其实事求是地修改。坚持不改的,可以送达起诉状副本。

141. 对本院没有管辖权的案件,告知原告向有管辖权的人民法院起诉;原告坚持起诉的,裁定不予受理;立案后发现本院没有管辖权的,应当将案件移送有管辖权的人民法院。

142. 裁定不予受理、驳回起诉的案件,原告再次起诉的,如果符合起诉条件,人民法院应予受理。

143. 原告应当预交而未预交案件受理费,人民法院应当通知其预交,通知后仍不预交或者申请减、缓、免未获人民法院批准而仍不预交的,裁定按自动撤诉处理。

144. 当事人撤诉或人民法院按撤诉处理后,当事人以同一诉讼请求再次起诉的,人民法院应予受理。

原告撤诉或者按撤诉处理的离婚案件,没有新情况、新理由,六个月内又起诉的,可比照民事诉讼法第一百一十一条第(七)项的规定不予受理。

145. 依照民事诉讼法第一百一十一条第(二)项的规定,当事人在书面合同中订有仲裁条款,或者在发生纠纷后达成书面仲裁协议,一方向人民法院起诉的,人民法院裁定不予受理,告知原告向仲裁机构申请仲裁。但仲裁条款、仲裁协议无效、失效或者内容不明确无法执行的除外。

146. 当事人在仲裁条款或协议中选择的仲裁机构不存在,或者选择裁决的事项超越仲裁机构权限的,人民法院有权依法受理当事人一方的起诉。

147. 因仲裁条款或协议无效、失效或者内容不明确,无法执行而受理的民事诉讼,如果被告一方对人民法院管辖权提出异议的,受诉人民法院应就管辖权作出裁定。

148. 当事人一方向人民法院起诉时未声明有仲裁协议,人民法院受理后,对方当事人又应诉答辩的,视为该人民法院有管辖权。

149. 病员及其亲属对医疗事故技术鉴定委员会作出的医疗事故结论没有意见,仅要求医疗单位就医疗事故赔偿经济损失向人民法院提起诉讼的,应予受理。

150. 判决不准离婚、调解和好的离婚案件以及判决、调解维持收养关系的案件的被告向人民法院起诉的,不受民事诉讼法第一百一十一条第(七)项规定的条件限制。

151. 夫妻一方下落不明,另一方诉至人民法院,只要求离婚,不申请宣告下落不明人失踪或死亡的案件,人民法院应当受理,对下落不明人用公告送达诉讼文书。

152. 赡养费、扶养费、抚育费案件,裁判发生法律效力后,因新情况、新理由,一方当事人再行起诉要求增加或减少费用的,人民法院应作为新案受理。

153. 当事人超过诉讼时效期间起诉的,人民法院应予受理。受理后查明无中止、中断、延长事由的,判决驳回其诉讼请求。

154. 民事诉讼法第六十六条、第一百二十条所指的商业秘密,主要是指技术秘密、商业情报及信息等,如生产工艺、配方、贸易联系、购销渠道等当事人不愿公开的工商业秘密。

155. 人民法院按照普通程序审理案件,应当在开庭三日前用传票传唤当事人。对诉讼代理人、证人、鉴定人、勘验人、翻译人员应当用通知书通知其到庭。当事人或其他诉讼参与人在外地的,应留有必要的在途时间。

156. 在案件受理后,法庭辩论结束前,原告增加诉讼请求,被告提出反诉,第三人提出与本案有关的诉讼请求,可以合并审理的,人民法院应当合并审理。

157. 无民事行为能力人的离婚诉讼,当事人的法定代理人应当到庭;法定代理人不能到庭的,人民法院应当在查清事实的基础上,依法作出判决。

158. 无民事行为能力的当事人的法定代理人,经传票传唤无正当理由拒不到庭的,如属原告方,可以比照民事诉讼法第一百二十九条的规定,按撤诉处理;如属被告方,可以比照民事诉讼法第一百三十条的规定,缺席判决。

159. 有独立请求权的第三人经人民法院传票传唤,无正当理由拒不到庭的,或者未经法庭许可中途退庭的,可以对该第三人比照民事诉讼法第一百二十九条的规定,按撤诉处理。

160. 有独立请求权的第三人参加诉讼后,原告申请撤诉,人民法院在准许原告撤诉后,有独立请求权的第三人作为另案原告,原案原告、被告作为另案被告,诉讼另行进行。

161. 当事人申请撤诉或者依法可以按撤诉处理的案件,如果当事人有违反法律的行为需要依法处理的,人民法院可以不准撤诉或者不按撤诉处理。

162. 无独立请求权的第三人经人民法院传票传唤,无正当理由拒不到庭,或者未经法庭许可中途退庭的,不影响案件的审理。人民法院判决承担民事责任的无独立请求权的第三人,有权提起上诉。

163. 一审宣判后,原审人民法院发现判决有错误,当事人在上诉期内提出上诉的,原审人民法院可以提出原判决有错误的意见,报送第二审人民法院,由第二审人民法院按照第二审程序进行审理;当事人不上诉的,按照审判监督程序处理。

164. 民事诉讼法第一百三十五条规定的审限,是指从立案的次日起至裁判宣告、调解书送达之日止的期间,但公告期间、鉴定期间、审理当事人提出的管辖权异议以及处理人民法院之间的管辖争议期间不应计算在内。

165. 一审判决书和可以上诉的裁定书不能同时送达双方当事人的,上诉期从各自收到判决书、裁定书的次日起计算。

166. 民事诉讼法第一百四十条第一款第(七)项中的笔误是指法律文书误写、误算,诉讼费用漏写、误算和其他笔误。

167. 裁定中止诉讼的原因消除,恢复诉讼程序时,不必撤销原裁定,从人民法院通知或准许当事人双方继续进行诉讼时起,中止诉讼的裁定即失去效力。

十、简易程序

168. 民事诉讼法第一百四十二条规定的简单民事案件中的"事实清楚",是指当事人双方对争议的事实陈述基本一致,并能提供可靠的证据,无须人民法院调查收集证据即可判明事实、分清是非;"权利义务关系明确",是指谁是责任的承担者,谁是权利的享有者,关系明确;"争议不大",是指当事人对案件的是非、责任以及诉讼标的争执无原则分歧。

169. 起诉时被告下落不明的案件,不得适用简易程序审理。

170. 适用简易程序审理的案件,审理期限不得延长。在审理过程中,发现案情复杂,需要转为普通程序审理的,可以转为普通程序,由合议庭进行审理,并及时通知双方当事人。审理期限从立案的次日起计算。

171. 已经按照普通程序审理的案件,在审理过程中无论是否发生了情况变化,都不得改用简易程序审理。

172. 适用简易程序审理案件,人民法院应当将起诉内容,用口头或书面方式告知被告,用口头或者其他简便方式传唤当事人、证人,由审判员独任审判,书记员担任记录,不得自审自记。判决结案的,应当依照民事诉讼法第一百三十四条的规定公开宣判。

173. 人民法庭制作的判决书、裁定书、调解书,必须加盖基层人民法院印章,不得用人民法庭的印章代替基层人民法院的印章。

174. 发回重审和按照审判监督程序再审的案件,不得适用简易程序审理。

175. 适用简易程序审理案件,卷宗中应当具备以下材料:(1)诉状或者口头起诉笔录;(2)答辩状或者口头答辩笔录;(3)委托他人代理诉讼的要有授权委托书;(4)必要的证据;(5)询问当事人笔录;(6)审理(包括调解)笔录;(7)判决书、调解书、裁定书,或者调解协议;(8)送达和宣判笔录;(9)执行情况;(10)诉讼费收据。

十一、第二审程序

176. 双方当事人和第三人都提出上诉的,均为上诉人。

177. 必要共同诉讼人中的一人或者部分人提出上诉的,按下列情况处理:

(1) 该上诉是对与对方当事人之间权利义务分担有意见,不涉及其他共同诉讼人利益的,对方当事人为被上诉人,未上诉的同一方当事人依原审诉讼地位列明;

(2) 该上诉仅对共同诉讼人之间权利义务分担有意见,不涉及对方当事人利益的,未上诉的同一方当事人为被上诉人,对方当事人依原审诉讼地位列明;

(3) 该上诉对双方当事人之间以及共同诉讼人之间权利义务承担有意见的,未提出上诉的其他当事人均为被上诉人。

178. 一审宣判时或判决书、裁定书送达时,当事人口头表示上诉的,人民法院应告知其必须在法定上诉期间内提出上诉状。未在法定上诉期间内递交上诉状的,视为未提出上诉。

179. 无民事行为能力人、限制民事行为能力人的法定代理人,可以代理当事人提起上诉。

180. 第二审人民法院依照民事诉讼法第一百五十一条的规定,对上诉人上诉请求的有关事实和适用法律进行审查时,如果发现在上诉请求以外原判确有错误的,也应予以纠正。

181. 第二审人民法院发现第一审人民法院有下列违反法定程序的情形之一,可能影响案件正确判决的,应依照民事诉讼法第一百五十三条第一款第(四)项的规定,裁定撤销原判,发回原审人民法院重审:

(1) 审理本案的审判人员、书记员应当回避未回避的;

(2) 未经开庭审理而作出判决的;

(3) 适用普通程序审理的案件当事人未经传票传唤而缺席判决的;

(4) 其他严重违反法定程序的。

182. 对当事人在一审中已经提出的诉讼请求,原审人民法院未作审理、判决的,第二审人民法院可以根据当事人自愿的原则进行调解,调解不成的,发回重审。

183. 必须参加诉讼的当事人在一审中未参加诉讼,第二审人民法院可以根据当事人自愿的原则予以调解,调解不成的,发回重审。发回重审的裁定书不列应当追加的当事人。

184. 在第二审程序中,原审原告增加独立的诉讼请求或原审被告提出反诉的,第二审人民法院可以根据当事人自愿的原则就新增加的诉讼请求或反诉进行调解,调解不成的,告知当事人另行起诉。

185. 一审判决不准离婚的案件,上诉后,第二审人民法院认为应当判决离婚的,可以根据当事人自愿的原则,与子女抚养、财产问题一并调解,调解不成的,发回重审。

186. 人民法院依照第二审程序审理的案件,认为依法不应由人民法院受理的,可以由第二审人民法院直接裁定撤销原判,驳回起诉。

187. 第二审人民法院查明第一审人民法院作出的不予受理裁定有错误的,应在撤销原裁定的同时,指令第一审人民法院立案受理;查明第一审人民法院作出的驳回起诉裁定有错误的,应在撤销原裁定的同时,指令第一审人民法院进行审理。

188. 第二审人民法院对下列上诉案件,可以依照民事诉讼法第一百五十二条的规定迳行判决、裁定:

(1) 一审就不予受理、驳回起诉和管辖权异议作出裁定的案件;

(2) 当事人提出的上诉请求明显不能成立的案件;

(3) 原审裁判认定事实清楚,但适用法律错误的案件;

(4) 原判决违反法定程序,可能影响案件正确判决,需要发回重审的案件。

189. 在第二审程序中,作为当事人的法人或者其他组织分立的,人民法院可以直接将分立后的法人或者其他组织列为共同诉讼人;合并的,将合并后的法人或者其他组织列为当事人。不必将案件发还原审人民法院重审。

190. 在第二审程序中,当事人申请撤回上诉,人民法院经审查认为一审判决确有错误,或者双方当事人串通损害国家和集体利益、社会公共利益及他人合法权益的,不应准许。

191. 当事人在二审中达成和解协议的,人民法院可以根据当事人的请求,对双方达成的和解协议进行审查并制作调解书送达当事人;因和解而申请撤诉,经审查符合撤诉条件的,人民法院应予准许。

192. 第二审人民法院宣告判决可以自行宣判,也可以委托原审人民法院或者当事人所在地人民法院代行宣判。

十二、特别程序

193. 在诉讼中,当事人的利害关系人提出该当事人患有精神病,要求宣告该当事人无民事行为能力或限制民事行为能力的,应由利害关系人向人民法院提出申请,由受诉人民法院按照特别程序立案审理,原诉讼中止。

194. 宣告失踪或者宣告死亡案件,人民法院可以根据申请人的请求,清理下落不明人的财产,指定诉讼期间的财产管理人。公告期满后,人民法院判决宣告失踪的,应同时依照民法通则第二十一条第一款的规定指定失踪人的财产代管人。

195. 失踪人的财产代管人经人民法院指定后,代管人申请变更代管的,比照民事诉讼法特别程序的有关规定进行审理。申请有理的,裁定撤销申请人的代管人身份,同时另行指定财产代管人;申请无理的,裁定驳回申请。失踪人的其他利害关系人申请变更代管的,人民法院应告知其以原指定的代管人为被告起诉,并按普通程序进行审理。

196. 人民法院判决宣告公民失踪后,利害关系人向人民法院申请宣告失踪人死亡,从失踪的次日起满四年的,人民法院应当受理,宣告失踪的判决即是该公民失踪的证明,审理中仍应依照民事诉讼法第一百六十八条的规定进行公告。

197. 认定财产无主案件,公告期间有人对财产提出请求,人民法院应裁定终结特别程序,告知申请人另行起诉,适用普通程序审理。

198. 被指定的监护人不服指定,应当在接到通知的次日起三十日内向人民法院起诉。经审理,认为指定并无不当的,裁定驳回起诉;指定不当的,判决撤销指定,同时另行指定监护人。判决书应送达起诉人、原指定单位及判决指定的监护人。

十三、审判监督程序

199. 各级人民法院院长对本院已经发生法律效力的判决、裁定,发现确有错误,经审判委员会讨论决定再审的,应当裁定中止原判决、裁定的执行。

200. 最高人民法院对地方各级人民法院已经发生法律效力的判决、裁定,上级人民法院对下级人民法院已经发生法律效力的判决、裁定,如果发现确有错误,应在提审或者指令下级人民法院再审的裁定中同时写明中止原判决、裁定的执行;情况紧急的,可以将中止执行的裁定口头通知负责执行的人民法院,但应在口头通知后十日内发出裁定书。

201. 按审判监督程序决定再审或提审的案件,由再审或提审的人民法院在作出新的判决、裁定中确定是否撤销、改变或者维持原判决、裁定;达成调解协议的,调解书送达后,原判决、裁定即视为撤销。

202. 由第二审人民法院判决、裁定的案件,上级人民法院需要指令再审的,应当指令第二审人民法院再审。

203. 无民事行为能力人、限制民事行为能力人的法定代理人,可以代理当事人提出再审申请。

204. 当事人对已经发生法律效力的调解书申请再审,适用民事诉讼法第一百八十二条的规定,应在该调解书发生法律效力后二年内提出。

205. 当事人可以向原审人民法院申请再审,也可以向上一级人民法院申请再审。向上一级人民法院申请再审的,上级人民法院经审查认为符合民事诉讼法第一百七十九条规定条件的,可以指令下级人民法院再审,也可以提审。

206. 人民法院接到当事人的再审申请后,应当进行审查。认为符合民事诉讼法第一百七十九条规定的,应当在立案后裁定中止原判决的执行,并及时通知双方当事人;认为不符合第一百七十九条规定的,用通知书驳回申请。

207. 按照督促程序、公示催告程序、企业法人破产还债程序审理的案件以及依照审判监督程序审理后维持原判的案件,当事人不得申请再审。

208. 对不予受理、驳回起诉的裁定,当事人可以申请再审。

209. 当事人就离婚案件中的财产分割问题申请再审的,如涉及判决中已分割的财产,人民法院应依照民事诉讼法第一百七十九条的规定进行审查,符合再审条件的,应立案审理;如涉及判决中未作处理的夫妻共同财产,应告知当事人另行起诉。

210. 人民法院提审或按照第二审程序再审的案件,在审理中发现原一审、二审判决违反法定程序的,可分别情况处理:

(1) 认为不符合民事诉讼法规定的受理条件的,裁定撤销一审、二审判决,驳回起诉。

(2) 具有本意见第181条规定的违反法定程序的情况,可能影响案件正确判决、裁定的,裁定撤销一审、二审判决,发回原审人民法院重审。

211. 依照审判监督程序再审的案件,人民法院发现原一审、二审判决遗漏了应当参加的当事人的,可以根据当事人自愿的原则予以调解,调解不成的,裁定撤销一审、二审判决,发回原审人民法院重审。

212. 民事诉讼法第一百八十二条中的二年为不变期间，自判决、裁定发生法律效力次日起计算。

213. 再审案件按照第一审程序或者第二审程序审理的，适用民事诉讼法第一百三十五条、第一百五十九条规定的审限。审限自决定再审的次日起计算。

214. 本意见第192条的规定适用于审判监督程序。

十四、督促程序

215. 债权人向人民法院申请支付令，符合下列条件的，人民法院应予受理，并在收到申请后五日内通知债权人：

(1) 请求给付金钱或汇票、本票、支票以及股票、债券、国库券、可转让的存款单等有价证券的；

(2) 请求给付的金钱或者有价证券已到期且数额确定，并写明了请求所根据的事实、证据的；

(3) 债权人没有对待给付义务的；

(4) 支付令能够送达债务人的。

不符合上述条件的，通知不予受理。

216. 人民法院受理申请后，由审判员一人进行审查。经审查申请不成立的，应当在十五日内裁定驳回申请，该裁定不得上诉。

217. 在人民法院发出支付令前，申请人撤回申请的，应当裁定终结督促程序。

218. 债务人不在我国境内的，或者虽在我国境内但下落不明的，不适用督促程序。

219. 支付令应记明以下事项：

(1) 债权人、债务人姓名或名称等基本情况；

(2) 债务人应当给付的金钱、有价证券的种类、数量；

(3) 清偿债务或者提出异议的期限；

(4) 债务人在法定期间不提出异议的法律后果。

支付令由审判员、书记员署名，加盖人民法院印章。

220. 向债务人本人送达支付令，债务人拒绝接收的，人民法院可以留置送达。

221. 依照民事诉讼法第一百九十二条的规定，债务人在法定期间提出书面异议的，人民法院无须审查异议是否有理由，应当直接裁定终结督促程序。债务人对债务本身没有异议，只是提出缺乏清偿能力的，不影响支付令的效力。

债务人的口头异议无效。

222. 民事诉讼法第一百九十一条驳回支付令申请的裁定书和第一百九十二条终结督促程序的裁定书,由审判员、书记员署名,加盖人民法院印章。

223. 债务人在收到支付令后,不在法定期间提出书面异议,而向其他人民法院起诉的,不影响支付令的效力。

224. 督促程序终结后,债权人起诉的,由有管辖权的人民法院受理。

225. 债权人向人民法院申请执行支付令的期限,适用民事诉讼法第二百一十九条的规定。

十五、公示催告程序

226. 民事诉讼法第一百九十三条规定的票据持有人,是指票据被盗、遗失或者灭失前的最后持有人。

227. 人民法院收到公示催告的申请后,应当立即审查,并决定是否受理。经审查认为符合受理条件的,通知予以受理,并同时通知支付人停止支付;认为不符合受理条件的,七日内裁定驳回申请。

228. 人民法院依照民事诉讼法第一百九十四条规定发出的受理申请的公告,应写明以下内容:

(1) 公示催告申请人的姓名或名称;

(2) 票据的种类、票面金额、发票人、持票人、背书人等;

(3) 申报权利的期间;

(4) 在公示催告期间转让票据权利、利害关系人不申报的法律后果。

229. 公告应张贴于人民法院公告栏内,并在有关报纸或其他宣传媒介上刊登;人民法院所在地有证券交易所的,还应张贴于该交易所。

230. 利害关系人在公示催告期间向人民法院申报权利的,人民法院应当裁定终结公示催告程序。利害关系人在申报期届满后,判决作出之前申报权利的,同样应裁定终结公示催告程序。

231. 利害关系人申报权利,人民法院应通知其向法院出示票据,并通知公示催告申请人在指定的期间察看该票据。公示催告申请人申请公示催告的票据与利害关系人出示的票据不一致的,人民法院应当裁定驳回利害关系人的申报。

232. 在申报权利的期间没有人申报的,或者申报被驳回的,公示催告申请人应自申报权利期间届满的次日起一个月内申请人民法院作出判决。逾期不申请判决的,终结公示催告程序。

233. 判决生效后,公示催告申请人有权依据判决向付款人请求付款。

234. 适用公示催告程序审理案件,可由审判员一人独任审理;判决宣告票据无效的,应当组成合议庭审理。

235. 公示催告申请人撤回申请,应在公示催告前提出;公示催告期间申请撤回的,人民法院可以迳行裁定终结公示催告程序。

236. 人民法院依照民事诉讼法第一百九十四条规定通知支付人停止支付,应符合有关财产保全的规定。支付人收到停止支付通知后拒不止付的,除可依照民事诉讼法第一百零二条、第一百零三条规定采取强制措施外,在判决后,支付人仍应承担支付义务。

237. 人民法院依据民事诉讼法第一百九十六条规定终结公示催告程序后,公示催告申请人或者申报人向人民法院提起诉讼的,依照民事诉讼法第二十七条的规定确定管辖。

238. 民事诉讼法第一百九十六条终结公示催告程序的裁定书,由审判员、书记员署名,加盖人民法院印章。

239. 依照民事诉讼法第一百九十八条的规定,利害关系人向人民法院起诉的,人民法院可按票据纠纷适用普通程序审理。

十六、企业法人破产还债程序

240. 具有法人资格的集体企业、联营企业、私人企业以及设在中国领域内的中外合资经营企业、中外合作经营企业和外资企业等,适用企业法人破产还债程序。

联营企业中的联营各方均为全民所有制企业的,该联营企业的破产不适用企业法人破产还债程序。

241. 债权人就其抵押物或者其他担保物享有优先受偿权。抵押权人或者其他担保物权人在破产还债案件受理后至破产宣告前请求优先受偿的,应经人民法院准许。

抵押物或者其他担保物的价款不足其所担保的债务数额的,其差额部分列为破产债权。

242. 人民法院受理破产案件后,应当组成合议庭进行审理。

243. 人民法院依照民事诉讼法第二百条发出的破产公告,应当在报纸上刊登,公告中应当写明下列内容:

(1) 立案时间;

(2) 破产案件的债务人;

(3) 申报债权的期限、地点和逾期未报的法律后果;

(4) 第一次债权人会议召开的日期、地点。

244. 人民法院受理破产申请后,对债务人的其他民事执行程序、财产保全程序必须中止。

245. 人民法院受理破产案件后,应当及时通知债务人的开户银行停止办理债务人的结算业务。开户银行支付维持债务人正常生产经营所必需的费用,应经人民法院许可。

246. 依照民事诉讼法第二百零一条的规定,人民法院组织成立破产清算组织的,破产财产处理和分配方案由破产清算组织提出,经债权人会议讨论通过,报请人民法院裁定后执行。

247. 债权人会议讨论通过破产财产的处理和分配方案,应由出席会议的有表决权的债权人的过半数通过,并且其所代表的债权额必须占无财产担保债权总额的半数以上;讨论通过和解协议草案,必须占无财产担保债权总额的三分之二以上。

248. 民事诉讼法第二百条规定的和解协议,应当具备以下内容:

(1) 清偿债务的财产来源;

(2) 清偿债务的办法;

(3) 清偿债务的期限。

249. 清算组织在对破产财产进行保管、清理、估价、处理和分配过程中,应向人民法院负责并报告工作,接受人民法院和债权人会议的监督。

250. 破产财产分配完毕,由破产清算组织提请人民法院裁定终结破产程序。破产程序终结后,未得到清偿的债权不再清偿。

251. 破产程序终结后,由破产清算组织向破产企业原登记机关办理注销登记。

252. 破产还债案件,一律用裁定;当事人除对驳回破产申请的裁定可以上诉外,对其他裁定不准上诉。

253. 人民法院审理破产还债案件,除适用民事诉讼法第十九章的规定外,并可参照《中华人民共和国企业破产法(试行)》的有关规定。

十七、执行程序

254. 强制执行的标的应当是财物或者行为。当事人拒绝履行发生法律效力的判决、裁定、调解书、支付令的,人民法院应向当事人发出执行通知。在执行通知指定的期间被执行人仍不履行的,应当强制执行。

255. 发生法律效力的支付令,由制作支付令的人民法院负责执行。

256. 民事诉讼法第二百零七条第二款规定的由人民法院执行的其他法律文书,包括仲裁裁决书、公证债权文书。

其他法律文书由被执行人住所地或者被执行人的财产所在地人民法院执行;当事人分别向上述人民法院申请执行的,由最先接受申请的人民法院执行。

257. 民事诉讼法第二百零八条规定的中止执行,应当限于案外人依该条规定提出异议部分的财产范围。对被执行人的其他财产,不应中止执行。异议理由不成立的,通知驳回。

258. 执行员在执行本院的判决、裁定和调解书时,发现确有错误的,应当提出书面意见,报请院长审查处理。在执行上级人民法院的判决、裁定和调解书时,发现确有错误的,可提出书面意见,经院长批准,函请上级人民法院审查处理。

259. 被执行人、被执行的财产在外地的,负责执行的人民法院可以委托当地人民法院代为执行,也可以直接到当地执行。直接到当地执行的,负责执行的人民法院可以要求当地人民法院协助执行。当地人民法院应当根据要求协助执行。

260. 委托执行,委托人民法院应当出具委托函和生效的法律文书(副本)。委托函应当提出明确的执行要求。

261. 受委托人民法院在接到委托函后,无权对委托执行的生效的法律文书进行实体审查;执行中发现据以执行的法律文书有错误的,受委托人民法院应当及时向委托人民法院反映。

262. 受委托人民法院应当严格按照生效法律文书的规定和委托人民法院的要求执行。对债务人履行债务的时间、期限和方式需要变更的,应当征得申请执行人的同意,并将变更情况及时告知委托人民法院。

263. 受委托人民法院遇有需要中止或者终结执行的情形,应当及时函告委托人民法院,由委托人民法院作出裁定,在此期间,可以暂缓执行。受委托人民法院不得自行裁定中止或者终结执行。

264. 委托执行中,案外人对执行标的提出异议的,受委托人民法院应当函告委托人民法院,由委托人民法院通知驳回或者作出中止执行的裁定,在此期间,暂缓执行。

265. 依照民事诉讼法第二百一十条第二款的规定,受委托人民法院的上一级人民法院在接到委托人民法院指令执行的请求后,应当在五日内书面指令受委托人民法院执行,并将这一情况及时告知委托人民法院。

受委托人民法院在接到上一级人民法院的书面指令后,应当立即执行,将执行情况报告上一级人民法院,并告知委托人民法院。

266. 一方当事人不履行或者不完全履行在执行中双方自愿达成的和解协议,对方当事人申请执行原生效法律文书的,人民法院应当恢复执行,但和解协议已履行的部分应当扣除。和解协议已经履行完毕的,人民法院不予恢复执行。

267. 申请恢复执行原法律文书,适用民事诉讼法第二百一十九条申请执行期限的规定。申请执行期限因达成执行中的和解协议而中止,其期限自和解协议所定履行期限的最后一日起连续计算。

268. 人民法院依照民事诉讼法第二百一十二条的规定决定暂缓执行的,如果担保是有期限的,暂缓执行的期限应与担保期限一致,但最长不得超过一年。被执行人或担保人对担保的财产在暂缓执行期间有转移、隐藏、变卖、毁损等行为的,人民法院可以恢复强制执行。

269. 民事诉讼法第二百一十二条规定的执行担保,可以由被执行人向人民法院提供财产作担保,也可以由第三人出面作担保。以财产作担保的,应提交保证书;由第三人担保的,应当提交担保书。担保人应当具有代为履行或者代为承担赔偿责任的能力。

270. 被执行人在人民法院决定暂缓执行的期限届满后仍不履行义务的,人民法院可以直接执行担保财产,或者裁定执行担保人的财产,但执行担保人的财产以担保人应当履行义务部分的财产为限。

271. 依照民事诉讼法第二百一十三条的规定,执行中作为被执行人的法人或者其他组织分立、合并的,其权利义务由变更后的法人或者其他组织承受;被撤销的,如果依有关实体法的规定有权利义务承受人的,可以裁定该权利义务承受人为被执行人。

272. 其他组织在执行中不能履行法律文书确定的义务的,人民法院可以裁定执行对该其他组织依法承担义务的法人或者公民个人的财产。

273. 在执行中,作为被执行人的法人或者其他组织名称变更的,人民法院可以裁定变更后的法人或者其他组织为被执行人。

274. 作为被执行人的公民死亡,其遗产继承人没有放弃继承的,人民法院可以裁定变更被执行人,由该继承人在遗产的范围内偿还债务。继承人放弃继承的,人民法院可以直接执行被执行人的遗产。

275. 法律规定由人民法院执行的其他法律文书执行完毕后，该法律文书被有关机关依法撤销的，经当事人申请，适用民事诉讼法第二百一十四条的规定。

276. 执行中，具有企业法人资格的被执行人不能清偿到期债务，根据债权人或者债务人申请，人民法院可以依法宣告被执行人破产。

277. 仲裁机构裁决的事项部分属于仲裁协议的范围，部分超过仲裁协议范围的，对超过部分，人民法院应当裁定不予执行。

278. 依照民事诉讼法第二百一十七条第二款、第三款的规定，人民法院裁定不予执行仲裁裁决后，当事人可以重新达成书面仲裁协议申请仲裁，也可以向人民法院起诉。

279. 民事诉讼法第二百二十条规定的执行通知，人民法院应在收到申请执行书后的十日内发出。执行通知中除应责令被执行人履行法律文书确定的义务外，并应通知其承担民事诉讼法第二百三十二条规定的迟延履行利息或者迟延履行金。

280. 人民法院可以直接向银行及其营业所、储蓄所、信用合作社以及其他有储蓄业务的单位查询、冻结、划拨被执行人的存款。外地法院可以直接到被执行人住所地、被执行财产所在地银行及其营业所、储蓄所、信用合作社以及其他有储蓄业务的单位查询、冻结、划拨被执行人应当履行义务部分的存款，无需由当地人民法院出具手续。

281. 人民法院在执行中需要变卖被执行人财产的，可以交有关单位变卖，也可以由人民法院直接变卖。由人民法院直接变卖的，变卖前应就价格问题征求物价等有关部门的意见，作价应当公平合理。

对变卖的财产，人民法院或其工作人员不得买受。

282. 人民法院在执行中已依照民事诉讼法第二百二十一条、第二百二十三条的规定对被执行人的财产查封、冻结的，任何单位包括其他人民法院不得重复查封、冻结或者擅自解冻，违者按照民事诉讼法第一百零二条的规定处理。被执行人的财产不能满足所有申请执行人清偿要求的，执行时可以参照民事诉讼法第二百零四条的规定处理。

283. 依照民事诉讼法第二百三十一条规定，当事人不履行法律文书确定的行为义务，如果该项行为义务只能由被执行人完成的，人民法院可以依照民事诉讼法第一百零二条第一款第(六)项的规定处理。

284. 执行的标的物为特定物的，应执行原物。原物确已不存在的，可折价赔偿。

285. 执行中,被执行人隐匿财产的,人民法院除可依照民事诉讼法第一百零二条规定对其处理外,并应责令被执行人交出隐匿的财产或折价赔偿。被执行人拒不交出或赔偿的,人民法院可按被执行财产的价值强制执行被执行人的其他财产,也可以采取搜查措施,追回被隐匿的财产。

286. 人民法院依照民事诉讼法第二百二十七条规定对被执行人及其住所或者财产隐匿地进行搜查,必须符合以下条件:

(1) 生效法律文书确定的履行期限已经届满;

(2) 被执行人不履行法律文书确定的义务;

(3) 认为有隐匿财产的行为。

搜查人员必须按规定着装并出示搜查令和身份证件。

287. 人民法院搜查时禁止无关人员进入搜查现场;搜查对象是公民的,应通知被执行人或者他的成年家属以及基层组织派员到场;搜查对象是法人或者其他组织的,应通知法定代表人或者主要负责人到场,有上级主管部门的,也应通知主管部门有关人员到场。拒不到场的,不影响搜查。

搜查妇女身体,应由女执行人员进行。

288. 搜查中发现应当依法扣押的财产,依照民事诉讼法第二百二十四条第二款和第二百二十六条的规定办理。

289. 搜查应制作搜查笔录,由搜查人员、被搜查人及其他在场人签名或盖章。拒绝签名或盖章的,应在搜查笔录中写明。

290. 法人或其他组织持有法律文书指定交付的财物或者票证,在人民法院发出协助执行通知后,拒不转交的,强制执行,并可依照民事诉讼法第一百零三条的规定处理。

291. 有关单位和个人持有法律文书指定交付的财物或者票证,因其过失被毁损或灭失的,人民法院可责令持有人赔偿;拒不赔偿的,人民法院可按被执行的财物或者票证的价值强制执行。

292. 人民法院在执行中需要办理房产证、土地证、山林所有权证、专利证书、商标证书、车辆执照等有关财产权证照转移手续的,可以依照民事诉讼法第二百三十条规定办理。

293. 被执行人迟延履行的,迟延履行期间的利息或迟延履行金自判决、裁定和其他法律文书指定的履行期间届满的次日起计算。

294. 民事诉讼法第二百三十二条规定的加倍支付迟延履行期间的债务利息,

是指在按银行同期贷款最高利率计付的债务利息上增加一倍。

295. 被执行人未按判决、裁定和其他法律文书指定的期间履行非金钱给付义务的，无论是否已给申请执行人造成损失，都应当支付迟延履行金。已经造成损失的，双倍补偿申请执行人已经受到的损失；没有造成损失的，迟延履行金可以由人民法院根据具体案件情况决定。

296. 债权人依照民事诉讼法第二百三十三条的规定请求人民法院继续执行的，不受民事诉讼法第二百一十九条所定期限的限制。

297. 被执行人为公民或者其他组织，在执行程序开始后，被执行人的其他已经取得执行依据的或者已经起诉的债权人发现被执行人的财产不能清偿所有债权的，可以向人民法院申请参与分配。

298. 申请参与分配，申请人应提交申请书，申请书应写明参与分配和被执行人不能清偿所有债权的事实和理由，并附有执行依据。

参与分配申请应当在执行程序开始后，被执行人的财产被清偿前提出。

299. 被执行人为公民或者其他组织，在有其他已经取得执行依据的债权人申请参与分配的执行中，被执行人的财产参照民事诉讼法第二百零四条规定的顺序清偿，不足清偿同一顺序的，按照比例分配。清偿后的剩余债务，被执行人应当继续清偿。债权人发现被执行人有其他财产的，可以随时请求人民法院执行。

300. 被执行人不能清偿债务，但对第三人享有到期债权的，人民法院可依申请执行人的申请，通知该第三人向申请执行人履行债务。该第三人对债务没有异议但又在通知指定的期限内不履行的，人民法院可以强制执行。

301. 经申请执行人和被执行人同意，可以不经拍卖、变卖，直接将被执行人的财产作价交申请执行人抵偿债务，对剩余债务，被执行人应当继续清偿。

302. 被执行人的财产无法拍卖或变卖的，经申请执行人同意，人民法院可以将该项财产作价后交付申请执行人抵偿债务，或者交付申请执行人管理；申请执行人拒绝接收或管理的，退回被执行人。

303. 在人民法院执行完毕后，被执行人或者其他人对已执行的标的有妨害行为的，人民法院应当采取措施，排除妨害，并可以依照民事诉讼法第一百零二条的规定处理。因妨害行为给申请执行人或者其他人造成损失的，受害人可以另行起诉。

十八、涉外民事诉讼程序的特别规定

304. 当事人一方或双方是外国人、无国籍人、外国企业或组织，或者当事人之间民事法律关系的设立、变更、终止的法律事实发生在外国,或者诉讼标的物在外国的民事案件,为涉外民事案件。

305. 依照民事诉讼法第三十四条和第二百四十六条规定,属于中华人民共和国人民法院专属管辖的案件,当事人不得用书面协议选择其他国家法院管辖。但协议选择仲裁裁决的除外。

306. 中华人民共和国人民法院和外国法院都有管辖权的案件,一方当事人向外国法院起诉,而另一方当事人向中华人民共和国人民法院起诉的,人民法院可予受理。判决后,外国法院申请或者当事人请求人民法院承认和执行外国法院对本案作出的判决、裁定的,不予准许;但双方共同参加或者签订的国际条约另有规定的除外。

307. 对不在我国领域内居住的被告,经用公告方式送达诉状或传唤,公告期满不应诉,人民法院缺席判决后,仍应将裁判文书依照民事诉讼法第二百四十七条第(七)项的规定公告送达。自公告送达裁判文书满六个月的次日起,经过三十日的上诉期当事人没有上诉的,一审判决即发生法律效力。

308. 涉外民事诉讼中的外籍当事人,可以委托本国人为诉讼代理人,也可以委托本国律师以非律师身份担任诉讼代理人;外国驻华使、领馆官员,受本国公民的委托,可以以个人名义担任诉讼代理人,但在诉讼中不享有外交特权和豁免权。

309. 涉外民事诉讼中,外国驻华使、领馆授权其本馆官员,在作为当事人的本国国民不在我国领域内的情况下,可以以外交代表身份为其本国国民在我国聘请中国律师或中国公民代理民事诉讼。

310. 涉外民事诉讼中,经调解双方达成协议,应当制发调解书。当事人要求发给判决书的,可以依协议的内容制作判决书送达当事人。

311. 当事人双方分别居住在我国领域内和领域外,对第一审人民法院判决、裁定的上诉期,居住在我国领域内的为民事诉讼法第一百四十七条所规定的期限;居住在我国领域外的为三十日。双方的上诉期均已届满没有上诉的,第一审人民法院的判决、裁定即发生法律效力。

312. 本意见第145条至第148条、第277条、第278条的规定适用于涉外民事诉讼程序。

313. 我国涉外仲裁机构作出的仲裁裁决,一方当事人不履行,对方当事人向人民法院申请执行的,应依照民事诉讼法第二十八章的有关规定办理。

314. 申请人向人民法院申请执行我国涉外仲裁机构裁决,须提出书面申请书,并附裁决书正本。如申请人为外国一方当事人,其申请书须用中文本提出。

315. 人民法院强制执行涉外仲裁机构的仲裁裁决时,如被执行人申辩有民事诉讼法第二百六十条第一款规定的情形之一的,在其提供了财产担保后,可以中止执行。人民法院应当对被执行人的申辩进行审查,并根据审查结果裁定不予执行或驳回申辩。

316. 涉外经济合同的解除或者终止,不影响合同中仲裁条款的效力。当事人一方因订有仲裁条款的涉外经济合同被解除或者终止向人民法院起诉的,不予受理。

317. 依照民事诉讼法第二百五十八条的规定,我国涉外仲裁机构将当事人的财产保全申请提交人民法院裁定的,人民法院可以进行审查,决定是否进行保全。裁定采取保全的,应当责令申请人提供担保,申请人不提供担保的,裁定驳回申请。

318. 当事人向中华人民共和国有管辖权的中级人民法院申请承认和执行外国法院作出的发生法律效力的判决、裁定的,如果该法院所在国与中华人民共和国没有缔结或者共同参加国际条约,也没有互惠关系的,当事人可以向人民法院起诉,由有管辖权的人民法院作出判决,予以执行。

319. 与我国没有司法协助协议又无互惠关系的国家的法院,未通过外交途径,直接请求我国法院司法协助的,我国法院应予退回,并说明理由。

320. 当事人在我国领域外使用人民法院的判决书、裁定书,要求我国人民法院证明其法律效力的,以及外国法院要求我国人民法院证明判决书、裁定书的法律效力的,我国作出判决、裁定的人民法院,可以本法院的名义出具证明。

最高人民法院关于民事诉讼证据的若干规定

（2001年12月21日最高人民法院公布，法释〔2001〕33号，自2002年4月1日起施行）

为保证人民法院正确认定案件事实，公正、及时审理民事案件，保障和便利当事人依法行使诉讼权利，根据《中华人民共和国民事诉讼法》（以下简称《民事诉讼法》）等有关法律的规定，结合民事审判经验和实际情况，制定本规定。

一、当事人举证

第一条 原告向人民法院起诉或者被告提出反诉，应当附有符合起诉条件的相应的证据材料。

第二条 当事人对自己提出的诉讼请求所依据的事实或者反驳对方诉讼请求所依据的事实有责任提供证据加以证明。

没有证据或者证据不足以证明当事人的事实主张的，由负有举证责任的当事人承担不利后果。

第三条 人民法院应当向当事人说明举证的要求及法律后果，促使当事人在合理期限内积极、全面、正确、诚实地完成举证。

当事人因客观原因不能自行收集的证据，可申请人民法院调查收集。

第四条 下列侵权诉讼，按照以下规定承担举证责任：

（一）因新产品制造方法发明专利引起的专利侵权诉讼，由制造同样产品的单位或者个人对其产品制造方法不同于专利方法承担举证责任；

（二）高度危险作业致人损害的侵权诉讼，由加害人就受害人故意造成损害的事实承担举证责任；

（三）因环境污染引起的损害赔偿诉讼，由加害人就法律规定的免责事由及其行为与损害结果之间不存在因果关系承担举证责任；

（四）建筑物或者其他设施以及建筑物上的搁置物、悬挂物发生倒塌、脱落、坠落致人损害的侵权诉讼，由所有人或者管理人对其无过错承担举证责任；

（五）饲养动物致人损害的侵权诉讼，由动物饲养人或者管理人就受害人有过错或者第三人有过错承担举证责任；

（六）因缺陷产品致人损害的侵权诉讼，由产品的生产者就法律规定的免责事由承担举证责任；

（七）因共同危险行为致人损害的侵权诉讼，由实施危险行为的人就其行为与损害结果之间不存在因果关系承担举证责任；

（八）因医疗行为引起的侵权诉讼，由医疗机构就医疗行为与损害结果之间不存在因果关系及不存在医疗过错承担举证责任。

有关法律对侵权诉讼的举证责任有特殊规定的，从其规定。

第五条 在合同纠纷案件中，主张合同关系成立并生效的一方当事人对合同订立和生效的事实承担举证责任；主张合同关系变更、解除、终止、撤销的一方当事人对引起合同关系变动的事实承担举证责任。

对合同是否履行发生争议的，由负有履行义务的当事人承担举证责任。

对代理权发生争议的，由主张有代理权一方当事人承担举证责任。

第六条 在劳动争议纠纷案件中，因用人单位作出开除、除名、辞退、解除劳动合同、减少劳动报酬、计算劳动者工作年限等决定而发生劳动争议的，由用人单位负举证责任。

第七条 在法律没有具体规定，依本规定及其他司法解释无法确定举证责任承担时，人民法院可以根据公平原则和诚实信用原则，综合当事人举证能力等因素确定举证责任的承担。

第八条 诉讼过程中，一方当事人对另一方当事人陈述的案件事实明确表示承认的，另一方当事人无需举证。但涉及身份关系的案件除外。

对一方当事人陈述的事实，另一方当事人既未表示承认也未否认，经审判人员充分说明并询问后，其仍不明确表示肯定或者否定的，视为对该项事实的承认。

当事人委托代理人参加诉讼的，代理人的承认视为当事人的承认。但未经特别授权的代理人对事实的承认直接导致承认对方诉讼请求的除外；当事人在场但对其代理人的承认不作否认表示的，视为当事人的承认。

当事人在法庭辩论终结前撤回承认并经对方当事人同意，或者有充分证据证明其承认行为是在受胁迫或者重大误解情况下作出且与事实不符的，不能免除对方当事人的举证责任。

第九条 下列事实，当事人无需举证证明：

（一）众所周知的事实；

（二）自然规律及定理；

（三）根据法律规定或者已知事实和日常生活经验法则，能推定出的另一事实；

（四）已为人民法院发生法律效力的裁判所确认的事实；

(五) 已为仲裁机构的生效裁决所确认的事实;

(六) 已为有效公证文书所证明的事实。

前款(一)、(三)、(四)、(五)、(六)项,当事人有相反证据足以推翻的除外。

第十条 当事人向人民法院提供证据,应当提供原件或者原物。如需自己保存证据原件、原物或者提供原件、原物确有困难的,可以提供经人民法院核对无异的复制件或者复制品。

第十一条 当事人向人民法院提供的证据系在中华人民共和国领域外形成的,该证据应当经所在国公证机关予以证明,并经中华人民共和国驻该国使领馆予以认证,或者履行中华人民共和国与该所在国订立的有关条约中规定的证明手续。

当事人向人民法院提供的证据是在香港、澳门、台湾地区形成的,应当履行相关的证明手续。

第十二条 当事人向人民法院提供外文书证或者外文说明资料,应当附有中文译本。

第十三条 对双方当事人无争议但涉及国家利益、社会公共利益或者他人合法权益的事实,人民法院可以责令当事人提供有关证据。

第十四条 当事人应当对其提交的证据材料逐一分类编号,对证据材料的来源、证明对象和内容作简要说明,签名盖章,注明提交日期,并依照对方当事人人数提出副本。

人民法院收到当事人提交的证据材料,应当出具收据,注明证据的名称、份数和页数以及收到的时间,由经办人员签名或者盖章。

二、人民法院调查收集证据

第十五条 《民事诉讼法》第六十四条规定的"人民法院认为审理案件需要的证据",是指以下情形:

(一) 涉及可能有损国家利益、社会公共利益或者他人合法权益的事实;

(二) 涉及依职权追加当事人、中止诉讼、终结诉讼、回避等与实体争议无关的程序事项。

第十六条 除本规定第十五条规定的情形外,人民法院调查收集证据,应当依当事人的申请进行。

第十七条 符合下列条件之一的,当事人及其诉讼代理人可以申请人民法院调查收集证据:

(一) 申请调查收集的证据属于国家有关部门保存并须人民法院依职权调取的档案材料;

(二) 涉及国家秘密、商业秘密、个人隐私的材料;

(三) 当事人及其诉讼代理人确因客观原因不能自行收集的其他材料。

第十八条 当事人及其诉讼代理人申请人民法院调查收集证据, 应当提交书面申请。申请书应当载明被调查人的姓名或者单位名称、住所地等基本情况、所要调查收集的证据的内容、需要由人民法院调查收集证据的原因及其要证明的事实。

第十九条 当事人及其诉讼代理人申请人民法院调查收集证据,不得迟于举证期限届满前七日。

人民法院对当事人及其诉讼代理人的申请不予准许的,应当向当事人或其诉讼代理人送达通知书。当事人及其诉讼代理人可以在收到通知书的次日起三日内向受理申请的人民法院书面申请复议一次。人民法院应当在收到复议申请之日起五日内作出答复。

第二十条 调查人员调查收集的书证,可以是原件,也可以是经核对无误的副本或者复制件。是副本或者复制件的,应当在调查笔录中说明来源和取证情况。

第二十一条 调查人员调查收集的物证应当是原物。被调查人提供原物确有困难的,可以提供复制品或者照片。提供复制品或者照片的,应当在调查笔录中说明取证情况。

第二十二条 调查人员调查收集计算机数据或者录音、录像等视听资料的,应当要求被调查人提供有关资料的原始载体。提供原始载体确有困难的,可以提供复制件。提供复制件的,调查人员应当在调查笔录中说明其来源和制作经过。

第二十三条 当事人依据《民事诉讼法》第七十四条的规定向人民法院申请保全证据,不得迟于举证期限届满前七日。

当事人申请保全证据的,人民法院可以要求其提供相应的担保。

法律、司法解释规定诉前保全证据的,依照其规定办理。

第二十四条 人民法院进行证据保全,可以根据具体情况,采取查封、扣押、拍照、录音、录像、复制、鉴定、勘验、制作笔录等方法。

人民法院进行证据保全,可以要求当事人或者诉讼代理人到场。

第二十五条 当事人申请鉴定,应当在举证期限内提出。符合本规定第二十七条规定的情形,当事人申请重新鉴定的除外。

对需要鉴定的事项负有举证责任的当事人, 在人民法院指定的期限内无正当理由不提出鉴定申请或者不预交鉴定费用或者拒不提供相关材料,致使对案件争议的事实无法通过鉴定结论予以认定的,应当对该事实承担举证不能的法律后果。

第二十六条 当事人申请鉴定经人民法院同意后,由双方当事人协商确定有鉴定资格的鉴定机构、鉴定人员,协商不成的,由人民法院指定。

第二十七条 当事人对人民法院委托的鉴定部门作出的鉴定结论有异议申请重新鉴定,提出证据证明存在下列情形之一的,人民法院应予准许:

(一) 鉴定机构或者鉴定人员不具备相关的鉴定资格的;

(二) 鉴定程序严重违法的;

(三) 鉴定结论明显依据不足的;

(四) 经过质证认定不能作为证据使用的其他情形。

对有缺陷的鉴定结论,可以通过补充鉴定、重新质证或者补充质证等方法解决的,不予重新鉴定。

第二十八条 一方当事人自行委托有关部门作出的鉴定结论,另一方当事人有证据足以反驳并申请重新鉴定的,人民法院应予准许。

第二十九条 审判人员对鉴定人出具的鉴定书,应当审查是否具有下列内容:

(一) 委托人姓名或者名称、委托鉴定的内容;

(二) 委托鉴定的材料;

(三) 鉴定的依据及使用的科学技术手段;

(四) 对鉴定过程的说明;

(五) 明确的鉴定结论;

(六) 对鉴定人鉴定资格的说明;

(七) 鉴定人员及鉴定机构签名盖章。

第三十条 人民法院勘验物证或者现场,应当制作笔录,记录勘验的时间、地点、勘验人、在场人、勘验的经过、结果,由勘验人、在场人签名或者盖章。对于绘制的现场图应当注明绘制的时间、方位、测绘人姓名、身份等内容。

第三十一条 摘录有关单位制作的与案件事实相关的文件、材料,应当注明出处,并加盖制作单位或者保管单位的印章,摘录人和其他调查人员应当在摘录件上签名或者盖章。

摘录文件、材料应当保持内容相应的完整性,不得断章取义。

三、举证时限与证据交换

第三十二条 被告应当在答辩期届满前提出书面答辩，阐明其对原告诉讼请求及所依据的事实和理由的意见。

第三十三条 人民法院应当在送达案件受理通知书和应诉通知书的同时向当事人送达举证通知书。举证通知书应当载明举证责任的分配原则与要求、可以向人民法院申请调查取证的情形、人民法院根据案件情况指定的举证期限以及逾期提供证据的法律后果。

举证期限可以由当事人协商一致，并经人民法院认可。

由人民法院指定举证期限的，指定的期限不得少于三十日，自当事人收到案件受理通知书和应诉通知书的次日起计算。

第三十四条 当事人应当在举证期限内向人民法院提交证据材料，当事人在举证期限内不提交的，视为放弃举证权利。

对于当事人逾期提交的证据材料，人民法院审理时不组织质证。但对方当事人同意质证的除外。

当事人增加、变更诉讼请求或者提起反诉的，应当在举证期限届满前提出。

第三十五条 诉讼过程中，当事人主张的法律关系的性质或者民事行为的效力与人民法院根据案件事实作出的认定不一致的，不受本规定第三十四条规定的限制，人民法院应当告知当事人可以变更诉讼请求。

当事人变更诉讼请求的，人民法院应当重新指定举证期限。

第三十六条 当事人在举证期限内提交证据材料确有困难的，应当在举证期限内向人民法院申请延期举证，经人民法院准许，可以适当延长举证期限。当事人在延长的举证期限内提交证据材料仍有困难的，可以再次提出延期申请，是否准许由人民法院决定。

第三十七条 经当事人申请，人民法院可以组织当事人在开庭审理前交换证据。

人民法院对于证据较多或者复杂疑难的案件，应当组织当事人在答辩期届满后、开庭审理前交换证据。

第三十八条 交换证据的时间可以由当事人协商一致并经人民法院认可，也可以由人民法院指定。

人民法院组织当事人交换证据的，交换证据之日举证期限届满。当事人申请延期举证经人民法院准许的，证据交换日相应顺延。

第三十九条 证据交换应当在审判人员的主持下进行。

在证据交换的过程中，审判人员对当事人无异议的事实、证据应当记录在卷；对有异议的证据，按照需要证明的事实分类记录在卷，并记载异议的理由。通过证据交换，确定双方当事人争议的主要问题。

第四十条 当事人收到对方交换的证据后提出反驳并提出新证据的，人民法院应当通知当事人在指定的时间进行交换。

证据交换一般不超过两次。但重大、疑难和案情特别复杂的案件，人民法院认为确有必要再次进行证据交换的除外。

第四十一条 《民事诉讼法》第一百二十五条第一款规定的"新的证据"，是指以下情形：

（一）一审程序中的新的证据包括：当事人在一审举证期限届满后新发现的证据；当事人确因客观原因无法在举证期限内提供，经人民法院准许，在延长的期限内仍无法提供的证据；

（二）二审程序中的新的证据包括：一审庭审结束后新发现的证据；当事人在一审举证期限届满前申请人民法院调查取证未获准许，二审法院经审查认为应当准许并依当事人申请调取的证据。

第四十二条 当事人在一审程序中提供新的证据的，应当在一审开庭前或者开庭审理时提出。

当事人在二审程序中提供新的证据的，应当在二审开庭前或者开庭审理时提出；二审不需要开庭审理的，应当在人民法院指定的期限内提出。

第四十三条 当事人举证期限届满后提供的证据不是新的证据的，人民法院不予采纳。

当事人经人民法院准许延期举证，但因客观原因未能在准许的期限内提供，且不审理该证据可能导致裁判明显不公的，其提供的证据可视为新的证据。

第四十四条 《民事诉讼法》第一百七十九条第一款第（一）项规定的"新的证据"，是指原审庭审结束后新发现的证据。

当事人在再审程序中提供新的证据的，应当在申请再审时提出。

第四十五条 一方当事人提出新的证据的，人民法院应当通知对方当事人在合理期限内提出意见或者举证。

第四十六条 由于当事人的原因未能在指定期限内举证，致使案件在二审或者再审期间因提出新的证据被人民法院发回重审或者改判的，原审裁判不属于错误裁判案件。一方当事人请求提出新的证据的另一方当事人负担由此增加的差旅、误工、证人出庭作证、诉讼等合理费用以及由此扩大的直接损失,人民法院应予支持。

四、质 证

第四十七条 证据应当在法庭上出示,由当事人质证。未经质证的证据,不能作为认定案件事实的依据。

当事人在证据交换过程中认可并记录在卷的证据,经审判人员在庭审中说明后,可以作为认定案件事实的依据。

第四十八条 涉及国家秘密、商业秘密和个人隐私或者法律规定的其他应当保密的证据,不得在开庭时公开质证。

第四十九条 对书证、物证、视听资料进行质证时,当事人有权要求出示证据的原件或者原物。但有下列情况之一的除外:

(一) 出示原件或者原物确有困难并经人民法院准许出示复制件或者复制品的;

(二) 原件或者原物已不存在,但有证据证明复制件、复制品与原件或原物一致的。

第五十条 质证时,当事人应当围绕证据的真实性、关联性、合法性,针对证据证明力有无以及证明力大小,进行质疑、说明与辩驳。

第五十一条 质证按下列顺序进行:

(一) 原告出示证据,被告、第三人与原告进行质证;

(二) 被告出示证据,原告、第三人与被告进行质证;

(三) 第三人出示证据,原告、被告与第三人进行质证。

人民法院依照当事人申请调查收集的证据,作为提出申请的一方当事人提供的证据。

人民法院依照职权调查收集的证据应当在庭审时出示,听取当事人意见,并可就调查收集该证据的情况予以说明。

第五十二条 案件有两个以上独立的诉讼请求的,当事人可以逐个出示证据进行质证。

第五十三条 不能正确表达意志的人,不能作为证人。

待证事实与其年龄、智力状况或者精神健康状况相适应的无民事行为能力人和限制民事行为能力人,可以作为证人。

第五十四条 当事人申请证人出庭作证,应当在举证期限届满十日前提出,并经人民法院许可。

人民法院对当事人的申请予以准许的,应当在开庭审理前通知证人出庭作证,并告知其应当如实作证及作伪证的法律后果。

证人因出庭作证而支出的合理费用,由提供证人的一方当事人先行支付,由败诉一方当事人承担。

第五十五条 证人应当出庭作证,接受当事人的质询。

证人在人民法院组织双方当事人交换证据时出席陈述证言的,可视为出庭作证。

第五十六条 《民事诉讼法》第七十条规定的"证人确有困难不能出庭",是指有下列情形:

(一) 年迈体弱或者行动不便无法出庭的;

(二) 特殊岗位确实无法离开的;

(三) 路途特别遥远,交通不便难以出庭的;

(四) 因自然灾害等不可抗力的原因无法出庭的;

(五) 其他无法出庭的特殊情况。

前款情形,经人民法院许可,证人可以提交书面证言或者视听资料或者通过双向视听传输技术手段作证。

第五十七条 出庭作证的证人应当客观陈述其亲身感知的事实。证人为聋哑人的,可以其他表达方式作证。

证人作证时,不得使用猜测、推断或者评论性的语言。

第五十八条 审判人员和当事人可以对证人进行询问。证人不得旁听法庭审理;询问证人时,其他证人不得在场。人民法院认为有必要的,可以让证人进行对质。

第五十九条 鉴定人应当出庭接受当事人质询。

鉴定人确因特殊原因无法出庭的,经人民法院准许,可以书面答复当事人的质询。

第六十条 经法庭许可,当事人可以向证人、鉴定人、勘验人发问。

询问证人、鉴定人、勘验人不得使用威胁、侮辱及不适当引导证人的言语和方式。

第六十一条 当事人可以向人民法院申请由一至二名具有专门知识的人员出庭就案件的专门性问题进行说明。人民法院准许其申请的,有关费用由提出申请的当事人负担。

审判人员和当事人可以对出庭的具有专门知识的人员进行询问。

经人民法院准许,可以由当事人各自申请的具有专门知识的人员就有关案件中的问题进行对质。

具有专门知识的人员可以对鉴定人进行询问。

第六十二条 法庭应当将当事人的质证情况记入笔录,并由当事人核对后签名或者盖章。

五、证据的审核认定

第六十三条 人民法院应当以证据能够证明的案件事实为依据依法作出裁判。

第六十四条 审判人员应当依照法定程序,全面、客观地审核证据,依据法律的规定,遵循法官职业道德,运用逻辑推理和日常生活经验,对证据有无证明力和证明力大小独立进行判断,并公开判断的理由和结果。

第六十五条 审判人员对单一证据可以从下列方面进行审核认定:

(一)证据是否原件、原物,复印件、复制品与原件、原物是否相符;

(二)证据与本案事实是否相关;

(三)证据的形式、来源是否符合法律规定;

(四)证据的内容是否真实;

(五)证人或者提供证据的人,与当事人有无利害关系。

第六十六条 审判人员对案件的全部证据,应当从各证据与案件事实的关联程度、各证据之间的联系等方面进行综合审查判断。

第六十七条 在诉讼中,当事人为达成调解协议或者和解的目的作出妥协所涉及的对案件事实的认可,不得在其后的诉讼中作为对其不利的证据。

第六十八条 以侵害他人合法权益或者违反法律禁止性规定的方法取得的证据,不能作为认定案件事实的依据。

第六十九条 下列证据不能单独作为认定案件事实的依据:

(一)未成年人所作的与其年龄和智力状况不相当的证言;

(二)与一方当事人或者其代理人有利害关系的证人出具的证言;

(三)存有疑点的视听资料;

(四)无法与原件、原物核对的复印件、复制品;

(五)无正当理由未出庭作证的证人证言。

第七十条 一方当事人提出的下列证据,对方当事人提出异议但没有足以反

驳的相反证据的,人民法院应当确认其证明力:

(一)书证原件或者与书证原件核对无误的复印件、照片、副本、节录本;

(二)物证原物或者与物证原物核对无误的复制件、照片、录像资料等;

(三)有其他证据佐证并以合法手段取得的、无疑点的视听资料或者与视听资料核对无误的复制件;

(四)一方当事人申请人民法院依照法定程序制作的对物证或者现场的勘验笔录。

第七十一条 人民法院委托鉴定部门作出的鉴定结论,当事人没有足以反驳的相反证据和理由的,可以认定其证明力。

第七十二条 一方当事人提出的证据,另一方当事人认可或者提出的相反证据不足以反驳的,人民法院可以确认其证明力。

一方当事人提出的证据,另一方当事人有异议并提出反驳证据,对方当事人对反驳证据认可的,可以确认反驳证据的证明力。

第七十三条 双方当事人对同一事实分别举出相反的证据,但都没有足够的依据否定对方证据的,人民法院应当结合案件情况,判断一方提供证据的证明力是否明显大于另一方提供证据的证明力,并对证明力较大的证据予以确认。

因证据的证明力无法判断导致争议事实难以认定的,人民法院应当依据举证责任分配的规则作出裁判。

第七十四条 诉讼过程中,当事人在起诉状、答辩状、陈述及其委托代理人的代理词中承认的对己方不利的事实和认可的证据,人民法院应当予以确认,但当事人反悔并有相反证据足以推翻的除外。

第七十五条 有证据证明一方当事人持有证据无正当理由拒不提供,如果对方当事人主张该证据的内容不利于证据持有人,可以推定该主张成立。

第七十六条 当事人对自己的主张,只有本人陈述而不能提出其他相关证据的,其主张不予支持。但对方当事人认可的除外。

第七十七条 人民法院就数个证据对同一事实的证明力,可以依照下列原则认定:

(一)国家机关、社会团体依职权制作的公文书证的证明力一般大于其他书证;

(二)物证、档案、鉴定结论、勘验笔录或者经过公证、登记的书证,其证明力一般大于其他书证、视听资料和证人证言;

（三）原始证据的证明力一般大于传来证据；

（四）直接证据的证明力一般大于间接证据；

（五）证人提供的对与其有亲属或者其他密切关系的当事人有利的证言，其证明力一般小于其他证人证言。

第七十八条 人民法院认定证人证言，可以通过对证人的智力状况、品德、知识、经验、法律意识和专业技能等的综合分析作出判断。

第七十九条 人民法院应当在裁判文书中阐明证据是否采纳的理由。

对当事人无争议的证据，是否采纳的理由可以不在裁判文书中表述。

六、其　他

第八十条 对证人、鉴定人、勘验人的合法权益依法予以保护。

当事人或者其他诉讼参与人伪造、毁灭证据，提供假证据，阻止证人作证，指使、贿买、胁迫他人作伪证，或者对证人、鉴定人、勘验人打击报复的，依照《民事诉讼法》第一百零二条的规定处理。

第八十一条 人民法院适用简易程序审理案件，不受本解释中第三十二条、第三十三条第三款和第七十九条规定的限制。

第八十二条 本院过去的司法解释，与本规定不一致的，以本规定为准。

第八十三条 本规定自2002年4月1日起施行。2002年4月1日尚未审结的一审、二审和再审民事案件不适用本规定。

本规定施行前已经审理终结的民事案件，当事人以违反本规定为由申请再审的，人民法院不予支持。

本规定施行后受理的再审民事案件，人民法院依据《民事诉讼法》第一百八十六条的规定进行审理的，适用本规定。

最高人民法院关于人民法院民事调解工作若干问题的规定

(2004年9月16日最高人民法院公布，法释〔2004〕12号，自2004年11月1日起施行)

为了保证人民法院正确调解民事案件，及时解决纠纷，保障和方便当事人依法行使诉讼权利，节约司法资源，根据《中华人民共和国民事诉讼法》等法律的规定，结合人民法院调解工作的经验和实际情况，制定本规定。

第一条 人民法院对受理的第一审、第二审和再审民事案件，可以在答辩期满后裁判作出前进行调解。在征得当事人各方同意后，人民法院可以在答辩期满前进行调解。

第二条 对于有可能通过调解解决的民事案件，人民法院应当调解。但适用特别程序、督促程序、公示催告程序、破产还债程序的案件，婚姻关系、身份关系确认案件以及其他依案件性质不能进行调解的民事案件，人民法院不予调解。

第三条 根据民事诉讼法第八十七条的规定，人民法院可以邀请与当事人有特定关系或者与案件有一定联系的企业事业单位、社会团体或者其他组织，和具有专门知识、特定社会经验、与当事人有特定关系并有利于促成调解的个人协助调解工作。

经各方当事人同意，人民法院可以委托前款规定的单位或者个人对案件进行调解，达成调解协议后，人民法院应当依法予以确认。

第四条 当事人在诉讼过程中自行达成和解协议的，人民法院可以根据当事人的申请依法确认和解协议制作调解书。双方当事人申请庭外和解的期间，不计入审限。

当事人在和解过程中申请人民法院对和解活动进行协调的，人民法院可以委派审判辅助人员或者邀请、委托有关单位和个人从事协调活动。

第五条 人民法院应当在调解前告知当事人主持调解人员和书记员姓名以及是否申请回避等有关诉讼权利和诉讼义务。

第六条 在答辩期满前人民法院对案件进行调解，适用普通程序的案件在当事人同意调解之日起15天内，适用简易程序的案件在当事人同意调解之日起7天内未达成调解协议的，经各方当事人同意，可以继续调解。延长的调解期间不计入审限。

第七条 当事人申请不公开进行调解的，人民法院应当准许。

调解时当事人各方应当同时在场，根据需要也可以对当事人分别作调解工作。

第八条 当事人可以自行提出调解方案，主持调解的人员也可以提出调解方案供当事人协商时参考。

第九条 调解协议内容超出诉讼请求的，人民法院可以准许。

第十条 人民法院对于调解协议约定一方不履行协议应当承担民事责任的，应予准许。

调解协议约定一方不履行协议，另一方可以请求人民法院对案件作出裁判的条款，人民法院不予准许。

第十一条 调解协议约定一方提供担保或者案外人同意为当事人提供担保的，人民法院应当准许。

案外人提供担保的，人民法院制作调解书应当列明担保人，并将调解书送交担保人。担保人不签收调解书的，不影响调解书生效。

当事人或者案外人提供的担保符合担保法规定的条件时生效。

第十二条 调解协议具有下列情形之一的，人民法院不予确认：

（一）侵害国家利益、社会公共利益的；

（二）侵害案外人利益的；

（三）违背当事人真实意思的；

（四）违反法律、行政法规禁止性规定的。

第十三条 根据民事诉讼法第九十条第一款第（四）项规定，当事人各方同意在调解协议上签名或者盖章后生效，经人民法院审查确认后，应当记入笔录或者将协议附卷，并由当事人、审判人员、书记员签名或者盖章后即具有法律效力。当事人请求制作调解书的，人民法院应当制作调解书送交当事人。当事人拒收调解书的，不影响调解协议的效力。一方不履行调解协议的，另一方可以持调解书向人民法院申请执行。

第十四条 当事人不能对诉讼费用如何承担达成协议的，不影响调解协议的效力。人民法院可以直接决定当事人承担诉讼费用的比例，并将决定记入调解书。

第十五条 对调解书的内容既不享有权利又不承担义务的当事人不签收调解书的，不影响调解书的效力。

第十六条 当事人以民事调解书与调解协议的原意不一致为由提出异议，人民法院审查后认为异议成立的，应当根据调解协议裁定补正民事调解书的相关内容。

第十七条 当事人就部分诉讼请求达成调解协议的,人民法院可以就此先行确认并制作调解书。

当事人就主要诉讼请求达成调解协议,请求人民法院对未达成协议的诉讼请求提出处理意见并表示接受该处理结果的,人民法院的处理意见是调解协议的一部分内容,制作调解书的记入调解书。

第十八条 当事人自行和解或者经调解达成协议后,请求人民法院按照和解协议或者调解协议的内容制作判决书的,人民法院不予支持。

第十九条 调解书确定的担保条款条件或者承担民事责任的条件成就时,当事人申请执行的,人民法院应当依法执行。

不履行调解协议的当事人按照前款规定承担了调解书确定的民事责任后,对方当事人又要求其承担民事诉讼法第二百三十二条规定的迟延履行责任的,人民法院不予支持。

第二十条 调解书约定给付特定标的物的,调解协议达成前该物上已经存在的第三人的物权和优先权不受影响。第三人在执行过程中对执行标的物提出异议的,应当按照民事诉讼法第二百零八条规定处理。

第二十一条 人民法院对刑事附带民事诉讼案件进行调解,依照本规定执行。

第二十二条 本规定实施前人民法院已经受理的案件,在本规定施行后尚未审结的,依照本规定执行。

第二十三条 本规定实施前最高人民法院的有关司法解释与本规定不一致的,适用本规定。

第二十四条 本规定自2004年11月1日起实施。

民事案件案由规定

(法发〔2008〕11号)

各省、自治区、直辖市高级人民法院,解放军军事法院,新疆维吾尔自治区高级人民法院生产建设兵团分院:

《民事案件案由规定》已于2007年10月29日由最高人民法院审判委员会第1438次会议讨论通过,自2008年4月1日起施行,《民事案件案由规定(试行)》(法发〔2000〕26号)同时废止。现将《民事案件案由规定》印发给你们,请认真贯彻执行。

我院《民事案件案由规定(试行)》自2001年1月1日起试行以来,在方便当事人进行民事诉讼,规范人民法院民事立案、审判和司法统计工作方面,发挥了重要作用。近年来,随着一批新的民事法律的施行,审判实践中出现了许多新类型民事案件,需要对民事案由进行细化、补充和完善。特别是物权法施行后,迫切需要对《民事案件案由规定(试行)》进行修订,增补物权类纠纷案件案由。根据第七次全国民事审判工作会议的要求,最高人民法院对《民事案件案由规定(试行)》进行了修订,形成了《民事案件案由规定》。现就各级人民法院适用《民事案件案由规定》的有关问题通知如下:

一、要认真学习掌握《民事案件案由规定》,高度重视民事案件案由在民事审判工作中的重要作用

民事案件案由是民事诉讼案件的名称,反映案件所涉及的民事法律关系的性质,是人民法院将诉讼争议所包含的法律关系进行的概括。建立科学、完善的民事案件案由体系,有利于当事人准确选择诉由,有利于人民法院在民事立案和审判中准确确定案件诉讼争点和正确适用法律,有利于提高民事案件司法统计的准确性和科学性,有利于对受理案件进行分类管理,从而更好地为审判规范化建设服务,为人民法院司法决策提供更有价值的参考。

二、要坚持统一的民事案件案由的确定标准

民事案件案由应当依据当事人主张的民事法律关系的性质来确定。鉴于具体案件中当事人的诉讼请求、争议的焦点可能有多个,争议的标的也可能是两个以上,为保证案由的高度概括和简洁明了,民事案件案由的表述方式原则上确定为"法律关系性质"加"纠纷",一般不再包含争议焦点、标的物、侵权方式等要素。另

外，考虑到当事人诉争的民事法律关系的性质具有复杂性，为了更准确地体现诉争的民事法律关系和便于司法统计，《民事案件案由规定》在坚持以法律关系性质作为案由的确定标准的同时，对少部分案由也依据请求权、形成权或者确认之诉、形成之诉的标准进行确定。

对适用民事特别程序等规定的特殊民事案件案由，根据当事人的诉讼请求直接表述。

三、关于民事案件案由编排体系的几个问题

1.《民事案件案由规定》以民法理论对民事法律关系的分类为基础，结合现行立法及审判实践，将案由的编排体系划分为人格权、婚姻家庭继承、物权、债权、劳动争议与人事争议、知识产权、海事海商、与铁路运输有关的民事纠纷以及与公司、证券、票据等有关的民事纠纷、适用特殊程序案件案由等共十大部分，作为第一级案由。为保持体系的相对完整，并考虑规范民事审判业务分工，对某些案由进行了合并和拆分。如知识产权纠纷类中，既包括知识产权相关的合同纠纷案件，也包括知识产权权属和侵权纠纷案件。在第一级案由项下，细分为三十类案由，作为第二级案由(以大写数字表示)；在第二级案由项下列出了三百六十多种案由，作为第三级案由(以阿拉伯数字表示)，第三级案由是实践中最常见和广泛使用的案由。基于审判工作指导、调研和司法统计的需要，在部分第三级案由项下列出了部分第四级案由(以阿拉伯数字加()表示)。

2. 关于侵权纠纷案件案由的编排。《民事案件案由规定》未将侵权纠纷案件单独列为第一级案由，而是分别作了规定。第一，一般民事侵权案件，依民事权利的类型，分别规定在人格权、物权、知识产权等第一级案由项下，根据需要列为第二级或者第三级案由，或者隐含在第三级案由之下。第二，对于一些同时侵害人身权利和财产权利的侵权纠纷案件，以及适用特殊侵权规则的侵权纠纷案件，则单独列在债权纠纷案件案由项下，作为第二级案由，以下列出若干第三级案由。

3. 关于物权纠纷案由和合同纠纷案由适用的问题。《民事案由规定》按照物权变动原因与结果相区分的原则，对于因物权变动的原因关系，即债权性质的合同关系产生的纠纷，应适用债权纠纷部分的案由，如物权设立原因关系方面的担保合同纠纷，物权转移原因关系方面的买卖合同纠纷。对于因物权成立、归属、效力、使用、收益等物权关系产生的纠纷，则应适用物权纠纷部分的案由，如担保物权纠纷。对此，人民法院应根据当事人诉争的法律关系的性质，查明该法律关系涉及的是物权变动的原因关系还是物权变动的结果关系，以正确确定案由。

4. 关于第三部分中“物权保护纠纷”与“所有权纠纷”、“用益物权纠纷”、“担保物权纠纷”的协调问题。物权法第三章“物权的保护”所规定的物权请求权或者债权请求权保护方法,在《民事案件案由规定》规定的每个物权类型(第三级案由)项下可能部分或者全部适用,多数可以作为第四级案由规定,但为避免使整个案由体系冗长繁杂,在各第三级案由下并未一一列出,在适用时可以按照保护的权利种类,分别适用所有权、用益物权、担保物权项下的第三级案由。如果一个纠纷中同时涉及所有权、用益物权和担保物权中两种以上的物权,或者在物权纠纷案由其他部分找不到可以适用的第三级案由时,则可以适用“物权保护纠纷”项下的具体案由。

四、适用《民事案件案由规定》时应注意的几个问题

1. 第一审法院立案时应当根据当事人诉争的法律关系性质,首先应适用《民事案件案由规定》列出的第四级案由,第四级案由没有规定的,则适用第三级案由;第三级案由中没有规定的,则可以直接适用相应的第二级案由或者第一级案由。地方各级人民法院对审判中出现的可以作为新的第三级民事案由或者应当规定为第四级民事案由的纠纷类型,可以及时报告最高人民法院。最高人民法院将定期收集、整理、筛选,及时细化、补充相关案由。

2. 同一诉讼中涉及两个以上的法律关系,属于主从关系的,人民法院应当以主法律关系确定案由,但当事人仅以从法律关系起诉的,则以从法律关系确定案由;不属于主从关系的,则以当事人诉争的法律关系确定案由,均为诉争法律关系的,则按诉争的两个以上法律关系确定并列的两个案由。

3. 在请求权竞合的情形下,人民法院应当按照当事人自主选择行使的请求权,根据当事人诉争的法律关系的性质,确定相应的案由。

4. 当事人在诉讼过程中增加或者变更诉讼请求导致当事人诉争的法律关系发生变更的,人民法院应当相应变更案件的案由。

在适用《民事案件案由规定》过程中有何情况和问题,应当及时报告最高人民法院。

最高人民法院

二〇〇八年二月四日

为了正确适用法律,统一确定案由,根据《中华人民共和国民法通则》、《中华人民共和国物权法》、《中华人民共和国合同法》和《中华人民共和国民事诉讼法》等法律规定,对民事案件案由规定如下:

第一部分　人格权纠纷

一、人格权纠纷

1. 生命权、健康权、身体权纠纷

(1) 道路交通事故人身损害赔偿纠纷

(2) 医疗损害赔偿纠纷

(3) 工伤事故损害赔偿纠纷

(4) 水上运输人身损害赔偿纠纷

(5) 航空运输人身损害赔偿纠纷

(6) 航空器对地、水面上第三人损害赔偿纠纷

(7) 触电人身损害赔偿纠纷

2. 姓名权纠纷

3. 肖像权纠纷

4. 名誉权纠纷

5. 荣誉权纠纷

6. 隐私权纠纷

7. 婚姻自主权纠纷

8. 人身自由权纠纷

9. 一般人格权纠纷

第二部分　婚姻家庭、继承纠纷

二、婚姻家庭纠纷

10. 婚约财产纠纷

11. 离婚纠纷

12. 离婚后财产纠纷

13. 离婚后损害赔偿纠纷

14. 同居关系析产、子女抚养纠纷

15. 婚姻无效纠纷

16. 撤销婚姻纠纷

17. 夫妻财产约定纠纷

18. 抚养纠纷

(1) 抚养费纠纷

(2) 变更抚养关系纠纷

19. 扶养纠纷

(1) 扶养费纠纷

(2) 变更扶养关系纠纷

20. 监护权纠纷

21. 探望权纠纷

22. 赡养纠纷

(1) 赡养费纠纷

(2) 变更赡养关系纠纷

23. 收养关系纠纷

(1) 确认收养关系纠纷

(2) 解除收养关系纠纷

24. 分家析产纠纷

三、继承纠纷

25. 法定继承纠纷

(1) 转继承纠纷

(2) 代位继承纠纷

26. 遗嘱继承纠纷

27. 被继承人债务清偿纠纷

28. 遗赠纠纷

29. 遗赠扶养协议纠纷

第三部分　物权纠纷

四、不动产登记纠纷

30. 异议登记不当损害赔偿纠纷

31. 虚假登记损害赔偿纠纷

五、物权保护纠纷

32. 物权确认纠纷

(1) 所有权确认纠纷

(2) 用益物权确认纠纷

(3) 担保物权确认纠纷

33. 返还原物纠纷

34. 排除妨害纠纷

35. 消除危险纠纷

36. 修理、重作、更换纠纷

37. 恢复原状纠纷

38. 财产损害赔偿纠纷

六、所有权纠纷

39. 侵犯集体经济组织成员权益纠纷

40. 建筑物区分所有权纠纷

(1) 业主专有权纠纷

(2) 业主共有权纠纷

(3) 车位、车库纠纷

41. 业主撤销权纠纷

42. 遗失物返还纠纷

43. 漂流物返还纠纷

44. 埋藏物返还纠纷

45. 隐藏物返还纠纷

46. 相邻关系纠纷

(1) 相邻用水、排水纠纷

(2) 相邻通行纠纷

(3) 相邻土地、建筑物利用关系纠纷

(4) 相邻通风、采光和日照纠纷

(5) 相邻污染侵害纠纷

(6) 相邻损害防免关系纠纷

47. 共有纠纷

(1) 按份共有纠纷

(2) 共同共有纠纷

七、用益物权纠纷

48. 海域使用权纠纷

49. 探矿权纠纷

50. 采矿权纠纷
51. 取水权纠纷
52. 养殖权纠纷
53. 捕捞权纠纷
54. 土地承包经营权纠纷
    (1) 土地承包经营权确认纠纷
    (2) 承包地征收补偿费用分配纠纷
55. 建设用地使用权纠纷
56. 宅基地使用权纠纷
57. 地役权纠纷

八、担保物权纠纷

58. 抵押权纠纷
    (1) 建筑物和其他土地附着物抵押权纠纷
    (2) 在建建筑物抵押权纠纷
    (3) 建设用地使用权抵押权纠纷
    (4) 土地承包经营权抵押权纠纷
    (5) 动产抵押权纠纷
    (6) 在建船舶、航空器抵押权纠纷
    (7) 动产浮动抵押权纠纷
    (8) 最高额抵押权纠纷
59. 质权纠纷
    (1) 动产质权纠纷
    (2) 转质权纠纷
    (3) 最高额质权纠纷
    (4) 票据质权纠纷
    (5) 债券质权纠纷
    (6) 存单质权纠纷
    (7) 仓单质权纠纷
    (8) 提单质权纠纷
    (9) 股权质权纠纷
    (10) 基金份额质权纠纷

(11) 知识产权质权纠纷

(12) 应收账款质权纠纷

60. 留置权纠纷

九、占有保护纠纷

61. 占有物返还纠纷

62. 占有排除妨害纠纷

63. 占有消除危险纠纷

64. 占有物损害赔偿纠纷

第四部分 债权纠纷

十、合同纠纷

65. 债权人代位权纠纷

66. 债权人撤销权纠纷

67. 债权转让合同纠纷

68. 债务转移合同纠纷

69. 债权债务概括转移合同纠纷

70. 悬赏广告纠纷

71. 买卖合同纠纷

(1) 分期付款买卖合同纠纷

(2) 凭样品买卖合同纠纷

(3) 试用买卖合同纠纷

(4) 互易纠纷

(5) 国际货物买卖合同纠纷

(6) 房屋买卖合同纠纷

72. 招标投标买卖合同纠纷

73. 拍卖合同纠纷

74. 房地产开发经营合同纠纷

(1) 商品房预售合同纠纷

(2) 商品房销售合同纠纷

(3) 商品房委托代理销售合同纠纷

(4) 委托代建合同纠纷

(5) 建设用地使用权出让合同纠纷

(6) 土地租赁合同纠纷

(7) 临时用地合同纠纷

(8) 合资、合作开发房地产合同纠纷

(9) 项目转让合同纠纷

(10) 房屋拆迁安置补偿合同纠纷

75. 供用电、水、气、热力合同纠纷

76. 赠与合同纠纷

(1) 公益事业捐赠合同纠纷

(2) 附义务赠与合同纠纷

77. 借款合同纠纷

(1) 金融借款合同纠纷

(2) 同业拆借纠纷

(3) 企业借贷纠纷

(4) 民间借贷纠纷

78. 保证合同纠纷

79. 抵押合同纠纷

80. 质押合同纠纷

81. 定金合同纠纷

82. 担保追偿权纠纷

83. 储蓄存款合同纠纷

84. 信用卡纠纷

85. 补偿贸易纠纷

86. 租赁合同纠纷

(1) 房屋租赁合同纠纷

(2) 承租人优先购买权纠纷

87. 融资租赁合同纠纷

88. 承揽合同纠纷

89. 建设工程合同纠纷

(1) 建设工程勘察合同纠纷

(2) 建设工程设计合同纠纷

(3) 建设工程施工合同纠纷

(4) 建设工程分包合同纠纷

(5) 建设工程监理合同纠纷

(6) 装饰装修合同纠纷

90. 运输合同纠纷

(1) 公路旅客运输合同纠纷

(2) 城市公交运输合同纠纷

(3) 出租汽车运输合同纠纷

(4) 水路旅客运输合同纠纷

(5) 航空旅客运输合同纠纷

(6) 公路货物运输合同纠纷

(7) 水路货物运输合同纠纷

(8) 航空货物运输合同纠纷

(9) 管道运输合同纠纷

(10) 联合运输合同纠纷

(11) 多式联运合同纠纷

91. 保管合同纠纷

92. 仓储合同纠纷

93. 委托合同纠纷

(1) 诉讼、仲裁、人民调解代理合同纠纷

(2) 进出口代理合同纠纷

(3) 民用航空运输销售代理合同纠纷

(4) 货运代理合同纠纷

(5) 委托理财合同纠纷

94. 行纪合同纠纷

95. 居间合同纠纷

96. 借用合同纠纷

97. 典当纠纷

98. 保险合同纠纷

(1) 财产保险合同纠纷

(2) 人身保险合同纠纷

(3) 机动车交通事故责任强制保险合同纠纷
(4) 保证保险合同纠纷
(5) 再保险合同纠纷
(6) 保险代位求偿权纠纷
(7) 保险经纪合同纠纷

99. 合伙协议纠纷
100. 种植、养殖回收合同纠纷
101. 彩票、奖券纠纷
102. 中外合作勘探开发自然资源合同纠纷
103. 农业承包合同纠纷
104. 林业承包合同纠纷
105. 渔业承包合同纠纷
106. 牧业承包合同纠纷
107. 农村土地承包合同纠纷

(1) 土地承包经营权转包合同纠纷
(2) 土地承包经营权转让合同纠纷
(3) 土地承包经营权互换合同纠纷
(4) 土地承包经营权入股合同纠纷
(5) 土地承包经营权抵押合同纠纷

108. 服务合同纠纷

(1) 电信服务合同纠纷
(2) 邮寄服务合同纠纷
(3) 医疗服务合同纠纷
(4) 法律服务合同纠纷
(5) 旅游合同纠纷
(6) 房地产咨询纠纷
(7) 房地产价格评估纠纷
(8) 旅店服务合同纠纷
(9) 财会服务合同纠纷
(10) 餐饮服务合同纠纷
(11) 娱乐服务合同纠纷

(12) 有线电视服务合同纠纷

(13) 网络服务合同纠纷

(14) 教育培训合同纠纷

(15) 物业服务合同纠纷

109. 演出合同纠纷

110. 劳务(雇佣)合同纠纷

111. 展览合同纠纷

112. 人民调解协议纠纷

(1) 请求履行人民调解协议纠纷

(2) 请求变更人民调解协议纠纷

(3) 请求撤销人民调解协议纠纷

(4) 请求确认人民调解协议无效纠纷

十一、特殊类型的侵权纠纷

113. 产品质量损害赔偿纠纷

114. 高度危险作业损害赔偿纠纷

115. 环境污染侵权纠纷

(1) 大气污染侵权纠纷

(2) 水污染侵权纠纷

(3) 噪声污染侵权纠纷

(4) 放射性污染侵权纠纷

116. 地面、公共场所施工损害赔偿纠纷

117. 建筑物、搁置物、悬挂物塌落损害赔偿纠纷

118. 饲养动物致人损害赔偿纠纷

119. 国家机关及其工作人员职务侵权纠纷

120. 雇员受害赔偿纠纷

121. 雇主损害赔偿纠纷

122. 驻香港、澳门特别行政区军人执行职务侵权纠纷

123. 防卫过当损害赔偿纠纷

124. 紧急避险损害赔偿纠纷

125. 公证损害赔偿纠纷

126. 义务帮工人受害赔偿、补偿纠纷

127. 见义勇为人受害赔偿、补偿纠纷

十二、不当得利纠纷

128. 不当得利纠纷

十三、无因管理纠纷

129. 无因管理纠纷

第五部分　知识产权纠纷

十四、知识产权合同纠纷

130. 著作权合同纠纷

(1) 委托创作合同纠纷

(2) 合作创作合同纠纷

(3) 著作权转让合同纠纷

(4) 著作权许可使用合同纠纷

(5) 邻接权转让合同纠纷

(6) 邻接权许可使用合同纠纷

(7) 计算机软件开发合同纠纷

(8) 计算机软件著作权转让合同纠纷

(9) 计算机软件著作权许可使用合同纠纷

131. 商标合同纠纷

(1) 商标权转让合同纠纷

(2) 商标使用许可合同纠纷

(3) 商标代理合同纠纷

132. 专利合同纠纷

(1) 专利申请权转让合同纠纷

(2) 专利权转让合同纠纷

(3) 发明专利实施许可合同纠纷

(4) 实用新型专利实施许可合同纠纷

(5) 外观设计专利实施许可合同纠纷

(6) 专利代理合同纠纷

133. 植物新品种合同纠纷

(1) 植物新品种育种合同纠纷

(2) 植物新品种申请权转让合同纠纷

(3) 植物新品种权转让合同纠纷

(4) 植物新品种实施许可合同纠纷

134. 集成电路布图设计合同纠纷

(1) 集成电路布图设计创作合同纠纷

(2) 集成电路布图设计专有权转让合同纠纷

(3) 集成电路布图设计许可使用合同纠纷

135. 商业秘密合同纠纷

(1) 技术秘密让与合同纠纷

(2) 技术秘密许可使用合同纠纷

(3) 经营秘密让与合同纠纷

(4) 经营秘密许可使用合同纠纷

136. 技术合同纠纷

(1) 技术委托开发合同纠纷

(2) 技术合作开发合同纠纷

(3) 技术转化合同纠纷

(4) 技术转让合同纠纷

(5) 技术咨询合同纠纷

(6) 技术服务合同纠纷

(7) 技术培训合同纠纷

(8) 技术中介合同纠纷

(9) 技术进口合同纠纷

(10) 技术出口合同纠纷

(11) 职务技术成果完成人奖励、报酬纠纷

(12) 技术成果完成人署名权、荣誉权、奖励权纠纷

137. 特许经营合同纠纷

138. 企业名称(商号)合同纠纷

(1) 企业名称(商号)转让合同纠纷

(2) 企业名称(商号)使用合同纠纷

139. 特殊标志合同纠纷

140. 计算机网络域名合同纠纷

(1) 计算机网络域名注册合同纠纷

(2) 计算机网络域名转让合同纠纷

(3) 计算机网络域名许可使用合同纠纷

十五、知识产权权属、侵权纠纷

141. 著作权权属、侵权纠纷

(1) 著作权权属纠纷

(2) 侵犯著作人身权纠纷

(3) 侵犯著作财产权纠纷

(4) 邻接权权属纠纷

(5) 侵犯出版者权纠纷

(6) 侵犯表演者权纠纷

(7) 侵犯录音录像制作者权纠纷

(8) 侵犯广播组织权纠纷

(9) 计算机软件著作权权属纠纷

(10) 侵犯计算机软件著作权纠纷

142. 商标权权属、侵权纠纷

(1) 商标专用权权属纠纷

(2) 侵犯商标专用权纠纷

143. 专利权权属、侵权纠纷

(1) 专利申请权权属纠纷

(2) 专利权权属纠纷

(3) 侵犯发明专利权纠纷

(4) 侵犯实用新型专利权纠纷

(5) 侵犯外观设计专利权纠纷

(6) 假冒他人专利纠纷

(7) 发明专利临时保护期使用费纠纷

(8) 职务发明创造发明人、设计人奖励、报酬纠纷

(9) 发明创造发明人、设计人署名权纠纷

144. 植物新品种权权属、侵权纠纷

(1) 植物新品种申请权权属纠纷

(2) 植物新品种权权属纠纷

(3) 侵犯植物新品种权纠纷

145. 集成电路布图设计专有权权属、侵权纠纷

(1) 集成电路布图设计专有权权属纠纷

(2) 侵犯集成电路布图设计专有权纠纷

146. 侵犯企业名称(商号)权纠纷

147. 侵犯特殊标志专有权纠纷

(1) 侵犯奥林匹克标志专有权纠纷

(2) 侵犯世界博览会标志专有权纠纷

148. 计算机网络域名权属、侵权纠纷

(1) 计算机网络域名权属纠纷

(2) 侵犯计算机网络域名纠纷

149. 发现权纠纷

150. 发明权纠纷

151. 其他科技成果权纠纷

152. 确认不侵权纠纷

(1) 确认不侵犯专利权纠纷

(2) 确认不侵犯注册商标专用权纠纷

(3) 确认不侵犯著作权纠纷

153. 因申请临时措施损害赔偿纠纷

十六、不正当竞争、垄断纠纷

154. 仿冒纠纷

(1) 擅自使用知名商品特有名称、包装、装潢纠纷

(2) 擅自使用他人企业名称、姓名纠纷

(3) 伪造、冒用产品质量标志纠纷

(4) 伪造产地纠纷

155. 虚假宣传纠纷

156. 侵犯商业秘密纠纷

(1) 侵犯技术秘密纠纷

(2) 侵犯经营秘密纠纷

(3) 侵犯商业秘密竞业限制纠纷

157. 倾销纠纷

158. 搭售、附加不合理条件销售纠纷

159. 有奖销售纠纷

160. 商业诋毁纠纷

161. 串通投标纠纷

162. 垄断纠纷

第六部分　劳动争议、人事争议

十七、劳动争议

163. 劳动合同纠纷

(1) 确认劳动关系纠纷

(2) 集体劳动合同纠纷

(3) 劳务派遣合同纠纷

(4) 非全日制用工纠纷

(5) 追索劳动报酬纠纷

(6) 经济补偿金纠纷

164. 社会保险纠纷

(1) 养老金纠纷

(2) 工伤保险待遇纠纷

(3) 医疗费、医疗保险待遇纠纷

(4) 生育保险待遇纠纷

(5) 失业保险待遇纠纷

165. 福利待遇纠纷

十八、人事争议

166. 人事争议

(1) 辞职争议

(2) 辞退争议

(3) 聘任、聘用合同争议

第七部分　海事海商纠纷

十九、海事海商纠纷

167. 船舶碰撞损害赔偿纠纷

168. 船舶触碰损害赔偿纠纷
169. 船舶损坏(空中或水下设施)损害赔偿纠纷
170. 船舶污染损害赔偿纠纷
171. 海上、通海水域污染损害赔偿纠纷
172. 养殖损害赔偿纠纷
173. 海上财产损害赔偿纠纷
174. 海上人身损害赔偿纠纷
175. 非法留置船舶、船载货物和船用燃油、船用物料损害赔偿纠纷
176. 海上、通海水域货物运输合同纠纷
177. 多式联运合同纠纷(由海事法院受理的)
178. 海上、通海水域旅客和行李运输合同纠纷
179. 船舶经营管理合同纠纷
180. 船舶买卖(建造、修理、改建和拆解)合同纠纷
181. 船舶抵押合同纠纷
182. 航次租船合同纠纷
183. 船舶租用合同纠纷
    (1) 定期租船合同纠纷
    (2) 光船租赁(租购)合同纠纷
184. 船舶融资租赁合同纠纷
185. 沿海、通海水域运输船舶承包合同纠纷
186. 渔船承包合同纠纷
187. 船舶属具和海运集装箱租赁、保管合同纠纷
188. 港口货物保管合同纠纷
189. 船舶代理合同纠纷
190. 货运代理合同纠纷
191. 理货合同纠纷
192. 船舶物料、备品供应合同纠纷
193. 船员劳务合同纠纷
194. 海难救助、海上打捞合同纠纷
195. 拖航合同纠纷
196. 海上保险、保赔合同纠纷

197. 海上、通海水域运输联营合同纠纷
198. 与船舶营运有关的借款合同纠纷
199. 海事担保合同纠纷
200. 航道、港口疏浚合同纠纷
201. 船坞建造合同纠纷
202. 码头建造合同纠纷
203. 船舶检验合同纠纷
204. 海事请求担保纠纷
205. 海上、通海水域运输重大责任事故赔偿纠纷
206. 港口作业重大责任事故赔偿纠纷
207. 港口作业纠纷
208. 共同海损纠纷
209. 海洋开发利用纠纷
210. 船舶共有纠纷
211. 船舶权属纠纷
212. 海运欺诈纠纷

第八部分　与铁路运输有关的民事纠纷

二十、与铁路运输有关的民事纠纷

213. 铁路货物运输合同纠纷
214. 铁路旅客、行李、包裹运输合同纠纷
215. 多式联运合同纠纷(由铁路法院受理的)
216. 国际铁路联运合同纠纷
217. 铁路货物、旅客、行李、包裹运输保险合同纠纷
218. 铁路运输延伸服务合同纠纷
219. 铁路修建、管理和运输合同纠纷
220. 铁路委外劳务合同纠纷
221. 损害铁路赔偿纠纷
222. 铁路运输人身、财产损害赔偿纠纷
223. 铁路电信服务合同纠纷
224. 铁路机车、车辆建造合同纠纷

第九部分　与公司、证券、票据等有关的民事纠纷

二十一、与企业有关的纠纷

225. 企业出资人权益确认纠纷
226. 侵害企业出资人权益纠纷
227. 企业公司制改造合同纠纷
228. 企业股份合作制改造合同纠纷
229. 企业债权转股权纠纷
230. 企业分立纠纷
231. 企业租赁经营合同纠纷
232. 企业出售合同纠纷
233. 挂靠经营合同纠纷
234. 企业兼并纠纷
235. 联营合同纠纷
236. 中外合资经营企业合同纠纷
237. 中外合资经营企业承包经营合同纠纷
238. 中外合作经营企业合同纠纷
239. 中外合作经营企业承包经营合同纠纷
240. 外商独资企业承包经营合同纠纷

二十二、与公司有关的纠纷

241. 股权确认纠纷
242. 股东名册变更纠纷
243. 股东出资纠纷
244. 公司章程或章程条款撤销纠纷
245. 公司盈余分配纠纷
246. 股东知情权纠纷
247. 股份收购请求权纠纷
248. 股权转让纠纷
249. 股东会或者股东大会、董事会决议效力纠纷
    (1) 股东会或者股东大会、董事会决议效力确认纠纷
    (2) 股东会或者股东大会、董事会决议撤销纠纷

250. 发起人责任纠纷
251. 股东滥用股东权利赔偿纠纷
252. 股东滥用公司法人独立地位和股东有限责任赔偿纠纷
253. 董事、高级管理人员损害股东利益赔偿纠纷
254. 公司的控股股东、实际控制人、董事、监事、高级管理人员损害公司利益赔偿纠纷
255. 清算组成员责任纠纷
256. 公司合并纠纷
257. 公司分立纠纷
258. 公司减资纠纷
259. 公司增资纠纷
260. 公司解散纠纷
261. 公司清算纠纷
262. 上市公司收购纠纷

二十三、与合伙企业有关的纠纷

263. 普通合伙纠纷
264. 特殊的普通合伙纠纷
265. 有限合伙纠纷

二十四、与破产有关的纠纷

266. 申请破产清算
267. 申请破产重整
268. 申请破产和解
269. 职工权益清单更正纠纷
270. 破产债权确认纠纷
271. 取回权纠纷
272. 抵销权纠纷
273. 别除权纠纷
274. 破产撤销权纠纷

二十五、证券纠纷

275. 证券交易合同纠纷
    (1) 股票交易纠纷

(2) 公司债券交易纠纷
(3) 国债交易纠纷
(4) 证券衍生品种交易纠纷
(5) 证券投资基金交易纠纷
276. 证券承销合同纠纷
(1) 证券代销合同纠纷
(2) 证券包销合同纠纷
277. 证券投资咨询纠纷
278. 证券资信评级服务合同纠纷
279. 证券回购合同纠纷
280. 证券上市合同纠纷
281. 证券交易代理合同纠纷
282. 证券上市保荐合同纠纷
283. 证券发行纠纷
(1) 证券认购纠纷
(2) 证券发行失败纠纷
284. 证券返还纠纷
285. 证券欺诈赔偿纠纷
(1) 证券内幕交易赔偿纠纷
(2) 操纵证券交易市场赔偿纠纷
(3) 证券虚假陈述赔偿纠纷
(4) 欺诈客户赔偿纠纷
286. 证券托管纠纷
287. 证券登记、存管、结算纠纷
288. 融资融券交易纠纷
289. 客户交易结算资金纠纷

二十六、期货交易纠纷

290. 期货经纪合同纠纷
291. 期货透支交易纠纷
292. 期货强行平仓纠纷
293. 期货实物交割纠纷

294. 期货保证合约纠纷
295. 期货交易代理合同纠纷
296. 侵占期货交易保证金纠纷
297. 期货欺诈赔偿纠纷
298. 操纵期货交易市场赔偿纠纷
299. 期货内幕交易赔偿纠纷
300. 期货虚假信息赔偿纠纷

二十七、信托纠纷

301. 民事信托纠纷
302. 营业信托纠纷
303. 公益信托纠纷

二十八、票据纠纷

304. 票据付款请求权纠纷
305. 票据追索权纠纷
306. 票据交付请求权纠纷
307. 票据返还请求权纠纷
308. 票据损害赔偿纠纷
309. 票据利益返还请求权纠纷
310. 汇票回单签发请求权纠纷
311. 票据保证纠纷
312. 确认票据无效纠纷
313. 票据代理纠纷
314. 票据回购纠纷

二十九、信用证纠纷

315. 委托开立信用证纠纷
316. 信用证开证纠纷
317. 信用证议付纠纷
318. 信用证欺诈纠纷
319. 信用证融资纠纷
320. 信用证转让纠纷

第十部分 适用特殊程序案件案由

三十、适用特殊程序案件案由

321. 申请确定选民资格
322. 申请宣告公民无民事行为能力
323. 申请宣告公民限制民事行为能力
324. 申请宣告公民恢复限制民事行为能力
325. 申请宣告公民恢复完全民事行为能力
326. 申请确定监护人
327. 申请撤销监护人资格
328. 申请宣告公民失踪
329. 申请撤销宣告失踪
330. 申请为失踪人财产指定、变更代管人
331. 失踪人债务支付纠纷
332. 申请宣告公民死亡
333. 申请撤销宣告公民死亡
334. 被撤销死亡宣告人请求返还财产纠纷
335. 申请认定财产无主
336. 申请撤销认定财产无主
337. 申请支付令
338. 申请公示催告
339. 申请诉前停止侵权
    (1) 申请诉前停止侵犯专利权
    (2) 申请诉前停止侵犯注册商标专用权
    (3) 申请诉前停止侵犯著作权
340. 申请诉前财产保全
341. 申请诉前证据保全
342. 申请确认仲裁协议效力
343. 仲裁程序中的财产保全
344. 申请撤销仲裁裁决
345. 申请中止支付信用证项下款项

346. 申请海事请求保全

(1) 申请扣押船舶

(2) 申请拍卖扣押船舶

(3) 申请扣押船载货物

(4) 申请拍卖扣押船载货物

(5) 申请扣押船用燃油及船用物料

(6) 申请拍卖扣押船用燃油及船用物料

347. 申请海事支付令

348. 申请海事强制令

349. 申请海事证据保全

350. 申请设立海事赔偿责任限制基金

351. 申请船舶优先权催告

352. 申请海事债权确权

353. 申请海事债权登记与受偿

354. 申请承认和执行外国法院民事判决

355. 申请承认和执行外国仲裁裁决

356. 申请认可和执行香港特别行政区法院民事判决

357. 申请认可和执行香港特别行政区仲裁裁决

358. 申请认可和执行澳门特别行政区法院民事判决

359. 申请认可和执行澳门特别行政区仲裁裁决

360. 申请认可和执行台湾地区法院民事判决

361. 申请认可和执行台湾地区仲裁裁决

最高人民法院关于审理民事级别管辖异议案件若干问题的规定

(2009年11月12日最高人民法院公布,法释〔2009〕17号,自2010年1月1日起施行)

为正确审理民事级别管辖异议案件,依法维护诉讼秩序和当事人的合法权益,根据《中华人民共和国民事诉讼法》的规定,结合审判实践,制定本规定。

第一条 被告在提交答辩状期间提出管辖权异议,认为受诉人民法院违反级别管辖规定,案件应当由上级人民法院或者下级人民法院管辖的,受诉人民法院应当审查,并在受理异议之日起十五日内作出裁定:

(一)异议不成立的,裁定驳回;

(二)异议成立的,裁定移送有管辖权的人民法院。

第二条 在管辖权异议裁定作出前,原告申请撤回起诉,受诉人民法院作出准予撤回起诉裁定的,对管辖权异议不再审查,并在裁定书中一并写明。

第三条 提交答辩状期间届满后,原告增加诉讼请求金额致使案件标的额超过受诉人民法院级别管辖标准,被告提出管辖权异议,请求由上级人民法院管辖的,人民法院应当按照本规定第一条审查并作出裁定。

第四条 上级人民法院根据民事诉讼法第三十九条第一款的规定,将其管辖的第一审民事案件交由下级人民法院审理的,应当作出裁定。当事人对裁定不服提起上诉的,第二审人民法院应当依法审理并作出裁定。

第五条 对于应由上级人民法院管辖的第一审民事案件,下级人民法院不得报请上级人民法院交其审理。

第六条 被告以受诉人民法院同时违反级别管辖和地域管辖规定为由提出管辖权异议的,受诉人民法院应当一并作出裁定。

第七条 当事人未依法提出管辖权异议,但受诉人民法院发现其没有级别管辖权的,应当将案件移送有管辖权的人民法院审理。

第八条 对人民法院就级别管辖异议作出的裁定,当事人不服提起上诉的,第二审人民法院应当依法审理并作出裁定。

第九条 对于将案件移送上级人民法院管辖的裁定,当事人未提出上诉,但受移送的上级人民法院认为确有错误的,可以依职权裁定撤销。

第十条 经最高人民法院批准的第一审民事案件级别管辖标准的规定,应当作为审理民事级别管辖异议案件的依据。

第十一条 本规定施行前颁布的有关司法解释与本规定不一致的,以本规定为准。

最高人民法院关于适用简易程序审理民事案件的若干规定

(2003年9月10日最高人民法院公布,法释〔2003〕15号,自2003年12月1日起施行)

为保障和方便当事人依法行使诉讼权利,保证人民法院公正、及时审理民事案件,根据《中华人民共和国民事诉讼法》的有关规定,结合民事审判经验和实际情况,制定本规定。

一、适用范围

第一条 基层人民法院根据《中华人民共和国民事诉讼法》第一百四十二条规定审理简单的民事案件,适用本规定,但有下列情形之一的案件除外:

(一) 起诉时被告下落不明的;

(二) 发回重审的;

(三) 共同诉讼中一方或者双方当事人人数众多的;

(四) 法律规定应当适用特别程序、审判监督程序、督促程序、公示催告程序和企业法人破产还债程序的;

(五) 人民法院认为不宜适用简易程序进行审理的。

第二条 基层人民法院适用第一审普通程序审理的民事案件,当事人各方自愿选择适用简易程序,经人民法院审查同意的,可以适用简易程序进行审理。

人民法院不得违反当事人自愿原则,将普通程序转为简易程序。

第三条 当事人就适用简易程序提出异议,人民法院认为异议成立的,或者人民法院在审理过程中发现不宜适用简易程序的,应当将案件转入普通程序审理。

二、起诉与答辩

第四条 原告本人不能书写起诉状,委托他人代写起诉状确有困难的,可以口头起诉。

原告口头起诉的,人民法院应当将当事人的基本情况、联系方式、诉讼请求、事实及理由予以准确记录,将相关证据予以登记。人民法院应当将上述记录和登记的内容向原告当面宣读,原告认为无误后应当签名或者捺印。

第五条 当事人应当在起诉或者答辩时向人民法院提供自己准确的送达地址、收件人、电话号码等其他联系方式,并签名或者捺印确认。

送达地址应当写明受送达人住所地的邮政编码和详细地址；受送达人是有固定职业的自然人的，其从业的场所可以视为送达地址。

第六条 原告起诉后，人民法院可以采取捎口信、电话、传真、电子邮件等简便方式随时传唤双方当事人、证人。

第七条 双方当事人到庭后，被告同意口头答辩的，人民法院可以当即开庭审理；被告要求书面答辩的，人民法院应当将提交答辩状的期限和开庭的具体日期告知各方当事人，并向当事人说明逾期举证以及拒不到庭的法律后果，由各方当事人在笔录和开庭传票的送达回证上签名或者捺印。

第八条 人民法院按照原告提供的被告的送达地址或者其他联系方式无法通知被告应诉的，应当按以下情况分别处理：

（一）原告提供了被告准确的送达地址，但人民法院无法向被告直接送达或者留置送达应诉通知书的，应当将案件转入普通程序审理；

（二）原告不能提供被告准确的送达地址，人民法院经查证后仍不能确定被告送达地址的，可以被告不明确为由裁定驳回原告起诉。

第九条 被告到庭后拒绝提供自己的送达地址和联系方式的，人民法院应当告知其拒不提供送达地址的后果；经人民法院告知后被告仍然拒不提供的，按下列方式处理：

（一）被告是自然人的，以其户籍登记中的住所地或者经常居住地为送达地址；

（二）被告是法人或者其他组织的，应当以其工商登记或者其他依法登记、备案中的住所地为送达地址。

人民法院应当将上述告知的内容记入笔录。

第十条 因当事人自己提供的送达地址不准确、送达地址变更未及时告知人民法院，或者当事人拒不提供自己的送达地址而导致诉讼文书未能被当事人实际接收的，按下列方式处理：

（一）邮寄送达的，以邮件回执上注明的退回之日视为送达之日；

（二）直接送达的，送达人当场在送达回证上记明情况之日视为送达之日。

上述内容，人民法院应当在原告起诉和被告答辩时以书面或者口头方式告知当事人。

第十一条 受送达的自然人以及他的同住成年家属拒绝签收诉讼文书的，或者法人、其他组织负责收件的人拒绝签收诉讼文书的，送达人应当依据《中华人民共和国民事诉讼法》第七十九条的规定邀请有关基层组织或者所在单位的代表到场见证,被邀请的人不愿到场见证的,送达人应当在送达回证上记明拒收事由、时间和地点以及被邀请人不愿到场见证的情形,将诉讼文书留在受送达人的住所或者从业场所,即视为送达。

受送达人的同住成年家属或者法人、其他组织负责收件的人是同一案件中另一方当事人的,不适用前款规定。

三、审理前的准备

第十二条 适用简易程序审理的民事案件,当事人及其诉讼代理人申请人民法院调查收集证据和申请证人出庭作证,应当在举证期限届满前提出,但其提出申请的期限不受《最高人民法院关于民事诉讼证据的若干规定》第十九条第一款、第五十四条第一款的限制。

第十三条 当事人一方或者双方就适用简易程序提出异议后,人民法院应当进行审查,并按下列情形分别处理:

(一)异议成立的,应当将案件转入普通程序审理,并将合议庭的组成人员及相关事项以书面形式通知双方当事人;

(二)异议不成立的,口头告知双方当事人,并将上述内容记入笔录。

转入普通程序审理的民事案件的审理期限自人民法院立案的次日起开始计算。

第十四条 下列民事案件,人民法院在开庭审理时应当先行调解:

(一)婚姻家庭纠纷和继承纠纷;

(二)劳务合同纠纷;

(三)交通事故和工伤事故引起的权利义务关系较为明确的损害赔偿纠纷;

(四)宅基地和相邻关系纠纷;

(五)合伙协议纠纷;

(六)诉讼标的额较小的纠纷。

但是根据案件的性质和当事人的实际情况不能调解或者显然没有调解必要的除外。

第十五条 调解达成协议并经审判人员审核后,双方当事人同意该调解协议经双方签名或者捺印生效的,该调解协议自双方签名或者捺印之日起发生法律效力。当事人要求摘录或者复制该调解协议的,应予准许。

调解协议符合前款规定的,人民法院应当另行制作民事调解书。调解协议生效后一方拒不履行的,另一方可以持民事调解书申请强制执行。

第十六条 人民法院可以当庭告知当事人到人民法院领取民事调解书的具体日期,也可以在当事人达成调解协议的次日起十日内将民事调解书发送给当事人。

第十七条 当事人以民事调解书与调解协议的原意不一致为由提出异议,人民法院审查后认为异议成立的,应当根据调解协议裁定补正民事调解书的相关内容。

四、开庭审理

第十八条 以捎口信、电话、传真、电子邮件等形式发送的开庭通知,未经当事人确认或者没有其他证据足以证明当事人已经收到的,人民法院不得将其作为按撤诉处理和缺席判决的根据。

第十九条 开庭前已经书面或者口头告知当事人诉讼权利义务,或者当事人各方均委托律师代理诉讼的,审判人员除告知当事人申请回避的权利外,可以不再告知当事人其他的诉讼权利义务。

第二十条 对没有委托律师代理诉讼的当事人,审判人员应当对回避、自认、举证责任等相关内容向其作必要的解释或者说明,并在庭审过程中适当提示当事人正确行使诉讼权利、履行诉讼义务,指导当事人进行正常的诉讼活动。

第二十一条 开庭时,审判人员可以根据当事人的诉讼请求和答辩意见归纳出争议焦点,经当事人确认后,由当事人围绕争议焦点举证、质证和辩论。

当事人对案件事实无争议的,审判人员可以在听取当事人就适用法律方面的辩论意见后迳行判决、裁定。

第二十二条 当事人双方同时到基层人民法院请求解决简单的民事纠纷,但未协商举证期限,或者被告一方经简便方式传唤到庭的,当事人在开庭审理时要求当庭举证的,应予准许;当事人当庭举证有困难的,举证的期限由当事人协商决定,但最长不得超过十五日;协商不成的,由人民法院决定。

第二十三条 适用简易程序审理的民事案件,应当一次开庭审结,但人民法院认为确有必要再次开庭的除外。

第二十四条 书记员应当将适用简易程序审理民事案件的全部活动记入笔录。对于下列事项,应当详细记载:

(一)审判人员关于当事人诉讼权利义务的告知、争议焦点的概括、证据的认定和裁判的宣告等重大事项;

(二)当事人申请回避、自认、撤诉、和解等重大事项;

(三)当事人当庭陈述的与其诉讼权利直接相关的其他事项。

第二十五条 庭审结束时，审判人员可以根据案件的审理情况对争议焦点和当事人各方举证、质证和辩论的情况进行简要总结，并就是否同意调解征询当事人的意见。

第二十六条 审判人员在审理过程中发现案情复杂需要转为普通程序的，应当在审限届满前及时作出决定，并书面通知当事人。

五、宣判与送达

第二十七条 适用简易程序审理的民事案件，除人民法院认为不宜当庭宣判的以外，应当当庭宣判。

第二十八条 当庭宣判的案件，除当事人当庭要求邮寄送达的以外，人民法院应当告知当事人或者诉讼代理人领取裁判文书的期间和地点以及逾期不领取的法律后果。上述情况，应当记入笔录。

人民法院已经告知当事人领取裁判文书的期间和地点的，当事人在指定期间内领取裁判文书之日即为送达之日；当事人在指定期间内未领取的，指定领取裁判文书期间届满之日即为送达之日，当事人的上诉期从人民法院指定领取裁判文书期间届满之日的次日起开始计算。

第二十九条 当事人因交通不便或者其他原因要求邮寄送达裁判文书的，人民法院可以按照当事人自己提供的送达地址邮寄送达。

人民法院根据当事人自己提供的送达地址邮寄送达的，邮件回执上注明收到或者退回之日即为送达之日，当事人的上诉期从邮件回执上注明收到或者退回之日的次日起开始计算。

第三十条 原告经传票传唤，无正当理由拒不到庭或者未经法庭许可中途退庭的，可以按撤诉处理；被告经传票传唤，无正当理由拒不到庭或者未经法庭许可中途退庭的，人民法院可以根据原告的诉讼请求及双方已经提交给法庭的证据材料缺席判决。

按撤诉处理或者缺席判决的，人民法院可以按照当事人自己提供的送达地址将裁判文书送达给未到庭的当事人。

第三十一条 定期宣判的案件，定期宣判之日即为送达之日，当事人的上诉期自定期宣判的次日起开始计算。当事人在定期宣判的日期无正当理由未到庭的，不影响该裁判上诉期间的计算。

当事人确有正当理由不能到庭，并在定期宣判前已经告知人民法院的，人民法院可以按照当事人自己提供的送达地址将裁判文书送达给未到庭的当事人。

第三十二条 适用简易程序审理的民事案件,有下列情形之一的,人民法院在制作裁判文书时对认定事实或者判决理由部分可以适当简化:

(一)当事人达成调解协议并需要制作民事调解书的;

(二)一方当事人在诉讼过程中明确表示承认对方全部诉讼请求或者部分诉讼请求的;

(三)当事人对案件事实没有争议或者争议不大的;

(四)涉及个人隐私或者商业秘密的案件,当事人一方要求简化裁判文书中的相关内容,人民法院认为理由正当的;

(五)当事人双方一致同意简化裁判文书的。

六、其　他

第三十三条 本院已经公布的司法解释与本规定不一致的,以本规定为准。

第三十四条 本规定自2003年12月1日起施行。2003年12月1日以后受理的民事案件,适用本规定。

诉讼费用交纳办法

（2006年12月19日国务院令第481号公布，自2007年4月1日起施行）

第一章 总 则

第一条 根据《中华人民共和国民事诉讼法》(以下简称民事诉讼法)和《中华人民共和国行政诉讼法》(以下简称行政诉讼法)的有关规定，制定本办法。

第二条 当事人进行民事诉讼、行政诉讼，应当依照本办法交纳诉讼费用。

本办法规定可以不交纳或者免予交纳诉讼费用的除外。

第三条 在诉讼过程中不得违反本办法规定的范围和标准向当事人收取费用。

第四条 国家对交纳诉讼费用确有困难的当事人提供司法救助，保障其依法行使诉讼权利，维护其合法权益。

第五条 外国人、无国籍人、外国企业或者组织在人民法院进行诉讼，适用本办法。

外国法院对中华人民共和国公民、法人或者其他组织，与其本国公民、法人或者其他组织在诉讼费用交纳上实行差别对待的，按照对等原则处理。

第二章 诉讼费用交纳范围

第六条 当事人应当向人民法院交纳的诉讼费用包括：

（一）案件受理费；

（二）申请费；

（三）证人、鉴定人、翻译人员、理算人员在人民法院指定日期出庭发生的交通费、住宿费、生活费和误工补贴。

第七条 案件受理费包括：

（一）第一审案件受理费；

（二）第二审案件受理费；

（三）再审案件中，依照本办法规定需要交纳的案件受理费。

第八条 下列案件不交纳案件受理费：

（一）依照民事诉讼法规定的特别程序审理的案件；

（二）裁定不予受理、驳回起诉、驳回上诉的案件；

（三）对不予受理、驳回起诉和管辖权异议裁定不服，提起上诉的案件；

（四）行政赔偿案件。

第九条 根据民事诉讼法和行政诉讼法规定的审判监督程序审理的案件，当事人不交纳案件受理费。但是，下列情形除外：

（一）当事人有新的证据，足以推翻原判决、裁定，向人民法院申请再审，人民法院经审查决定再审的案件；

（二）当事人对人民法院第一审判决或者裁定未提出上诉，第一审判决、裁定或者调解书发生法律效力后又申请再审，人民法院经审查决定再审的案件。

第十条 当事人依法向人民法院申请下列事项，应当交纳申请费：

（一）申请执行人民法院发生法律效力的判决、裁定、调解书，仲裁机构依法作出的裁决和调解书，公证机构依法赋予强制执行效力的债权文书；

（二）申请保全措施；

（三）申请支付令；

（四）申请公示催告；

（五）申请撤销仲裁裁决或者认定仲裁协议效力；

（六）申请破产；

（七）申请海事强制令、共同海损理算、设立海事赔偿责任限制基金、海事债权登记、船舶优先权催告；

（八）申请承认和执行外国法院判决、裁定和国外仲裁机构裁决。

第十一条 证人、鉴定人、翻译人员、理算人员在人民法院指定日期出庭发生的交通费、住宿费、生活费和误工补贴，由人民法院按照国家规定标准代为收取。

当事人复制案件卷宗材料和法律文书应当按实际成本向人民法院交纳工本费。

第十二条 诉讼过程中因鉴定、公告、勘验、翻译、评估、拍卖、变卖、仓储、保管、运输、船舶监管等发生的依法应当由当事人负担的费用，人民法院根据谁主张、谁负担的原则，决定由当事人直接支付给有关机构或者单位，人民法院不得代收代付。

人民法院依照民事诉讼法第十一条第三款规定提供当地民族通用语言、文字翻译的，不收取费用。

第三章　诉讼费用交纳标准

第十三条 案件受理费分别按照下列标准交纳：

(一) 财产案件根据诉讼请求的金额或者价额,按照下列比例分段累计交纳:

1. 不超过1万元的,每件交纳50元;

2. 超过1万元至10万元的部分,按照2.5%交纳;

3. 超过10万元至20万元的部分,按照2%交纳;

4. 超过20万元至50万元的部分,按照1.5%交纳;

5. 超过50万元至100万元的部分,按照1%交纳;

6. 超过100万元至200万元的部分,按照0.9%交纳;

7. 超过200万元至500万元的部分,按照0.8%交纳;

8. 超过500万元至1000万元的部分,按照0.7%交纳;

9. 超过1000万元至2000万元的部分,按照0.6%交纳;

10. 超过2000万元的部分,按照0.5%交纳。

(二) 非财产案件按照下列标准交纳:

1. 离婚案件每件交纳50元至300元。涉及财产分割,财产总额不超过20万元的,不另行交纳;超过20万元的部分,按照0.5%交纳。

2. 侵害姓名权、名称权、肖像权、名誉权、荣誉权以及其他人格权的案件,每件交纳100元至500元。涉及损害赔偿,赔偿金额不超过5万元的,不另行交纳;超过5万元至10万元的部分,按照1%交纳;超过10万元的部分,按照0.5%交纳。

3. 其他非财产案件每件交纳50元至100元。

(三) 知识产权民事案件,没有争议金额或者价额的,每件交纳500元至1000元;有争议金额或者价额的,按照财产案件的标准交纳。

(四) 劳动争议案件每件交纳10元。

(五) 行政案件按照下列标准交纳:

1. 商标、专利、海事行政案件每件交纳100元;

2. 其他行政案件每件交纳50元。

(六) 当事人提出案件管辖权异议,异议不成立的,每件交纳50元至100元。

省、自治区、直辖市人民政府可以结合本地实际情况在本条第(二)项、第(三)项、第(六)项规定的幅度内制定具体交纳标准。

第十四条 申请费分别按照下列标准交纳:

(一) 依法向人民法院申请执行人民法院发生法律效力的判决、裁定、调解书,仲裁机构依法作出的裁决和调解书,公证机关依法赋予强制执行效力的债权文书,申请承认和执行外国法院判决、裁定以及国外仲裁机构裁决的,按照下列标准交纳：

1. 没有执行金额或者价额的，每件交纳50元至500元。

2. 执行金额或者价额不超过1万元的，每件交纳50元；超过1万元至50万元的部分，按照1.5%交纳；超过50万元至500万元的部分，按照1%交纳；超过500万元至1000万元的部分，按照0.5%交纳；超过1000万元的部分，按照0.1%交纳。

3. 符合民事诉讼法第五十五条第四款规定，未参加登记的权利人向人民法院提起诉讼的，按照本项规定的标准交纳申请费，不再交纳案件受理费。

（二）申请保全措施的，根据实际保全的财产数额按照下列标准交纳：

财产数额不超过1000元或者不涉及财产数额的，每件交纳30元；超过1000元至10万元的部分，按照1%交纳；超过10万元的部分，按照0.5%交纳。但是，当事人申请保全措施交纳的费用最多不超过5000元。

（三）依法申请支付令的，比照财产案件受理费标准的1/3交纳。

（四）依法申请公示催告的，每件交纳100元。

（五）申请撤销仲裁裁决或者认定仲裁协议效力的，每件交纳400元。

（六）破产案件依据破产财产总额计算，按照财产案件受理费标准减半交纳，但是，最高不超过30万元。

（七）海事案件的申请费按照下列标准交纳：

1. 申请设立海事赔偿责任限制基金的，每件交纳1000元至1万元；

2. 申请海事强制令的，每件交纳1000元至5000元；

3. 申请船舶优先权催告的，每件交纳1000元至5000元；

4. 申请海事债权登记的，每件交纳1000元；

5. 申请共同海损理算的，每件交纳1000元。

第十五条 以调解方式结案或者当事人申请撤诉的，减半交纳案件受理费。

第十六条 适用简易程序审理的案件减半交纳案件受理费。

第十七条 对财产案件提起上诉的，按照不服一审判决部分的上诉请求数额交纳案件受理费。

第十八条 被告提起反诉、有独立请求权的第三人提出与本案有关的诉讼请求，人民法院决定合并审理的，分别减半交纳案件受理费。

第十九条 依照本办法第九条规定需要交纳案件受理费的再审案件，按照不服原判决部分的再审请求数额交纳案件受理费。

第四章 诉讼费用的交纳和退还

第二十条 案件受理费由原告、有独立请求权的第三人、上诉人预交。被告提起反诉,依照本办法规定需要交纳案件受理费的,由被告预交。追索劳动报酬的案件可以不预交案件受理费。

申请费由申请人预交。但是,本办法第十条第(一)项、第(六)项规定的申请费不由申请人预交,执行申请费执行后交纳,破产申请费清算后交纳。

本办法第十一条规定的费用,待实际发生后交纳。

第二十一条 当事人在诉讼中变更诉讼请求数额,案件受理费依照下列规定处理:

(一) 当事人增加诉讼请求数额的,按照增加后的诉讼请求数额计算补交;

(二) 当事人在法庭调查终结前提出减少诉讼请求数额的,按照减少后的诉讼请求数额计算退还。

第二十二条 原告自接到人民法院交纳诉讼费用通知次日起7日内交纳案件受理费;反诉案件由提起反诉的当事人自提起反诉次日起7日内交纳案件受理费。

上诉案件的案件受理费由上诉人向人民法院提交上诉状时预交。双方当事人都提起上诉的,分别预交。上诉人在上诉期内未预交诉讼费用的,人民法院应当通知其在7日内预交。

申请费由申请人在提出申请时或者在人民法院指定的期限内预交。

当事人逾期不交纳诉讼费用又未提出司法救助申请, 或者申请司法救助未获批准,在人民法院指定期限内仍未交纳诉讼费用的,由人民法院依照有关规定处理。

第二十三条 依照本办法第九条规定需要交纳案件受理费的再审案件,由申请再审的当事人预交。双方当事人都申请再审的,分别预交。

第二十四条 依照民事诉讼法第三十六条、第三十七条、第三十八条、第三十九条规定移送、移交的案件,原受理人民法院应当将当事人预交的诉讼费用随案移交接收案件的人民法院。

第二十五条 人民法院审理民事案件过程中发现涉嫌刑事犯罪并将案件移送有关部门处理的,当事人交纳的案件受理费予以退还;移送后民事案件需要继续审理的,当事人已交纳的案件受理费不予退还。

第二十六条 中止诉讼、中止执行的案件,已交纳的案件受理费、申请费不予退还。中止诉讼、中止执行的原因消除,恢复诉讼、执行的,不再交纳案件受理费、申请费。

第二十七条 第二审人民法院决定将案件发回重审的,应当退还上诉人已交纳的第二审案件受理费。

第一审人民法院裁定不予受理或者驳回起诉的,应当退还当事人已交纳的案件受理费;当事人对第一审人民法院不予受理、驳回起诉的裁定提起上诉,第二审人民法院维持第一审人民法院作出的裁定的,第一审人民法院应当退还当事人已交纳的案件受理费。

第二十八条 依照民事诉讼法第一百三十七条规定终结诉讼的案件,依照本办法规定已交纳的案件受理费不予退还。

第五章 诉讼费用的负担

第二十九条 诉讼费用由败诉方负担,胜诉方自愿承担的除外。

部分胜诉、部分败诉的,人民法院根据案件的具体情况决定当事人各自负担的诉讼费用数额。

共同诉讼当事人败诉的,人民法院根据其对诉讼标的的利害关系,决定当事人各自负担的诉讼费用数额。

第三十条 第二审人民法院改变第一审人民法院作出的判决、裁定的,应当相应变更第一审人民法院对诉讼费用负担的决定。

第三十一条 经人民法院调解达成协议的案件,诉讼费用的负担由双方当事人协商解决;协商不成的,由人民法院决定。

第三十二条 依照本办法第九条第(一)项、第(二)项的规定应当交纳案件受理费的再审案件,诉讼费用由申请再审的当事人负担;双方当事人都申请再审的,诉讼费用依照本办法第二十九条的规定负担。原审诉讼费用的负担由人民法院根据诉讼费用负担原则重新确定。

第三十三条 离婚案件诉讼费用的负担由双方当事人协商解决;协商不成的,由人民法院决定。

第三十四条 民事案件的原告或者上诉人申请撤诉,人民法院裁定准许的,案件受理费由原告或者上诉人负担。

行政案件的被告改变或者撤销具体行政行为,原告申请撤诉,人民法院裁定准许的,案件受理费由被告负担。

第三十五条 当事人在法庭调查终结后提出减少诉讼请求数额的,减少请求数额部分的案件受理费由变更诉讼请求的当事人负担。

第三十六条 债务人对督促程序未提出异议的,申请费由债务人负担。债务人对督促程序提出异议致使督促程序终结的,申请费由申请人负担;申请人另行起诉的,可以将申请费列入诉讼请求。

第三十七条 公示催告的申请费由申请人负担。

第三十八条 本办法第十条第(一)项、第(八)项规定的申请费由被执行人负担。

执行中当事人达成和解协议的,申请费的负担由双方当事人协商解决;协商不成的,由人民法院决定。

本办法第十条第(二)项规定的申请费由申请人负担,申请人提起诉讼的,可以将该申请费列入诉讼请求。

本办法第十条第(五)项规定的申请费,由人民法院依照本办法第二十九条规定决定申请费的负担。

第三十九条 海事案件中的有关诉讼费用依照下列规定负担:

(一) 诉前申请海事请求保全、海事强制令的,申请费由申请人负担;申请人就有关海事请求提起诉讼的,可将上述费用列入诉讼请求;

(二) 诉前申请海事证据保全的,申请费由申请人负担;

(三) 诉讼中拍卖、变卖被扣押船舶、船载货物、船用燃油、船用物料发生的合理费用,由申请人预付,从拍卖、变卖价款中先行扣除,退还申请人;

(四) 申请设立海事赔偿责任限制基金、申请债权登记与受偿、申请船舶优先权催告案件的申请费,由申请人负担;

(五) 设立海事赔偿责任限制基金、船舶优先权催告程序中的公告费用由申请人负担。

第四十条 当事人因自身原因未能在举证期限内举证,在二审或者再审期间提出新的证据致使诉讼费用增加的,增加的诉讼费用由该当事人负担。

第四十一条 依照特别程序审理案件的公告费,由起诉人或者申请人负担。

第四十二条 依法向人民法院申请破产的,诉讼费用依照有关法律规定从破产财产中拨付。

第四十三条 当事人不得单独对人民法院关于诉讼费用的决定提起上诉。

当事人单独对人民法院关于诉讼费用的决定有异议的,可以向作出决定的人民法院院长申请复核。复核决定应当自收到当事人申请之日起15日内作出。

当事人对人民法院决定诉讼费用的计算有异议的,可以向作出决定的人民法院请求复核。计算确有错误的,作出决定的人民法院应当予以更正。

第六章 司法救助

第四十四条 当事人交纳诉讼费用确有困难的,可以依照本办法向人民法院申请缓交、减交或者免交诉讼费用的司法救助。

诉讼费用的免交只适用于自然人。

第四十五条 当事人申请司法救助,符合下列情形之一的,人民法院应当准予免交诉讼费用:

(一) 残疾人无固定生活来源的;

(二) 追索赡养费、扶养费、抚育费、抚恤金的;

(三) 最低生活保障对象、农村特困定期救济对象、农村五保供养对象或者领取失业保险金人员,无其他收入的;

(四) 因见义勇为或者为保护社会公共利益致使自身合法权益受到损害,本人或者其近亲属请求赔偿或者补偿的;

(五) 确实需要免交的其他情形。

第四十六条 当事人申请司法救助,符合下列情形之一的,人民法院应当准予减交诉讼费用:

(一) 因自然灾害等不可抗力造成生活困难,正在接受社会救济,或者家庭生产经营难以为继的;

(二) 属于国家规定的优抚、安置对象的;

(三) 社会福利机构和救助管理站;

(四) 确实需要减交的其他情形。

人民法院准予减交诉讼费用的,减交比例不得低于30%。

第四十七条 当事人申请司法救助,符合下列情形之一的,人民法院应当准予缓交诉讼费用:

(一) 追索社会保险金、经济补偿金的;

(二) 海上事故、交通事故、医疗事故、工伤事故、产品质量事故或者其他人身伤害事故的受害人请求赔偿的;

(三) 正在接受有关部门法律援助的;

（四）确实需要缓交的其他情形。

第四十八条 当事人申请司法救助，应当在起诉或者上诉时提交书面申请、足以证明其确有经济困难的证明材料以及其他相关证明材料。

因生活困难或者追索基本生活费用申请免交、减交诉讼费用的，还应当提供本人及其家庭经济状况符合当地民政、劳动保障等部门规定的公民经济困难标准的证明。

人民法院对当事人的司法救助申请不予批准的，应当向当事人书面说明理由。

第四十九条 当事人申请缓交诉讼费用经审查符合本办法第四十七条规定的，人民法院应当在决定立案之前作出准予缓交的决定。

第五十条 人民法院对一方当事人提供司法救助，对方当事人败诉的，诉讼费用由对方当事人负担；对方当事人胜诉的，可以视申请司法救助的当事人的经济状况决定其减交、免交诉讼费用。

第五十一条 人民法院准予当事人减交、免交诉讼费用的，应当在法律文书中载明。

第七章 诉讼费用的管理和监督

第五十二条 诉讼费用的交纳和收取制度应当公示。人民法院收取诉讼费用按照其财务隶属关系使用国务院财政部门或者省级人民政府财政部门印制的财政票据。案件受理费、申请费全额上缴财政，纳入预算，实行收支两条线管理。

人民法院收取诉讼费用应当向当事人开具缴费凭证，当事人持缴费凭证到指定代理银行交费。依法应当向当事人退费的，人民法院应当按照国家有关规定办理。诉讼费用缴库和退费的具体办法由国务院财政部门商最高人民法院另行制定。

在边远、水上、交通不便地区，基层巡回法庭当场审理案件，当事人提出向指定代理银行交纳诉讼费用确有困难的，基层巡回法庭可以当场收取诉讼费用，并向当事人出具省级人民政府财政部门印制的财政票据；不出具省级人民政府财政部门印制的财政票据的，当事人有权拒绝交纳。

第五十三条 案件审结后，人民法院应当将诉讼费用的详细清单和当事人应当负担的数额书面通知当事人，同时在判决书、裁定书或者调解书中写明当事人各方应当负担的数额。

需要向当事人退还诉讼费用的，人民法院应当自法律文书生效之日起15日内退还有关当事人。

第五十四条 价格主管部门、财政部门按照收费管理的职责分工，对诉讼费用进行管理和监督；对违反本办法规定的乱收费行为，依照法律、法规和国务院相关规定予以查处。

第八章 附 则

第五十五条 诉讼费用以人民币为计算单位。以外币为计算单位的，依照人民法院决定受理案件之日国家公布的汇率换算成人民币计算交纳；上诉案件和申请再审案件的诉讼费用，按照第一审人民法院决定受理案件之日国家公布的汇率换算。

第五十六条 本办法自2007年4月1日起施行。

人民法院民事诉讼风险提示书

（2003年12月23日最高人民法院审判委员会第1302次会议通过）

为方便人民群众诉讼，帮助当事人避免常见的诉讼风险，减少不必要的损失，根据《中华人民共和国民法通则》、《中华人民共和国民事诉讼法》以及《最高人民法院关于民事诉讼证据的若干规定》等法律和司法解释的规定，现将常见的民事诉讼风险提示如下：

一、起诉不符合条件

当事人起诉不符合法律规定条件的，人民法院不会受理，即使受理也会驳回起诉。

当事人起诉不符合管辖规定的，案件将会被移送到有权管辖的人民法院审理。

二、诉讼请求不适当

当事人提出的诉讼请求应明确、具体、完整，对未提出的诉讼请求人民法院不会审理。

当事人提出的诉讼请求要适当，不要随意扩大诉讼请求范围；无根据的诉讼请求，除得不到人民法院支持外，当事人还要负担相应的诉讼费用。

三、逾期改变诉讼请求

当事人增加、变更诉讼请求或者提出反诉，超过人民法院许可或者指定期限的，可能不被审理。

四、超过诉讼时效

当事人请求人民法院保护民事权利的期间一般为二年（特殊的为一年）。原告向人民法院起诉后，被告提出原告的起诉已超过法律保护期间的，如果原告没有对超过法律保护期间的事实提供证据证明，其诉讼请求不会得到人民法院的支持。

五、授权不明

当事人委托诉讼代理人代为承认、放弃、变更诉讼请求，进行和解，提起反诉或者上诉等事项的，应在授权委托书中特别注明。没有在授权委托书中明确、具体记明特别授权事项的，诉讼代理人就上述特别授权事项发表的意见不具有法律效力。

六、不按时交纳诉讼费用

当事人起诉或者上诉，不按时预交诉讼费用，或者提出缓交、减交、免交诉讼费用申请未获批准仍不交纳诉讼费用的，人民法院将会裁定按自动撤回起诉、上诉处理。

当事人提出反诉，不按规定预交相应的案件受理费的，人民法院将不会审理。

七、申请财产保全不符合规定

当事人申请财产保全，应当按规定交纳保全费用而没有交纳的，人民法院不会对申请保全的财产采取保全措施。

当事人提出财产保全申请，未按人民法院要求提供相应财产担保的，人民法院将依法驳回其申请。

申请人申请财产保全有错误的，将要赔偿被申请人因财产保全所受到的损失。

八、不提供或者不充分提供证据

除法律和司法解释规定不需要提供证据证明外，当事人提出诉讼请求或者反驳对方的诉讼请求，应提供证据证明。不能提供相应的证据或者提供的证据证明不了有关事实的，可能面临不利的裁判后果。

九、超过举证时限提供证据

当事人向人民法院提交的证据，应当在当事人协商一致并经人民法院认可或者人民法院指定的期限内完成。超过上述期限提交的，人民法院可能视其放弃了举证的权利，但属于法律和司法解释规定的新的证据除外。

十、不提供原始证据

当事人向人民法院提供证据，应当提供原件或者原物，特殊情况下也可以提供经人民法院核对无异的复制件或者复制品。提供的证据不符合上述条件的，可能影响证据的证明力，甚至可能不被采信。

十一、证人不出庭作证

除属于法律和司法解释规定的证人确有困难不能出庭的特殊情况外，当事人提供证人证言的，证人应当出庭作证并接受质询。如果证人不出庭作证，可能影响该证人证言的证据效力，甚至不被采信。

十二、不按规定申请审计、评估、鉴定

当事人申请审计、评估、鉴定，未在人民法院指定期限内提出申请或者不预交审计、评估、鉴定费用，或者不提供相关材料，致使争议的事实无法通过审计、评估、鉴定结论予以认定的，可能对申请人产生不利的裁判后果。

十三、不按时出庭或者中途退出法庭

原告经传票传唤，无正当理由拒不到庭，或者未经法庭许可中途退出法庭的，人民法院将按自动撤回起诉处理；被告反诉的，人民法院将对反诉的内容缺席审判。

被告经传票传唤，无正当理由拒不到庭，或者未经法庭许可中途退出法庭的，人民法院将缺席判决。

十四、不准确提供送达地址

适用简易程序审理的案件，人民法院按照当事人自己提供的送达地址送达诉讼文书时，因当事人提供的己方送达地址不准确，或者送达地址变更未及时告知人民法院，致使人民法院无法送达，造成诉讼文书被退回的，诉讼文书也视为送达。

十五、超过期限申请强制执行

向人民法院申请强制执行的期限，双方或者一方当事人是公民的为一年，双方是法人或者其他组织的为六个月。期限自生效法律文书确定的履行义务期限届满之日起算。超过上述期限申请的，人民法院不予受理。

十六、无财产或者无足够财产可供执行

被执行人没有财产或者没有足够财产履行生效法律文书确定义务的，人民法院可能对未履行的部分裁定中止执行，申请执行人的财产权益将可能暂时无法实现或者不能完全实现。

十七、不履行生效法律文书确定义务

被执行人未按生效法律文书指定期间履行给付金钱义务的，将要支付迟延履行期间的双倍债务利息。

被执行人未按生效法律文书指定期间履行其他义务的，将要支付迟延履行金。

民事诉讼举证通知书

根据《中华人民共和国民事诉讼法》和《最高人民法院关于民事诉讼证据的若干规定》(以下简称《规定》)等有关法律规定,现将有关举证事项通知如下:

A. 举证责任的分配原则及要求

1. 原告起诉或者被告提出反诉,应当附有符合起诉条件的相应的证据材料。

2. 当事人对自己提出的诉讼请求所依据的事实或者反驳对方诉讼请求所依据的事实有责任提供证据加以证明。

没有证据或者证据不足以证明当事人的事实主张的,由负有举证责任的当事人承担不利后果。

3. 特殊侵权诉讼的举证责任,根据《规定》第四条的规定,由相应的当事人承担。

4. 在合同纠纷案件中,主张合同关系成立并生效的一方当事人对合同订立和生效的事实承担举证责任;主张合同关系变更、解除、终止、撤销的一方当事人对引起合同关系变动的事实承担举证责任。

对合同是否履行发生争议的,由负有履行义务的当事人承担举证责任。

对代理权发生争议的,由主张有代理权一方当事人承担举证责任。

5. 当事人向本院起诉或者应诉时,可提交证据复制件或复制品,但在交换证据和开庭审理时必须携带证据原件或者原物,以供质证。

6. 当事人向本院提供的证据系在中华人民共和国领域外或者在香港、澳门、台湾地区形成的,应根据《规定》第十一条履行相关证明手续。

7. 当事人向本院提供外文书证或者外文说明资料,应当附有中文译本。

8. 当事人应当对提交的证据材料逐一分类编号并装订成册,在证据清单上对证据材料的名称、份数、页数及其来源、证明对象和内容作简要说明,并签名或盖章,注明提交日期,同时依照对方当事人人数提供证据材料副本。

B. 向本院申请调查收集证据的情形和要求

9. 当事人及其诉讼代理人可以申请本院调查收集的证据有:

(1) 申请调查收集的证据属于国家有关部门保存并须人民法院依职权调取的档案材料。

(2) 涉及国家秘密、商业秘密、个人隐私的材料。

(3) 当事人及其诉讼代理人确因客观原因不能自行收集的其他材料。

10. 当事人及其诉讼代理人申请本院调查收集证据,应当提交书面申请,载明被调查人的姓名或者单位名称、住所地等基本情况,并说明无法收集证据的原因,目前的证据线索,需要收集的证据内容以及待证事实。

C. 举证期限及逾期提供证据的法律后果

11. 当事人应当在收到案件受理通知书或应诉通知书的次日起三十日内向本院提交全部证据材料。在举证期限内不提交的,视为放弃举证权利。

对逾期提交的证据材料,除对方当事人同意质证外,本院审理时不组织质证。

12. 当事人在举证期限内提交证据材料确有困难的, 应在举证期限内向本院申请延期举证,是否准许由本院决定。

13. 当事人及其诉讼代理人申请本院调查收集证据和当事人申请证据保全的,均应提交书面申请,并不得迟于举证期限届满前七日。

本院调查收集证据的费用,由提出申请的当事人在申请后七日内预交,到期不预交的,则对其申请不予准许。

申请证据保全的须提供相应的担保。

14. 当事人申请鉴定,应当在举证期限内提出,并在提出申请之日起七日内预交鉴定费用。当事人因在规定期限内不预交鉴定费用而未能鉴定的,则自行承担举证不能的法律后果。

15. 当事人增加、变更诉讼请求或者提起反诉的,应当在举证期限届满前提出。

16. 当事人申请证人出庭作证,应当在举证期限届满十日前提出,并经本院许可。证人出庭作证的合理费用,由提供证人的一方当事人在申请后七日内预交,到期不预交的,则对其申请不予准许。

17. 当事人可以向本院申请一至二名具有专门知识的人员出庭就案件的专门性问题进行说明。本院准许其申请的,有关费用由提出申请的当事人在提出申请之日起七日内预交,到期不预交的,则对其申请不予准许。